中国自然灾害经济学研究

上海市学术著作出版基金

许闲　著

中国自然灾害经济学研究

上海人民出版社

目　录

第一章
绪　论

一、自然灾害:不容忽视的经济社会问题

中国是世界上自然灾害多发的国家之一,全国各地受到多种自然灾害的影响:人口集中的东部与南部常年受到洪水和台风的影响;西部和北部则多受地震威胁(孙祁祥等,2004)。多发的自然灾害对我国造成了严重的损失,根据民政部国家减灾办《2015 年全国自然灾害基本情况》通报,2015 年我国各类自然灾害共造成 18 620.3 万人次受灾,967 人失踪或死亡,644.4 万人次需要紧急安置,181.7 万人次需要紧急生活救助;自然灾害造成的直接经济损失高达 2 704.1 亿元。如果考虑生产中断、灾后救济等间接损失,自然灾害对我国的影响更为严重。

无独有偶,全球的自然灾害近几年来也呈现了递增的趋势。根据国际自然灾害数据库 EM-DAT 的资料显示,自然灾害发生的次数呈逐年递增的趋势。这一趋势不仅反映在自然灾害总体次数上,也反映在地震、水灾、风暴、干旱和传染病等灾害上。

自然灾害所带来的负面影响涵盖了社会、经济和政治等各个层面。首先是经济损失。图 1.2 展示了 1980—2015 年全球自然灾害引发的经济损失的变化趋势(Munich Re, 2015)。从该图中可以看出,无论是所有经济损失还是保险承保损失,1980—2015 年全球自然灾害造成的影响呈逐年递增的趋势。

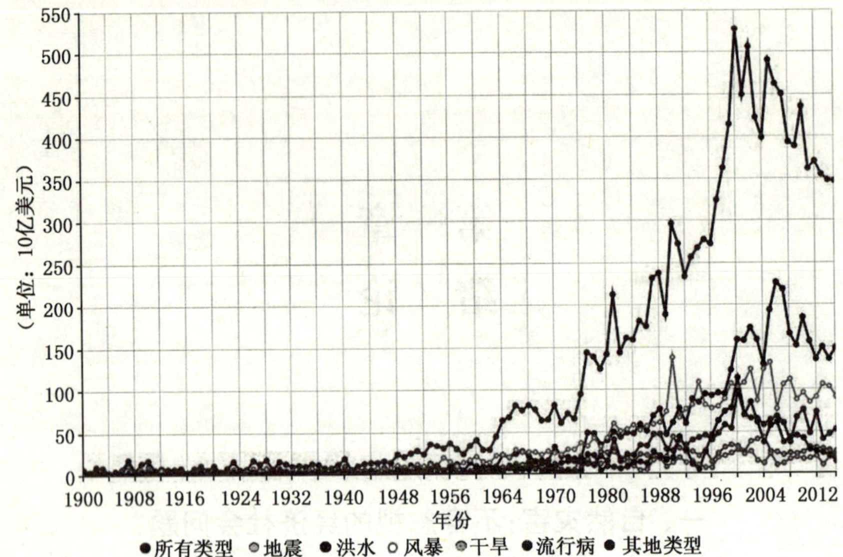

图 1.1　1980—2015 年全球自然灾害经济损失

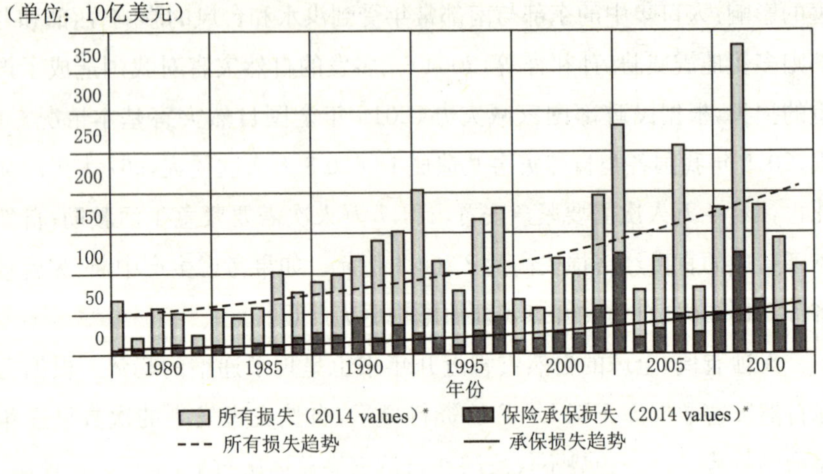

图 1.2　1980—2015 年全球自然灾害经济损失

除此以外，自然灾害造成数以千计的人员流离失所、工厂学校等运行被迫中断、许多民众痛失亲人等等，对正常的生活造成重大的干扰，从而对整个社会造成重大影响。图 1.3 显示了 1980—2015 年全球受自然灾害影响的受灾人口变化趋势，尽管不同自然灾害受灾人口在不同年份之间均存在波动，但是总体上受影响的人口数量是不断上升的。而且，一些重大自然灾害所影响的人群众多，比如 1987 年、1998 年和 2002 年，受灾人口均超过了 3 亿人。

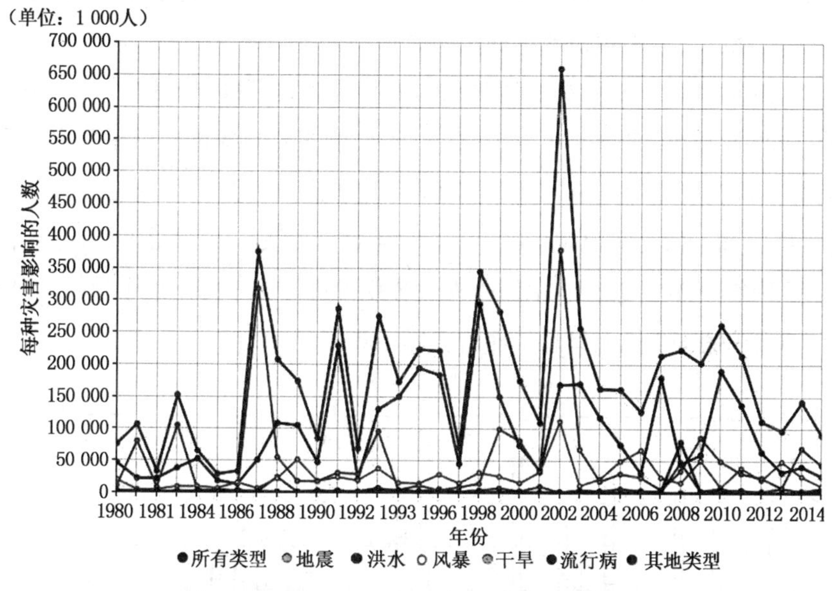

图 1.3 1980—2015 年全球自然灾害受灾人口

EM-Dat 数据同样显示，我国是自然灾害的重灾区。1980—2015 年，该数据库所收录的我国发生的自然灾害达 658 起，造成 150 640 人死亡、15 148 657 人受伤，已经超过 30.5 亿人受灾害影响，6 018 万人无家可归。自然灾害所造成的经济损失高达 4 543 亿美元。自然灾害的经济学研究，已然不是一个简单的社会经济问题，也是经济学科应该加以研究和发展，并用来有效管理灾害损失，减少灾害负面影响和提高救灾减灾效率的理论问题。

二、中国自然灾害的现状与发展

(一) 整体概况

幅员辽阔，气候特征复杂，地理地貌多变，是中国频繁发生自然灾害的主要原因。风暴、洪水、台风、地震是中国最主要的巨灾类型。中国处于东亚季风区，受季风影响显著，又受到地形等因素的作用，形成了极具特点的夏季雨带的时间空间分布特征，也形成了极具特点的洪涝灾害。中国是世界上受台风影响较频繁的国家，同时中国处于地震活跃带，是世界上受地震灾害影响最严重的国家之一。

根据 EM-DAT 数据库所收录的中国自然灾害数据(见图 1.4)，中国自 1990 年以来，平均每年发生巨灾 25 次，且发生巨灾的次数呈稳定上升趋势。从受灾人数来看，1990—2003 年中国受灾人数受突发巨灾影响较大，峰值和谷值交替出现，2004—2011 年每年受灾人数相对平均，但规模有所下降，尤其是近五年中国受灾人数规模进一步下降，达到 5 000 万以下，对于中国 13 亿人口总量而言实属不易。

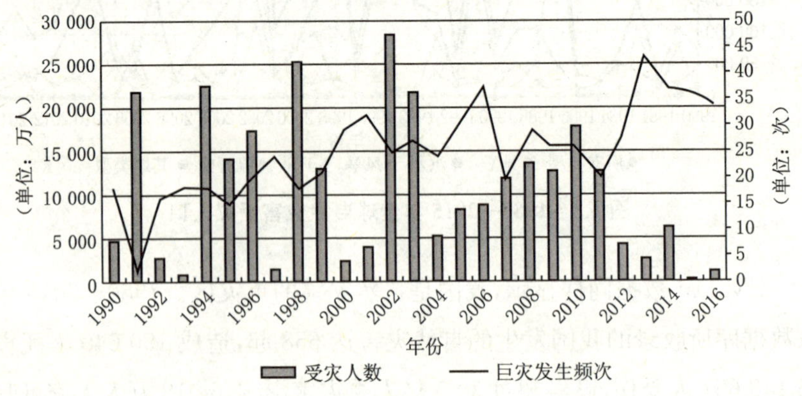

资料来源：EM-DAT。

图 1.4　1990—2016 年中国巨灾受灾人数和发生频次

根据 EM-DAT 数据库所收录的数据(见图 1.5)，1990 年以来中国发生的巨灾事件中，风暴和洪水各占约三分之一，风暴、洪水、地震涵盖了中国巨灾事件的绝大多数。从总受灾人数、总损失两个方面来看灾害造成的损失(见图 1.6)，洪水、风暴造成的受灾人数和经济损失都相当严重，干旱主要造成人员受灾，而地震导致的经济损失更为显著。

通过对受灾人口规模和经济损失的联合界定，洪水、风暴、地震和干旱是中国主要的巨灾类型，所以接下来针对中国的巨灾分析将围绕这四种灾害展开。

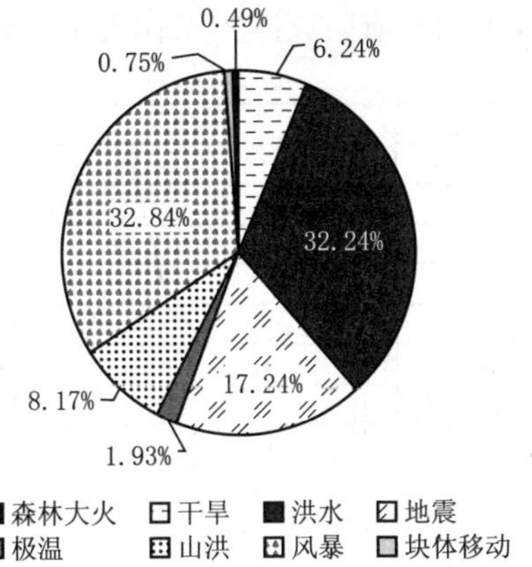

资料来源:EM-DAT。

图 1.5 中国巨灾类型分类

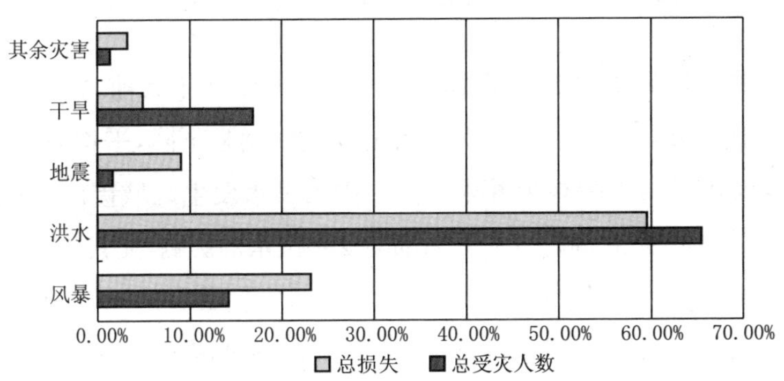

资料来源:EM-DAT。

图 1.6 中国巨灾损失特征

(二) 洪水

我国降水受到季风、副热带高压和中小尺度的天气系统影响,呈现出随时间和空间分布的特征,形成了三大雨带的空间特征:华南雨带、长江中下游雨带和华北雨带,也形成了汛期和非汛期时间特征。洪水高发地区人口密度大,经济发达,洪水造成的人员伤亡、经济损失也很高。

根据 EM-DAT 数据库所收录的数据(见图 1.7),近几年来中国因洪水导致的死亡人数下降但洪水发生频次上升。考虑到中国人口密度大,地理条件复杂多变,洪水死亡人数每年递减的趋势显示了中国政府在防灾减灾方面所做的努力。但全球气候变化的未知性和洪水巨灾事件的密集性与多发性，都对中国政府防灾减灾工作提出了新的要求。

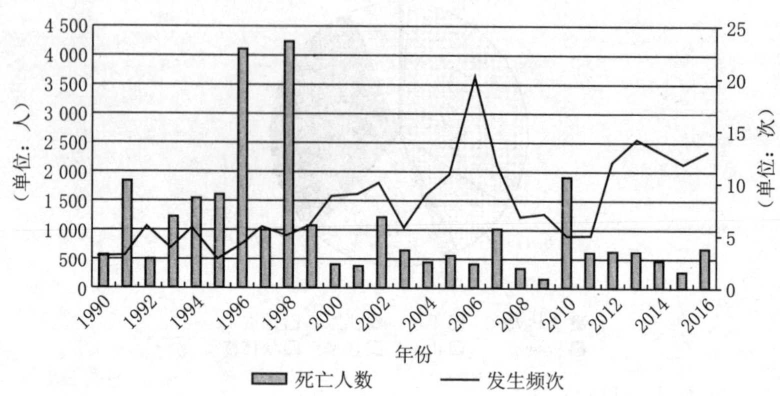

资料来源：EM-DAT。

图 1.7　1990—2016 年中国洪水发生频次和死亡人数

从洪水造成的经济损失来看（见图 1.8），2000 年之前，洪水损失占 GDP 比例较高，但 2000 年至 2016 年这一比例明显下降，平均为 0.18%，与此同时洪水损失的规模并未下降。中国洪水发生区域极广，华南、华东、华中、华北、东北等区域在汛期都会受到洪水的影响，尤其是黄淮流域和长江流域，它们既是中国经济最发达、人口密度最高的区域，也是洪水高发的地区，每年汛期洪水都会影响长江中下游地区，对该地区的经济发展造成了负面影响。

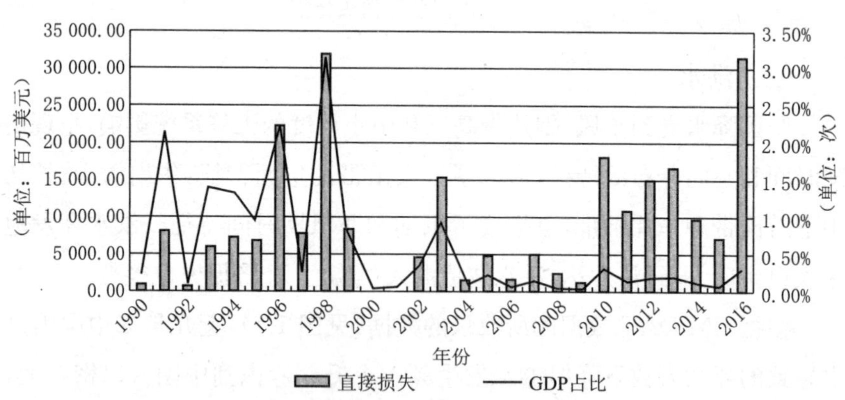

资料来源：EM-DAT。

图 1.8　1990—2016 年中国洪水经济损失 GDP 占比

(三) 风暴

中国的风暴主要包括台风和强对流天气系统,因为东亚地区是世界上受台风影响最严重的地区之一,而中国在东亚地区拥有漫长的边界线,局部地理气候特征复杂,较易发生雷暴等强对流天气,造成人员伤亡。我国受台风影响强烈,台风影响地区多为华南、华东地区,人口密度大,经济发达,所以台风造成的损失也很严重,但以现有技术条件对台风可以较好做到前期预测跟踪。强对流天气系统持续时间短,影响区域小,预报难度很大,所以可能会造成较大的人员伤亡。

根据 EM-DAT 数据(见图 1.9),中国平均每年因风暴死亡 373 人,平均每年 1 162 万人因风暴受灾,其中 2002 年台风受灾人数最多,达 1.074 亿人。近五年中国因风暴造成的经济损失明显走高,风暴发生频次也有上升趋势(见图 1.10)。

对于风暴灾害的防控一般分为灾前、灾中、灾后三个部分。一是灾前的灾害预警预报,对于台风,可以利用卫星实时观测其发展情况,当前技术已经可以较好地对台风的强度、路径进行预测,能够较好地做好台风的灾前防控;但对于强对流天气,目前的技术还无法做好预测。二是灾时防控,当风暴灾害袭击中国时,各地政府采取应急措施,应对灾害。三是灾后的恢复重建,中国目前救灾主要依靠政府部门,社会参与救灾少,也需要更多保险力量的介入。

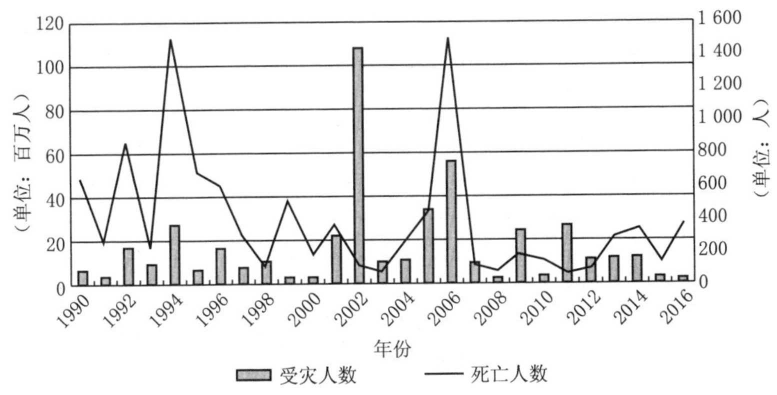

资料来源:EM-DAT。

图 1.9 1990—2016 年中国风暴受灾人数与死亡人数

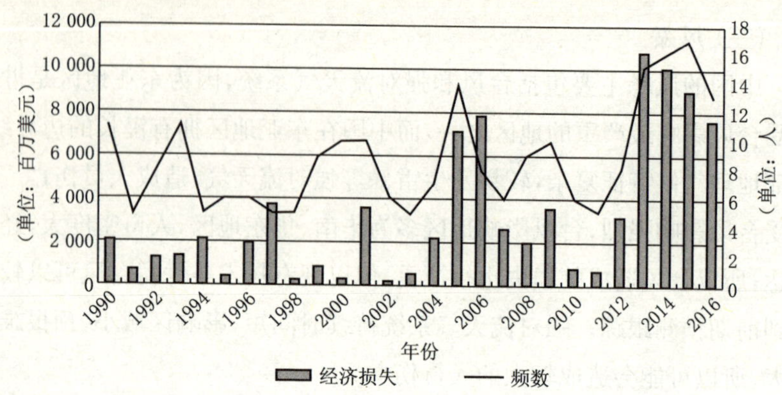

资料来源：EM-DAT。

图 1.10　1990—2016 年中国风暴发生频次与经济损失

（四）地震

中国是世界上受地震影响最严重的国家之一，处于环太平洋地震带和亚欧地震带之间，地震灾害频度大、震级高、震源浅、分布广。

从公元前 789 年至 2016 年，2805 年的时间内，中国发生了 3 669 起 5—5.9 级地震，966 起 6—6.9 级地震，79 起 7—7.9 级地震，21 起 8—8.9 级地震，共发生了 4 835 起五级以上地震（见图 1.11）。最近几年发生在人口密集区的强震级地震有 2008 年汶川地震、2013 年雅安地震、2017 年九寨沟地震。

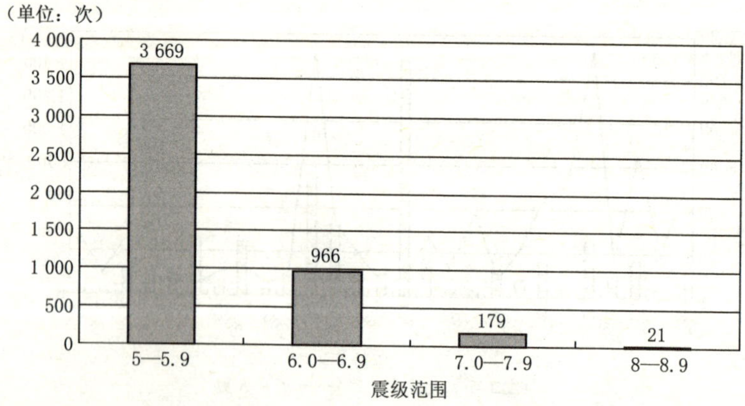

资料来源：中国地震信息网。

图 1.11　公元前 789 年至今地震分档统计

根据 EM-DAT 数据，剔除 2008 年的汶川地震，2006 年以来中国平均每年因地震死亡人数 294 人，平均每年因地震造成经济损失 2.08 亿美元。由于汶川地震造成了远超其他年份的人员伤亡和财产损失，下面将对 2008 年汶川地震做简要说明。

汶川地震是中国近年来发生的最严重的地震灾害，震级达 8.1 级，震源深度 14 公里，震中位于中国四川省汶川县，严重破坏地区超过 10 万平方千米，此次地震造成死亡人数 87 449 人，受伤人数 375 000 人，无家可归者人数 1 500 万人，达到了总人口的 1.16%，财产损失 1 389 亿美元，占到了 GDP 的 3.02%；然而，汶川地震的保险损失只有 4.1 亿美元，保险覆盖率极低(见表 1.1)。

表 1.1 汶川地震人员财产损失情况

损失类型	损失情况
死亡人数(人)	87 449
受伤人数(人)	375 000
无家可归人数(人)	15 000 000
经济损失(亿美元)	1 389
被保险经济损失(亿美元)	4.1

资料来源：sigma explorer extended。

地震造成的死亡人数与地震的震级、人口密度、房屋抗震能力、地震的突发性有关。汶川地震之所以造成如此多人死亡，主要原因在于地震发生在人口稠密区内，再加上房屋抗震能力较差，我国现有技术尚难以对地震进行预报等。

(五) 干旱

我国干旱的发生频次较低，也没有造成大规模的人员伤亡。干旱的主要特点在于受灾范围广。根据 EM-DAT 数据(见图 1.12)，1991 年以来中国平均每年有 2 664 万人受灾，干旱造成的经济损失也相当严重。

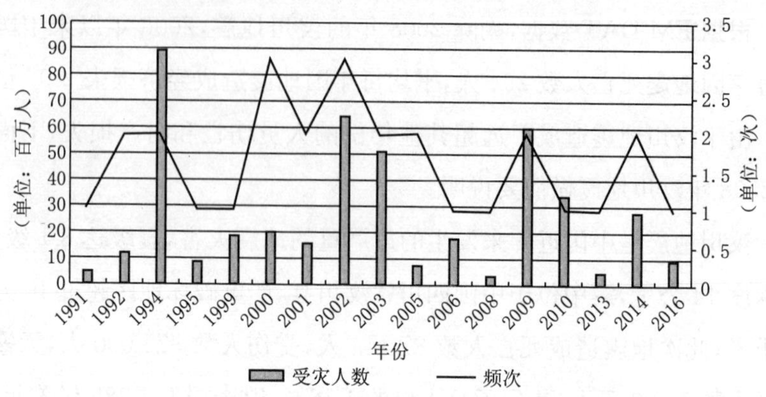

资料来源：EM-DAT。

图 1.12 1990—2016 年中国干旱发生频次和受灾人数

三、经济学视角下的灾害分类与定义

灾害是一个广义的概念，从将灾害定位在人类未能抵御自然力所带来的各种损失（比如自然风暴、瘟疫）到人类族群为了生存而爆发的各种战争给人类社会带来的巨大破坏；从工业革命以来技术所带来的生产力提高继而引发的各种经济危机，到 2001 年 9 月 11 日恐怖分子劫持的飞机撞击美国纽约世贸中心和华盛顿五角大楼事件后人们将恐怖事件描述为极端事件。灾害这一概念的内涵与外延，一直随着人类社会的发展而变化。

（一）经济学视角下灾害的分类

如同人类社会的发展，灾害本身也是一个动态的事件。因此有必要将灾害放在一个立体三维的空间里进行定位，既考虑灾害的时间延续性，又需要审视灾害本身的风险属性，同时还要进一步考量灾害给人类社会所带来的各种损失。因此，我们可以在三维的立体空间下这样来对灾害分类进行标注：横截面代表灾害的时间延续性，纵截面代表灾害本身的风险属性，而切面便代表了灾害所带来的各种损失。

从时间的延续性看，灾害可以划分为长期性灾害与短期性灾害。长期性灾害是指时间延续性超过一年的灾害，这类灾害或者潜伏期比较长，或者灾害发生时间跨度比较广。短期性灾害是指时间延续性比较短的灾害，这种灾害往往具有突发性的特点，其爆发强度大，风险控制所要求的技术程度也比较高。

与时间延续性这一三维空间的横截面相交的是关于灾害本身风险属性的纵截面。在这个横截面上，可以将风险划分为自然风险、技术风险、社会与政治风险和纯财务风险。自然风险是最为传统意义上的灾害，包括我们耳熟能详的台风、地震、泥石流和海啸等各种因为自然规律所引发的大规模灾害；技术性风险包含了工程设备、环境责任、基础设施的内生风险，水陆空交通事故等各种风险；社会与政治风险是指由于社会动荡或者政局不稳定所可能招致的各种风险；而纯财务风险是指类似于刚刚发生的全球性金融危机，或者是诸如经济实体出现偿付能力风险、会计丑闻等财务风险。

灾害之所以被称为灾害，关键在于灾害的风险属性将进一步引发一系列的损失，而这些损失对于人类社会而言是重大的损失或者对人类的日常生活造成严重的影响。因此，审视灾害的关键还在于关注对灾害造成的损失进行分类，通常可以将这一分类放置于三维空间的切面上，因为它同时关联着时间延续性和风险属性。对损失源的重视是灾害风险管理的核心所在，也是减少灾害损失和降低灾害对人类社会发展所带来负面影响必须首先直面的问题。在这个切面上，各种损失可以分类为环境损失、人身伤害与生命安全损失、物质财产损失和财务损失。

这样，一个三维的立体空间下便有了不同组合分类的灾害：意外事件下所发生的短期的环境污染、土壤或水资源的长期性污染；短期的极端气候变化、长期趋势下全球变暖；短期的技术性风险（比如交通事故）、潜伏期长的技术风险（比如石棉有毒侵权行为）；类似于“9·11”恐怖事件的短期政治风险、国家立法下可能造成投保人利益受损的长期制度性风险等等。

值得关注的是，各种灾害的组合并不是一成不变的，灾害之间可以相互流动、相互转换。比如二战时期美国在日本广岛所投放的核弹不仅在当时造成巨大的伤亡，核爆炸所产生的放射性污染对当地的经济社会发展和人体健康所产生的不利影响却是长期性的；一个工厂的火灾损失可能是因为操作失误所导致的，也有可能是由人为的破坏或者恐怖事件所引起的。同理，对于一些小范围的灾害（比如疫情），如果没有及时加以控制和预防的话，也可能因为扩散而变成大规模的灾难事件。

（二）经济学视角下的灾害的定义

与地质学、气象学等其他学科关注的灾害不同，经济学视角下灾害并不是一个用来关注的单位，而更多是一个关注的框架。简而言之，自然科学所强调的灾害可能更多从物理属性来定义，而经济学上对灾害的定义却需要进一步关注其社会属性和经济属性。比如，假设在一个戈壁或者沙漠上发生了一场强度极大的地震，所幸由于戈壁或者沙漠上荒无人烟，因此地震本身没有造成物质财产损失或人员伤亡。对于地理学家或者是研究自然灾害的学者而言，这类事件无疑是一个重大的灾害或者极端事件。相同的例子对于灾害经济学领域的研究却不被认为是灾害，因为地震的发生并没有造成任何经济损失。社会学领域也许可能将此类自然时间定义为灾害，如果该地震的发生对社会生活带来某种重大影响的话。

对灾害这一概念内涵理解的不同，会造成我们对灾害界定上的偏差。现实生活中还存在其他的例子，比如上文所提及的地理学家、研究自然灾害的学者都认为并不构成灾害的事件，在经济学家或者其他社会科学的眼里却是后果十分严重的灾害。类似的例子是 1985 年哥伦比亚鲁伊斯火山爆发，尽管根据地质学家的火山爆发指数它并不严重，但是由于爆发地点的特殊性，该火山的爆发造成了一个 3 万人口的城镇在顷刻之间被摧毁。这一事件由于其性质的严重性，灾害经济学会自发地将这一被地质学家认为不严重的事件称为灾害并且加以研究。

（三）灾害数据库与分类定义

灾害经济学的研究离不开灾害的数据。目前，随着灾害经济学研究的深入开展和学科的逐步兴起，越来越多的机构开始建立灾害数据库。更加难能可贵的是，这些灾害数据库大多数是开放的。表 1.2 列举了一些常用的灾害数据库，包括 26 个国外灾害数据库和 12 个国内灾害数据库。

表 1.2 部分灾害数据库列表

数据库名称	维护机构	数据覆盖范围	网 址
The disaster Database Project	美国加州里齐蒙得大学继续教育学院	全球	http://learning.richmond.edu/disaster/index.cfm
Technological Disasters: UN-EP/APELL	联合国环境规划署	全球	http://www.unepie.org/pc/apell/disasters/lists/disastercal.html
Natural Disaster reference Database	中国台北淡江大学	全球	http://ndrd.gafc.nass.gov
CE-DAT	流行病学灾害研究中心	全球	http://www.cred.be
Natural Hazards Data Tsunami: earthquakes, tsunamis, volcanoes and wildfire	美国国家海洋与大气管理局—国家地理物理数据中心	全球	http://www.ngdc.noaa.gov/hazard
Earthquake: USGS database	美国地址调查局	全球	http://earthquake.usgs.gov/
Airdisaster.com Accident Database	Airdisaster.com	全球	http://airdisaster.com/cgi-bin/database.cgi
EM-Dat	世界卫生组织和比利时政府	全球	http://www.EM-dat.net
Disaster Database: Sites of U.S. and Global Disasters	麦金利·康韦	美国、全球	http://www.siteselection.com/issues/2006/mar/p144/disasters.htm
EMA Disasters Database	澳大利亚政府	澳大利亚	http://ema.gov.au
Canadian Disaster Database	加拿大重要设施保护及应急管理局	加拿大	http://www.publicsafety.gc.ca/prg/em/cdd/index-eng.aspx
United States Storm and Hazard Database	美国国家气候资料中心	美国	http://www.intute.ac.uk/sciences/hazards/us-storms
United States: National Hazard Statistics	美国国家海洋和大气局	美国	http://nws.noas.gov/om/hazatats.shtml

续表

数据库名称	维护机构	数据覆盖范围	网　址
Guyananatural (Jamaic ...) disaster querying system	联合国开发计划署	圭亚那、牙买加、尼泊尔、斯里兰卡、印度、特立尼达和多巴哥	http://undp.desinventar.net/desinventar/indes.jsp
SHELDUS (spatial hazard events and losses database for the united states)	美国国家科学基金会和南卡罗来纳州大学	美国	http://go2.cla.sc.edu/hazard/db_registration
Digital Typhoon Disaster Database	日本北本朝展—国立情报学研究所	日本	http://agora.ex.nii.ac.jp/digital-typhoon/disaster/damage/in.html.en
Industrial Accident: MARS (The major accident reporting system)	欧盟委员会——重大事故危害局	欧盟工业事故	http://mahbsrv.jrc.it/mars/default.html
中国自然灾害数据库	中科院地理科学与环境研究所	中国	http://www.data.ac.cn/zrzy/g52.asp
中国灾情数据库	农业部种植业管理司和信息中心	中国（1949 年起）	http://zzys.agri.gov.cn/zaiqing.asp
农业灾害数据库	柴达木农业信息网 & 海西州农业信息网		http://www.qhhxzny.gov.cn
农业灾害数据库	广西南宁市农业局	中国广西	http://www.redland.gov.cn/xjsjk/nyzhsjk.asp
中国灾害性天气数据库	中国气象局信息中心	中国	http://cams.cma.gov.cn/htdocs/
中国海洋灾害公报	中国国家海洋信息中心	中国	Http://naii.coi.gov.cn/webgis/index.html
中国山地环境与灾害数据库	中科院成都山地灾害与环境研究所		http://mountain.csdb.cn/disaster/index.html
中国及邻区地应力和地址灾害数据库查询系统	中国地质力学研究所	中国	http://www.geomech.ac.cn/geo0503
水旱灾害网络共享数据库	中国水利水电科学研究院	中国	http://www.iwhr.com/zgskyww/kycg/webinfo/2007/12/1272331303917854.htm

不同的数据库对灾害的分类与定义也各不相同。比如在分类和收录上澳大利亚政府所属的 EMA Disaster Database 则包括两大子库，自然灾害和人为灾害。自然灾害中，并不以不同来源细分各建子库，而是选取一定录入标准，以事件发生作为代表属性进行录入。国际数据库构架上，世界卫生组织所使用的 EMIS（Emergency Management Information System）包含两大系统：系统 A（Current Emergency Statis）和系统 B（Specialised Support Information）。系统 A 包含基本的灾情信息如发生地点、死亡人数及救济情况等，系统 B 则详细记录制灾因子、救灾资源及救援任务等。而最具影响力、运用最广泛的 EM-dat 则分为三个部分：灾害事件、国家、灾害源，但其录入也是以单一事件发生作为代表属性录入，如一场海啸影响了三个国家，只被记录为一场灾害，使用一个录入编码。

各灾害数据库在对其收录灾害的认定标准上也存在着差异。EMA Disaster Database 数据收录国内外有关澳大利亚的各类记录，同时在数据录入标准上，EMA Disaster Database 要求死亡达到 3 人以上或 20 人以上受伤或造成总损失至少达 1 000 万澳元的财产损害，且基础服务业、商业、工业和医药行业中至少一项被中断才可被收录入库。国际级数据库中，EM-dat 数据来源较为广泛，主要从联合国、国际组织、政府、非政府组织、保险公司、研究机构以及媒体等处收集各种数据汇编而成[1]，在录入门槛上，需要满足 10 人以上人口因灾死亡或 100 人以上人口受灾或政府针对灾害事件宣布过国家处于紧急状态或请求过国际援助。

大量灾害经济学的国际文献都采用了 EM-dat 数据库。该数据库对灾害分为自然灾害和人为灾害，并且对具体的灾害亚组也进行了定义。表 1.3 梳理了该数据库对灾害的详细分类、定义和举例。

表 1.3 EM-dat 灾害分类与定义

灾害分组	灾害亚组	定 义	灾害主要类型
自然灾害	地球物理灾害	起源于固体地球的灾害。该术语可以和地质灾害互换使用。	地震 地块运动 火山活动

续表

灾害分组	灾害亚组	定　义	灾害主要类型
自然灾害	气象灾害	持续几分钟至几天的,短暂的、微尺度至中尺度的极端天气和大气状况引起的灾害。	极端温度 雾 风暴
	水文灾害	地表及地下淡水和咸水的存在、移动和分布引起的灾害。	洪水 滑坡 波浪作用
	气候灾害	长期的、中尺度至宏观尺度的大气过程,季节内到多年代际的气候变化引起的灾害。	干旱 冰湖溃决 磷火 传染病 虫害
	生物灾害	接触生物体及其有毒物质(如蛇毒,霉菌)或它们可能携带的媒介传播疾病引起的危险。例如有毒的野生动物和昆虫,有毒植物,以及携带致病媒介如寄生虫、细菌或病毒(如疟疾)的蚊虫。	动物灾害
	地外灾害	小行星、流星、彗星经过近地面,进入地球大气层,和/或撞击地球,并通过星际条件变化影响地球磁层、电离层和热层造成的灾害。	碰撞 空间天气
人为灾害	工业事故		化学品泄漏 塌方 爆炸 火灾 气体泄漏 中毒 辐射 其他
	交通运输事故		飞机 公路 铁路 水运
	其他事故		塌方 爆炸 火灾 其他

实际上灾害内部还有更加详细具体的分类,从灾害—灾害亚类—灾害主要类型—灾害子类型—灾害子子类型。比如对于常见的气象灾害,实际上其分类可以更加细化。表 1.4 同样以 EM-dat 关于气象灾害的分类为例,来说明自然灾害更加详细的划分。

表 1.4 气象灾害的详细分类

<table>
<tr><th>灾害通用分组</th><th>灾害亚组</th><th>灾害主要类型</th><th>灾害子类型</th><th>灾害子了类型</th></tr>
<tr><td rowspan="16">自然灾害</td><td rowspan="16">气象灾害</td><td rowspan="11">风 暴</td><td>温带风暴</td><td rowspan="2"></td></tr>
<tr><td>热带风暴</td></tr>
<tr><td rowspan="9">对流风暴</td><td>德雷科</td></tr>
<tr><td>冰雹</td></tr>
<tr><td>闪电/雷雨</td></tr>
<tr><td>降雨</td></tr>
<tr><td>龙卷风</td></tr>
<tr><td>沙尘暴</td></tr>
<tr><td>冬季风暴/暴风雪</td></tr>
<tr><td>风暴潮</td></tr>
<tr><td>风</td></tr>
<tr><td rowspan="4">极端温度</td><td>寒潮</td><td></td></tr>
<tr><td>热浪</td><td></td></tr>
<tr><td rowspan="2">严冬条件</td><td>雪/冰</td></tr>
<tr><td>霜冻/冰冻</td></tr>
<tr><td>雾</td><td></td><td></td></tr>
</table>

四、灾害经济学的学科发展

(一) 灾害经济学的源来与发展

灾害经济学既是新兴的学科,同时也是古老的学科。早在斯密和李嘉图为代表的古典经济学发展形成阶段,由于当时的资本主义生产关系正处在形成阶段,经济学家们在关注如何创造国民财富、探讨价值的构成中开始大量地关注土地、人口和矿产资源等自然因素，使得自然环境、资源和贫困等问题成为古典经济学理论不可或缺的内容。遗憾的是，随着19世纪中后期资产阶级的进一步成熟，古典经济学逐渐发展成为以研究既定社会制度下的资源配置问题为主的新古典经济学，所有的自然环境、资源丰裕程度等被研究所忽略，自然灾害、生态问题或者产业公害等皆被抛弃在现代西方经济学研究范围之外。所幸的是，自20世纪50年代以来，随着全球气候变暖、资源枯竭等现象日益严重，主流经济学开始重新反思人类社会与自然协调发展、自然灾害与经济增长以及环境公害等问题，灾害经济学逐渐演变成为独立的学科。

我国关于灾害经济学的提法首见于20世纪80年代于光远的《灾害经济学提出的根据和它的特点》，之后许多学者开始对这一学科进行研究。不过，鉴于灾害经济研究本身的复杂性和学科重叠性，我国不同学者对灾害经济学的研究侧重点不同。部分学者注重从宏观层面系统研究灾害经济学问题，也有学者关注不同灾种（地震、台风、洪水等等）的经济学问题或者不同产业或者部门（农业、水利、保险业等）的研究，还有部分学者注重于对灾害保险、损失度量、灾害统计和评价指标等相关专题的研究。我国灾害经济学的研究尽管只有二十余年的时间，但是相关学科理论已经取得了很大的进展。

（二）灾害经济学的研究对象

灾害经济学科的形成与发展是灾害本身所具有的自然生态和社会经济双重属性使然。灾害的自然生态属性是指灾害的类型、发生频率、时空分布等特征要素，它是灾害经济学研究的物质前提，是比较衡量不同灾害类型、灾害经济损失与灾害经济特征的客观前提。灾害的自然生态属性并不受到社会发展阶段、经济类型和社会生产关系特点的影响，但是它却影响着特定社会发展阶段下的各种社会经济属性。

灾害的社会经济属性表现在两个方面，即人类社会经济活动影响着灾害的形成，同时灾害又反作用于人类社会经济活动。第一个方面关于人类社会经济活动对灾害的影响可以通过以下例子说明。比如人类社会过度排放二氧化碳导致全球气候变暖，人类过度砍伐森林和开采不可再生资源造成生态平衡被破坏和生态环境恶化等事实，从而催生了灾害的发生或者使得原有的灾害变得更为严重。第二个方面关于灾害反作用于社会经济活动可以用灾害本身的内涵进行解释。灾害之所以被称为灾害是因为其对人类社会生产实践和经济活动产生负面的影响，否则的话该类事件则被视作与人类社会无关的自然能量运动或现象。同时灾害发生所产生的负面影响还必须超过人类社会正常的承灾能力，如果破坏程度超出人类社会的承灾能力达到一定的程度，这种灾害又被称为巨灾。灾害的社会经济属性与特定经济社会形态、社会生产方式和经济关系相联系，根据社会经济发展类型、生产发展阶段、社会文明和技术条件的不同，在同一时间同一地点发生的同种灾害所造成经济损失和影响也不相同。可见，社会经济属性决定了灾害经济学研究的对象与环境。

灾害经济学的研究对象包括自然灾害与人为灾害，这一分类遵循了保险学的分类依据。早期的灾害经济学研究基本上都仅局限在自然灾害上，探讨的对象包括我们耳熟能详的台风、地震、泥石流和海啸等各种因为自然规律所引发的大规模灾害。随着近年来人为灾害的普遍增多，尤其是美国“9·11”恐怖主义事件以后，越来越多的学者开始尝试采用灾害经济学的方法和理论研究人为灾害，探讨人类活动所造成的自然资源枯竭、环境污染、气候变暖、交通安全事故、老龄社会、核能源不合理开发等等问题。对人为灾害经济学的研究一方面扩大了灾害经济学的研究范畴，另一方面也对灾害经济学科发展提出挑战。人为灾害经济学面临的挑战包括有的人为灾害超出了特定时期人类的预见性（比如美国的石棉有毒侵权事件）；有的人为灾害相较于自然灾害更加缺少经验数据可供研究分析（比如美国“9·11”事件）；有的人为灾害受制于技术和管理制度上的不足而具有更高的风险性与不确定性（比如 2010 年墨西哥湾漏油事件）；有的人为灾害在时间维度和空间维度上所造成的经济破坏性远远超出了自然灾害（比如美国 1979 年三哩岛核污染事件、1986 年俄罗斯切尔诺贝利核电站核泄漏事件和 2011 年日本地震所引发的核泄漏事件）。不过，自然灾害和人为灾害虽然在自然属性和物理特征上的存在差别，但是它们都被很好地嵌合到现代灾害经济学的研究框架中。本书探讨的大量灾害主要针对自然灾害，这一方面是因为自然灾害相对于人为灾害而言更加普遍，离我们日常生活比较接近；另一方面也是因为自然灾害的数据收集相对于人为灾害而言相对便利一点。但是，大部分针对自然灾害的经济分析，同样适合于对人为灾害的分析与运用。

五、灾害经济学的研究内容与使命

(一) 灾害经济学的研究内容

灾害经济学的研究内容包括宏观层面和微观层面。灾害与经济增长关系是宏观灾害经济学研究的重要内容之一。日本2011年地震后许多学者都积极探讨本次地震对日本宏观经济产生的负面影响，实际上灾害与受灾国(地)经济增长的关系伴随着灾害经济学的诞生而一直被研究和争论着，并且学界无法形成统一的定论。有的经济学家对灾害的负面经济影响提出了质疑，认为灾害对一国的经济增长可能产生积极的影响。早在1993年英国学者阿尔巴拉·伯特兰(Albala Bertland)教授对26个国家在1960年至1979年间发生的28次灾害的经济影响进行实证分析，实证结果表明灾害实际上能带动GDP的显著增长。不过，他的研究发现受到了许多学者的质疑和剖析，查韦尔莱特(Charvériat)于2000年对拉丁美洲和加勒比海地区1980—1996年间的35个灾害案例研究表明并不是所有的灾害都能够带动GDP的显著增长，阿格因、霍伊特、本森和克雷等学者都认为，并不是所有灾害都能显著促进经济的增长，探讨灾害与经济发展规律时必须对灾害类型进行分类，才能获得更加科学和有说服力的研究结论。这些学界的争论从另一个侧面推动了宏观灾害经济学研究与分析。

灾害对经济制度影响是宏观灾害经济学研究的另一个重点。灾害与经济组织和稳定性是该领域关注的重点，其中包括灾害资源管理到底是采用集中计划管理还是市场自发调节、灾后救济资金是通过政府组织、公益法人团体还是商业机构分摊承担等等问题。货币政策研究是灾害经济学关注的另一个视角，由于灾害发生后往往造成供给有限和需求过大的现象,灾害经济学探讨是否通过发行新货币、使用黄金或食物储备作为临时货币或者采用审慎的通货膨胀政策以抑制需求和实现市场供需平衡等等。国家财政政策研究同样是灾害经济学研究的内容,学者们主要探讨灾后的税收制度,因为税收制度对调节经济行为和改变社会财富分配、引导产业结构调整和资源消费有着重要的作用。

灾害虽然在某种程度上降低经济效率,但是保障和迅速恢复灾区社会经济生活是灾害管理的重中之重。因此,灾害经济学同样研究不同的损失补偿方法,以实现受灾地区的公平与效率。在灾害损失补偿的研究中,许多学者发现灾害保险体系所发挥的作用远远高于政府救济或者社会捐助等其他渠道,因为依赖政府救灾往往存在救灾预算具有时滞性、财政救灾往往过于注重体现社会公平而未能很好地兼顾补偿效率、容易滋生腐败与贪污、监督难度大等特点,而社会救助则带有很大的不确定性,难以在灾害管理中进行有效的规划。许多学者开始运用保险学科的理论和方法研究灾害经济问题,由此而催生了灾害经济学微观层面的研究。

微观灾害经济学主要研究企业与个人对灾害的认知与风险态度问题,探讨在不确定经济学理论下企业与个人对风险管理手段的选择、风险转嫁成本的确定和消费者对投资收益(风险补偿)的预期与实际收益。有鉴于在经济发达国家中往往由保险业承担灾害经济管理和灾后赔付的主要任务这一事实,微观灾害经济研究框架下还包括思考如何推动保险公司在灾害预防与风险管理、灾害重建等环节中发挥最大的效率,进而减少政府财政、企业与个人财富上用于应对灾害的开支;在有效降低灾害发生概率的基础上,进一步减少灾害损失的规模和灾后重建的成本;巨灾保险产品的设计与开发;(国家或者保险行业)巨灾风险管理基金的创建与管理;再保险产品的开发与巨灾风险证券化;等等。

(二) 新时期灾害经济学的使命与意义

全球气候变暖、人口老龄化、自然灾害频发等现象已经成为困扰人类社会发展的问题。这些难题都直接关联着一个事实,即未来社会经济的发展将遭受更加复杂的内生变量与外生变量的影响和制约。对我国而言,我国未来经济与社会发展受到各种灾害的负面影响和挑战将更为严重：近年来我国频繁遭受自然灾害；保险赔付的缺失加重了国家财政在灾害管理与重建中的压力；社会保险体系的滞后发展使得人口老龄化成为我国经济可持续发展的重大挑战；我国经济高速增长下对高铁项目等大型工程建设中风险管理与社会经济协调发展；全球气候变暖下发展中国家与发达国家之间的责任分担与中国的大国责任等问题，成为国家健康发展亟待解决的问题。

灾害经济学通过对灾害预测、灾害控制和灾害善后相关经济问题研究，关注如何减缓环境、生态逆向演替过程中的一系列经济问题，探讨如何制止生态与社会环境恶化的一系列经济问题，从理论层面帮助国家与民众主动地减缓可能出现的环境与生态的逆向演替。推动我国灾害经济学的研究与发展，不仅为我国防范和控制各种灾害问题提供经济方法和手段，也将推动我国构建有效管理自然灾害经济制度的建设，为社会经济的持续稳定发展提供了理论依据和支持。

注　释

[1] 详细来源见 www.EM-dat.net/guidelin.htm。

第二章
自然灾害与宏观经济发展的理论分析

一、文献综述与分析

尽管灾害经济学是经济学中的新兴学科，但是这一学科的研究却源远流长。早在1848年，穆勒在《政治经济学原理》(Principle of Political Economy)中就阐述了自然灾害的经济影响，认为“地震、洪水、飓风和战争所造成的一切破坏迹象在短时间内会消失，国家会迅速从灾害状态中恢复过来”。彼时的灾害经济学研究已经从不同的时间维度(短期、长期)分析自然灾害的经济影响。然而，将自然灾害作为研究主题的专门研究却始于20世纪60年代，美国经济学家赫沙拉弗(Hirshleifer, 1966)对西欧各国自1348年至1350年间黑死病大爆发所产生的短期影响和长期影响进行研究，认为黑死病这一瘟疫的发生在短期内造成劳动力稀缺，从而导致了工资率的上升和地租的下降，造成低收入阶层收入的增加和高收入阶层收入的减少，但是长期内会造成整体经济的萧条和产业由劳动力需求高的部门向劳动力需求低的部门转移。诺贝尔经济学奖得主阿玛帝亚·森(Amartya Sen, 1982)认为自然灾害造成的损失大部分源于经济和社会体制，因此对自然灾害的研究不应该仅仅局限在灾害发生后如何应对，而重要的是如何把灾害发生本身作为一种经济现象，从而纳入整个经济研究的框架中。随着灾害经济学的深入发展，对自然灾害的经济影响研究也逐渐深入社会经济运行的不同层面，从静态研究拓展到跨时期的动态研究。

(一) 自然灾害对经济的短期影响

学者们分别从宏观经济和微观经济两个不同的切入点研究自然灾害对经济的短期影响。从宏观层面对国家或者地区经济增长的研究看,查韦尔莱特(Charvériat, 2000)选取拉美28个国家1980年至1996年间的自然灾害数据发现,灾害发生当年经济增长率下降,但是自然灾害对不同国家的短期经济影响表现不同。本森(Beson, 2003)研究了1960年至1993年间115个国家的经济增长,选取跨部门比较分析的实证检验方法发现,灾害频繁的国家较之灾害发生相对较少的国家,其短期经济增长率要相对较低。诺伊(Noy, 2009)研究发现,相同自然灾害对发展中国家的经济冲击明显大于发达国家。拉达茨(Raddatz, 2007)发现越小、越贫穷的地区巨灾发生时负面冲击越严重。

从微观层面对公司或者个体经济影响的研究上,斯特罗布(Strobl, 2011)以美国沿海乡村为样本研究飓风发生对经济的影响、诺伊和武(Noy and Vu, 2010)以越南的省份为样本、莱特(Leiter, 2009)以欧洲公司为样本,都得出了相同的结论,即自然灾害对短期经济增长产生了负的影响。不过,现有关于自然灾害短期经济影响的研究都未能透彻地说明自然灾害通过怎样的影响机制对短期经济产生不利影响,甚至有的研究还认为,所谓灾害的国家经济危害论是不存在的,因为自然灾害发生之后,一国的GDP增长率都能够显著地提高(Albala-Bertrand, 1993)。

(二) 自然灾害对经济的长期影响

学界关于自然灾害对经济的长期影响一直存在争议,并且出现了"灾害促增长"(Skidmore and Toya, 2002; Aghion and Howitts, 1998)、"灾害抑增长"(Noy and Nualsri, 2007; Hallegatte and Duma, 2009; Coffman and Noy, 2012)和"灾害中性"(Scanlon, 1988)三种截然不同的结论。

支撑自然灾害长期促进经济增长的理论依据主要是熊彼特提出的创造性破坏(Schumpeter's creative destruction)。阿格因和露伊特(Aghion and Howitts, 1998)将熊彼特提出的"创造性破坏"思想纳入内生增长模型中(刘志铭和郭惠武,2007),认为灾害的发生会引发人们采用创新性成果,而以资本的替代表示的技术创新活动将大大提高生产要素的生产率和市场竞争性,因此每一次自然灾害的发生都能推动经济的增长。不过创造性破坏的适用性忽视了地区经济发展的差异性。夸雷斯马等人(Cuaresma et al., 2008)通过实际调查研究自然灾害对R&D的影响,总结得出创造性破坏更可能发生在人均收入较高的国家;对发展中国家而言,自然灾害发生意味着用于技术研发的资金将会减少。有趣的是,哈伦加特和杜玛(Hallegatte and Duma, 2009)同样运用标准化的内生增长模型来研究灾害对经济创造性破坏的影响,但是他们却发现灾害对经济来说从来不是一件好事,而且超出地区承载总量的灾难会导致该地区陷入贫困窘境。相同理论指导下对自然灾害与经济长期影响这一问题的研究产生了截然相反的结论(Aghion and Howitts, 1998; Hallegatte and Duma, 2009)。

除此之外,徐怀礼(2007)运用哈罗德—多马模型,在假定储蓄全部转化为投资且资本产出比率固定的前提下测算无灾害情况下的国民收入与无灾害时的经济增长率,以此来分析自然灾害对国民经济收入所带来的净损失,推算自然灾害与经济增长之间的关系。但这一模型难以反映自然灾害发生对宏观经济发展的动态影响。

尽管自然灾害对一国的经济发展具有重要的影响,但针对自然灾害严重的中国的研究却十分有限。在理论方面,陈国进等(2014)基于RBC模型对中国罕见灾难的分析发现,含灾难的RBC模型能有效改善无灾难RBC模型对中国宏观经济波动的解释力,并且灾难事件对中国的破坏性远大于美国。梅广清等(1999)运用投入产出和生产函数方法建立了自然灾害对区域产出的影响模型,为估算我国灾害造成的经济影响提供了另外一种思路。在实证方面,贾美芹(2013)利用时间序列数据发现当期自然灾害会降低经济增速,尽管滞后一期的灾害损失对经济增长有正向作用,但长期来看灾害损失对经济增长的影响为负。闫绪娴(2014)则研究了自然灾害对中国省级层面上经济增长的影响,发现当灾害损失占GDP比重低于0.010 3时对经济增长有正向作用,而高于0.010 3时则有负面作用。

(三) 小结

从以上的文献梳理可以发现，现有针对自然灾害对中国经济增长的研究存在以下一些不足：首先，在回答灾害对中国的长期经济影响问题上，没有结合中国基本经济情况和具体的灾害属性进行建模分析，因此导致对该问题的回答存在不一致的结论；其次，在灾害对经济增长的实证研究方面，以往的研究面临样本量偏少，且没有处理计量模型的内生性问题，可能导致估计结果不一致；最后，目前还没有针对地级市的灾害对经济增长影响的研究。

二、新古典经济增长模型

实际上自然灾害对经济增长的影响是一个复杂的命题，至少有三方面的因素影响着自然灾害对经济体造成的影响：(1)不同的自然灾害对经济社会造成的影响是不一样的。这是由自然灾害的物理属性所决定的，比如地震可能造成大量的人员伤亡，而台风或者洪水对人员伤亡造成的影响就相对较少。(2)自然灾害发生地点的不同对经济社会的影响也不同。这其实是灾害经济学上所广泛讨论的经济易损性的概念，常用的例子就是一个发生在沙漠的 8 级以上的地震所造成的经济损失远远没有一个发生在我国东部沿海地区的 5 级以上地震造成的损失。(3)在不同的时间纬度，讨论自然灾害对经济的影响也是不一样的。尽管自然灾害在短期内对经济都会造成损失，但是有的地区因为灾后重建过程中对产业的重新布局、技术的引进使得中长期经济得以恢复和腾飞，有的地区却因为灾害的影响而一蹶不振，造成经济衰退。然而，这些影响都存在不确定性，从学理上需要一个理论加以分析，从而归纳出其中的规律。

新古典经济增长理论重点探讨资本积累以及它与储蓄决策等的关联影响。[1]本部分关于新古典经济增长理论模型的构建主要通过三个步骤进行完成：我们首先探讨长期经济增长的均衡点，然后在动态均衡的基础上构建储蓄曲线，推导投资曲线。在此模型基础上，我们将在下文分析自然灾害的发生对储蓄和投资曲线的影响，进而研究自然灾害对经济增长的时间关联与影响。

(一) 长期经济增长下的均衡产出与资本

古典经济增长理论中，国民总产出是劳动力和资本的函数。新古典增长模型的基本假设认为，劳动力和资本之间具有一定的替代性，即生产投入比 K/L 不是一个固定的参数，并且生产函数是一阶齐次方程。根据柯布—道格拉斯生产函数，存在人均意义上的生产函数：

$$y=\alpha k^{\beta} \tag{2.1}$$

并且 $y'=\frac{\mathrm{d}y}{\mathrm{d}k}=\alpha\beta k^{\beta-1}>0$，$y''=\frac{\mathrm{d}^2 y}{\mathrm{d}^2 k}=\alpha\beta(\beta-1)k^{\beta-2}<0$。生产函数这一边际产出递减(diminishing marginal product)的属性解释了在长期经济增长中经济能够达到稳态的均衡而并非无限的增长。当人均产出(y)与人均资本(k)不变时，经济就处于稳定状态。[2]在动态经济情况下，当人均资本占有量的增长率 $\dot{k}_t=0$ 时，经济处于稳定。此时均衡增长状态下人均资本占有量的最佳值为 $k_t=k^*$，均衡增长状态下的人均产出为 y^*，并且：

$$\dot{k}_t=\frac{sf(k_t^*)}{k_t^*}-g_L=0 \tag{2.2}$$

$$y_t^*=f(k_t^*)=\frac{g_L}{s}k_t^* \tag{2.3}$$

其中，s 为储蓄率，g_L 为劳动力增长率(或人口增长率)。

(二) 长期经济增长下的储蓄与投资

经济增长理论的基本假设之一就是储蓄率 S_t 是总产出 Y_t 的一部分，由储蓄率 s 所确定。如果每一个时间周期 t 之间(比如每年)人们的储蓄率都为 $s(0<s<1)$，在已知的生产函数下，长期经济增长下储蓄曲线有着和生产曲线类似的属性，并且 $S_t=sY_t$。在考虑人均情况下：

$$\frac{S_t}{L}=\frac{sY_t}{L}=sf(k_t) \tag{2.4}$$

由上文关于长期经济增长下的均衡产出与资本的分析可以得出，当经济达到均衡时,人均资本占有量为 k^*,人均产出为 y^*。假设社会产出中一部分用于投资,另外一部分用于消费,则投资的总量取决于社会的储蓄。在储蓄率 s 给定的情况下,投资总额 $I_t = S_t = sY_t$,此时,人均投资为:

$$i_t = \frac{I_t}{L_t} = \frac{sY_t}{L_t} = sy_t = sf(k_t) \tag{2.5}$$

在长期经济增长的均衡条件下,如公式 2.2 所示 $\dot{k}_t = 0$, 即资本和劳动力实现同步增长。此时, $\dot{k}_t = \dot{K}_t - \dot{L}_t = 0$, 或者 $\dot{K}_t = \dot{L}_t$。我们可以推导出人均的投资 i 的表达式为:

$$\frac{I_t}{L} = g_L \frac{K}{L} = g_L k \tag{2.6}$$

(三) 模型框架的图形分析

构建 y—k 平面,横坐标表示人均资本占有量 k,纵坐标表示人均产量 y。根据公式 2.1 所构建的生产函数,在 y—k 平面上存在生产函数 $y = f(k) = \alpha k^{\beta}$;再由公式 2.3 $y = f(k) = \frac{g_L}{s}k$ 可知, $\frac{g_L}{s}k$ 表示为坐标平面上一条由原点出发的射线,斜率为 $\frac{g_L}{s}$。当均衡条件满足时, $y = f(k) = \frac{g_L}{s}k$ 直线与生产函数曲线 $y = f(k)$ 相交于 E 点,该点对应的是均衡增长状态下人均资本占有量的最佳值 $k_t = k^*$,以及均衡增长状态下的人均产出 y^*(见图 2.1)。

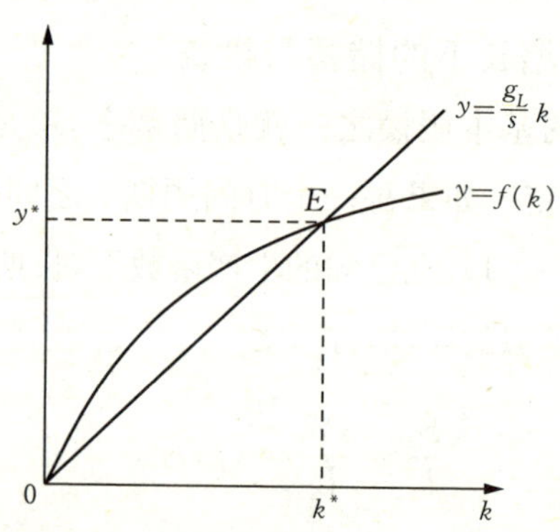

图 2.1 新古典增长模型的均衡产出与人均资本占有

根据公式 2.4，由于储蓄率 $0<s<1$，所以储蓄曲线 $y=sf(k)$ 的形状与生产函数一样，只是被缩小了 s 倍。投资曲线(2.6) $y=\frac{I}{L}=g_L\frac{K}{L}=g_Lk$ 在 y—k 平面上是一条由原点向上倾斜的射线，它表示为了与人均资本占有量 k 所匹配而必需的人均投资量$\frac{I}{L}$。根据公式 2.5，当经济运行达到均衡增长状态时，人均投资量 $i_t=\frac{I_t}{L_t}$ 正好与人均储蓄 $\frac{sY_t}{L_t}=sy_t=sf(k_t)$ 相等，即相对于生产曲线与 $y=\frac{g_L}{s}k$ 的交点所确定的均衡值 (k^*, y^*)，投资曲线 $y=g_Lk$ 正好在该点上与储蓄曲线 $y=sf(k)$ 相交(见图 2.2)。

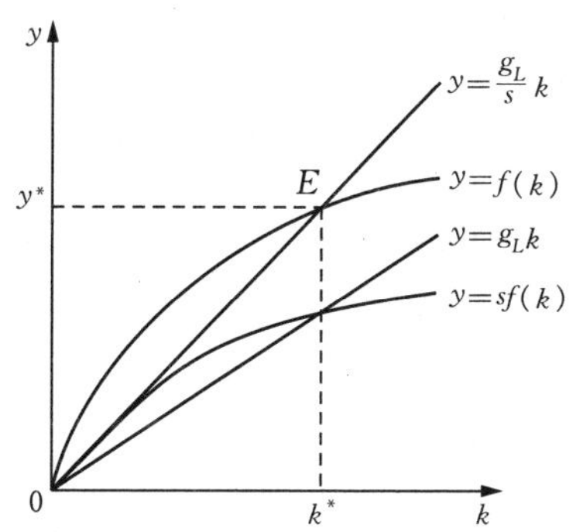

图 2.2　均衡增长条件下的储蓄与投资

三、自然灾害对经济增长的关联影响

不同自然灾害类型对社会的储蓄行为会造成不同的社会影响。一般而言，常见的气象水文自然灾害[3]发生频率高，容易对经济造成经常性扰动，但是此类灾害不容易造成储蓄行为的改变。相对而言地震、泥石流等地质灾害，由于此类灾害的发生频率低，造成的破坏性强大，所以灾害往往容易造成因为消费心理或者社会捐助等因素导致的储蓄行为的改变(Benson and Clay，2004)。因此，本部分的分析将探讨储蓄行为不变和变化两种情况下自然灾害对经济增长的关联影响。本部分的分析建立在

第二部分关于新古典经济增长理论的模型框架基础之上。

(一) 储蓄行为不变下的关联影响分析

当经济处于稳态时自然灾害的突然发生并没有影响人们的储蓄行为,但是由于自然灾害的发生造成人员伤亡导致了劳动力 L 的减少,物质财产受自然灾害的摧毁或者破坏导致了社会资本存量 K 的减少。此时经济稳态增长的轨迹受到扰动,资本劳动力比率即人均资本占有量 $k=\frac{K}{L}$ 发生变化,不再处于经济稳态增长下的 k^*。

当自然灾害造成资本存量的减少超过自然灾害所造成的劳动力的减少时,人均资本占有量 k^* 下降至 k_1,根据公式 1 社会总产出水平为 $y_1=\alpha k_1^{\beta}$,此时 $y_1<y^*$,并且由公式 2.4 和公式 2.6 可以得出 $sf(k_1)>g_L k_1$,即储蓄超过均衡增长所需要的人均投资,这将使得资本积累加快,$\dot{k}>0$,人均资本占有量逐渐增加[4],资本存量和资本产出水平将会再次增长到经济稳态下的均衡值(k^*,y^*)。简而言之,当自然灾害造成的财产损失大于人员伤亡时,短期内社会的产出水平会下降,但是在一定的时期内经济内部会进行自我调整,产出水平逐渐增加,直到在足够长的时间里恢复至自然灾害发生之前的均衡产出值(见图 2.3)。

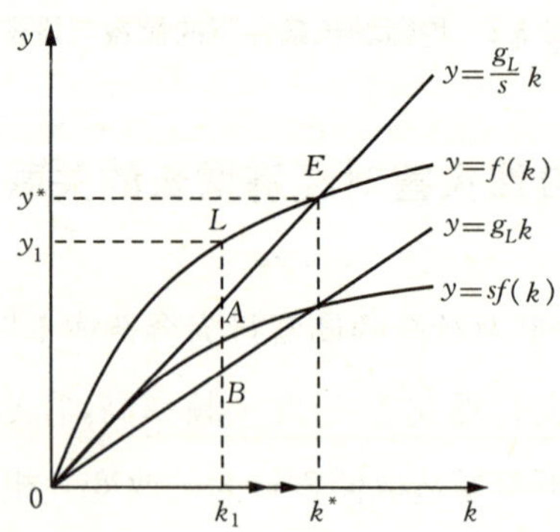

图 2.3 储蓄不变下财产损失超过人员伤亡情况下的经济增长

如果自然灾害造成资本存量的减少低于自然灾害所造成的劳动力的减少时,人均资本占有量 k^* 上升至 k_2,根据公式 1 社会总产出水平为

$y_2 = \alpha k_2^{\beta}$，此时 $y_2 > y^*$。此时由公式 2.4 和公式 2.6 可以得出 $sf(k_2) < g_L k_2$，即储蓄低于均衡增长所需要的人均投资，由此导致资本积累的下降，即储蓄无法满足均衡增长的投资需求，$\dot{k} < 0$，人均资本占有量逐渐下降，资本存量和资本产出水平将会逐渐回落到经济稳态下的均衡值 (k^*, y^*)。简而言之，当自然灾害造成的财产损失小于人员伤亡时，短期内社会的人均产出水平会上升，但是在一定的时期内经济内部会进行自我调整，人均产出水平逐渐减少，直到在足够长的时间里恢复至自然灾害发生之前的均衡产出值（见图 2.4）。

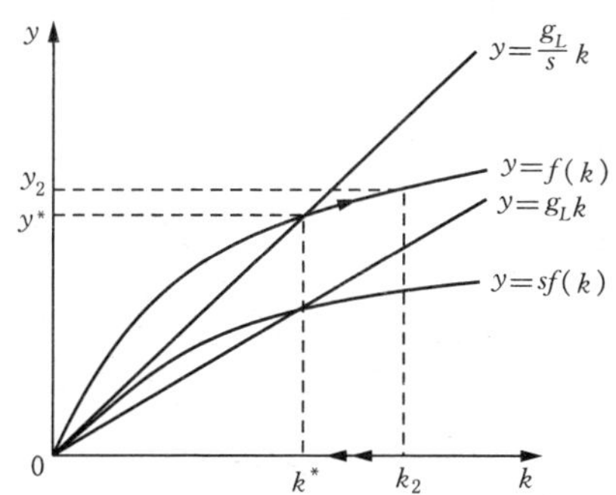

图 2.4　储蓄不变下财产损失小于人员伤亡情况下的经济增长

除了以上探讨的两种情况外，还存在自然灾害造成资本存量的减少正好等于自然灾害所造成的劳动力的减少。此时由于人均资本占有量 k^* 并没有发生变化，虽然自然灾害从整体而言给整个社会带来了负面的影响，但是经济稳态还会继续维持，人均的产出水平也保持不变。

（二）储蓄行为变化下的关联影响分析

自然灾害的发生有可能造成个人储蓄行为的变化，这种情况普遍发生在大灾巨灾之后。但是巨灾之后的储蓄行为变化又可以呈现不同的形式，有的自然灾害发生以后，受灾群体接受大量的政府救助和社会慈善捐助，人们可能会减少消费，进一步增加储蓄，将更多的投资用于灾后重建[5]；也有消极的做法是人们产生了及时行乐的想法，将更多的积蓄用于消费而导致储蓄的减少。

由公式 2.4 可知，储蓄曲线取决于储蓄率和产出。如果自然灾害的发生影响了人们的储蓄行为，储蓄曲线便会发生上下移动。假设人们更多的储蓄，则将有更多的投资用于灾后的重建，储蓄函数 $y=sf(k)$ 将向上移动至 $y=s'f(k)$，伴随着储蓄的增加和灾后重建所带来的投资增加，$y=s'f(k_t)$（公式 2.4）与 $y=g_Lk$（公式 2.6）产生新的均衡点，此时人均资本占有量 k^* 上升至 k^{**}，人均产出增加至 y^{**}。简而言之，当自然灾害的发生而造成储蓄率变化，并且灾后的储蓄率高于自然灾害发生前的储蓄率时，自然灾害的发生长期会导致人均产出值的增加，新的经济稳态下的均衡值（k^{**}，y^{**}）（见图 2.5）。[6]

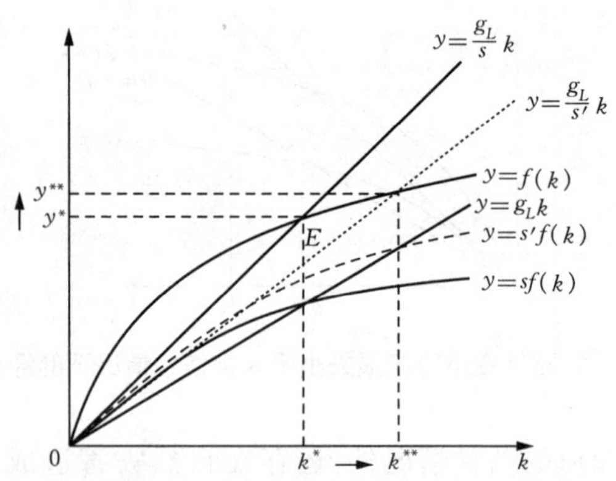

图 2.5　自然灾害后储蓄率增加对经济增长的影响

在经历过大的动荡以后，受灾民众也可能会认为人生短暂，从而尽量让自己生活得更好，在满足自我需求的同时势必会增加自身消费，从而减少个人积蓄。储蓄函数 $y=sf(k)$ 将向下移动至 $y=s''f(k)$，伴随着储蓄的减少，当均衡增长所需要的人均投资曲线不变时，$y=s''f(k_t)$（公式 4）与 $y=g_Lk$（公式 6）产生新的均衡点，此时人均资本占有量 k^* 下降至 k^{***}，人均产出减少至 y^{***}。简而言之，当自然灾害的发生而造成储蓄率变化，并且灾后的储蓄率低于自然灾害发生前的储蓄率时，自然灾害的发生长期会导致人均产出值的减少，新的经济稳态下的均衡值（k^{***}，y^{***}）（参见图 2.6）。[7]

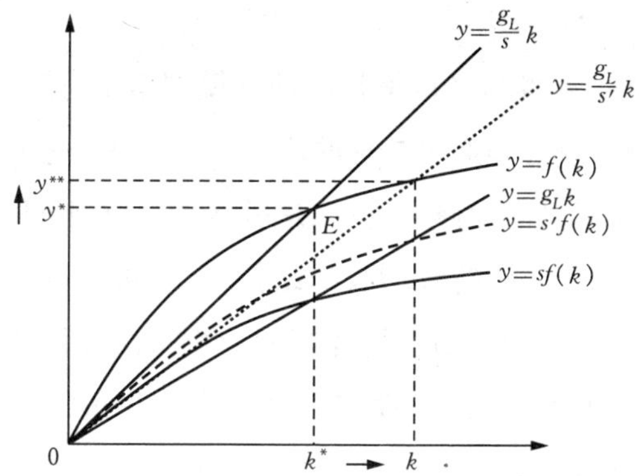

图 2.6　自然灾害后储蓄率增加对经济增长的影响

四、小　　结

近年来自然灾害的频发与巨灾的多发对社会经济持续增长造成了严重威胁，促使灾害经济学学科日益受到重视。本章以索洛创立的新古典增长模型为基础，构建生产函数及其对应的投资储蓄曲线，以相关生产要素的扰动为作用渠道，分析自然灾害对宏观经济稳定增长在不同时间内的关联影响。按照新古典增长模型的涵义，当人均资本占有量的增长率 $\dot{k}_t=0$ 时，经济增长处于稳态均衡，此时人均资本占有量的最佳值为 $k_t=k^*$，均衡增长状态下的人均产出为 y^*，$(k^*,\ y^*)$点取决于储蓄率 s 和人口增长率 g_L。本章以新古典增长理论模型为基础，通过分析发现高频率、低强度的自然灾害不至于引起储蓄行为的变动，从而对于长期经济稳态影响有限。但是短期看来，造成人均资本占有量下降的气象水文灾害会降低社会产出，而提高人均资本占有量的瘟疫和传染病等灾害则促进了社会产出水平。但是在长期由于经济的自我调整作用，产出水平仍会恢复至自然灾害发生之前的均衡产出值。然而，地震、泥石流等低频率，破坏强度大的自然灾害则很可能改变人们的储蓄行为，从而改变原先的均衡点。当储蓄率 s 上升时，灾害能够促进经济长期增长至更高的水平。如果由于灾害的发生而使得人们产生及时行乐的想法，当储蓄率 s 下降时会对经济造成长期持久的破坏力，使社会产出在较低值达到新的稳态均衡。

通过以上建立灾害与经济增长的理论模型至少有三点值得关注：一是“灾难经济”的恢复必须通过合理的成本收益评估程序及配套的防灾减灾措施，避免毫无意义的大修大建；二是虽然基于模型可以得出储蓄率及其带动的投资有利于经济持续增长的结论，但是可能带来抑制消费的负面影响，因此可以进一步运用拉姆齐模型分析得出经济增长最优的储蓄率水平；三是基于熊彼特“创造性破坏”的理念，注重灾后的技术置换作用。经济中的新旧资本的混合程度影响人均资本 k 的增长率，社会的技术进步率越高，灾后经济恢复的速度越快。以上理论模型的分析对于我国自然灾害救助与管理有着重要的参考意义。我国目前灾害救济体系主要是政府救灾和社会救助，政府如何合理安排财政资金进行赈灾，引导民众进行社会捐助和灾民进行灾害重建需要建立在科学决策的基础之上。评估灾害发生是否会造成一个地区经济增长带来负面的影响，需要综合分析灾害对必要生产要素所造成的影响，在此基础上合理投入灾后重建的资源以及实施必要的政府引导，增强国民的储蓄倾向和提高人口的理性增长。

注　释

[1] 1956 年诺贝尔奖获得者索洛(Robert Solow)对古典经济增长理论做出了修正。索洛讨论了长期增长均衡点的存在性和稳定性问题，并分析了均衡增长条件下的消费、投资、劳动力工资率、资本回报率之间的关系。

[2] 如果储蓄大于必需的投资，劳动力的人均资本就会增加，从而也会带动产出的增加。如果储蓄小于必需的投资，劳动力的人均资本和产出也会相对下降。

[3] 比如台风、水旱灾害等等。这里的气象水文灾害并不包括类似于日本 2011 年海啸的极端事件。

[4] 另外一种解释是储蓄额比保持人均资本不变所需要的还要多时，表明储蓄多到足以使人均资本量 k 增加，此时会带动更高的人均产出(Dornbusch, Fischer, et al., 2008, p.62)。

[5] 由于 2008 年我国相继出现年初的南方雪灾和 5 月份的汶川地震，国内外救灾热情高

涨，这一年份救灾慈善捐赠高达 769.59 亿元。这一部分慈善捐助在一定程度上可以改变灾民的储蓄行为，从而导致投资的增加，大量慈善捐赠用于灾后重建。

[6] 这一理论推导为关于自然灾害与经济增长的实证研究提供新的理论解释。比如查韦尔莱特(Charvériat, 2000)对 35 个自然灾害的实证分析中得出 28 个灾害时间中经济的实际增长率虽然在当年有所下降，但是在此后的两年内迅速上升。又如伯特兰(Albala-Bertland, 1993)发现许多国家在地震灾害发生之后经济总能获得高速增长。

[7] 这一理论推导的政策意义在于自然灾害发生以后，政府要积极引导灾民，避免因为储蓄率的下降而导致的经济长期衰退。

第三章 自然灾害与宏观经济发展的实证研究

一、引　　言

上一章节针对自然灾害造成的宏观经济影响进行了理论分析。正如上章的分析结果所展示,不同的自然灾害对灾害造成的经济影响是不一样的,这主要是因为灾害对资本、劳动力和技术的影响程度都是不一样的。因此,区分灾种考察自然灾害对经济造成的影响显得非常重要。本章将从不同的视角分析自然灾害对经济增长的影响,第二小节选取地震灾害为例考察地震灾害对经济增长造成影响的实证证据;第三小节从时间的维度上考察地震灾害在短期、中期和长期对经济增长造成的影响;第四小节以我国另外常见的自然灾害——台风为例,考察台风灾害可能和地震灾害对经济增长影响上存在的差异;第五小节从对外直接投资的特殊视角,考察自然灾害对经济增长的实际影响。

二、地震灾害对经济增长的影响

(一) 路径与机理分析

借鉴勃兰特和朱(Brandt and Zhu, 2010)研究中国经济增长的模型,我们根据传统的增长核算法(Growth Accounting Approach),采用规模效应不变的柯布道格拉斯生产函数(C-D 函数)对经济增长模式来分析地

震灾害对经济增长的影响路径。C-D 函数如下，

$$Y_t = A_t K_t^a H_t^{1-a} \tag{3.1}$$

其中，Y_t 表示时间 t 的总产出，K_t 表示时间 t 的物质资本存量，H_t 表示时间 t 的人力资本水平，A 代表技术进步水平。将上述方程转化为增长方程，即为：

$$\frac{\dot{Y}_t}{Y_t} = \frac{\dot{A}_t}{A_t} + a \cdot \frac{\dot{K}_t}{K_t} + (1-a) \cdot \frac{\dot{H}_t}{H_t} \tag{3.2}$$

因此，影响经济增长率的三个因素分别为：物质资本增长率、人力资本增长率、技术进步率。因为 $0<a<1$，$0<1-a<1$，所以在控制其他两个变量不变的情况下，技术进步、物质资本和人力资本的增长率与经济增长率之间均为正向关系。由于地震发生和灾后重建对物质资本增长率、人力资本增长率和技术进步的影响并不清楚，所以这种正向关系取决于几大要素在地震冲击下的变化。下面将重点分析地震作为外生冲击对这三要素的影响。

第一，地震对物质资本的影响。

一方面，地震会在发生的瞬间减少物质资本存量，造成物资和能源短缺，无法为企业提供正常的生产环境，因此会减少物质资本投资。这种情况下资本存量的损失会在短期内减少物质资本投资，从而对经济的正常运行产生不利影响。

另一方面，灾后重建将给经济带来显著的正向影响。要保持产出水平不变需要的投入相对较小(Albala-Bertrand, 1993)，且容易遭受地震影响的地区往往会在灾害管理方面投入更多的资源(如重建房屋时采用更坚固的材料)，这能够提高投资水平(Tol and Leek, 1999)。但同时，也应考虑到不同的资本积累能力会对地震的影响效果产生影响。对于发达国家而言，物质资本积累能力较强，既有投资意愿又有投资能力，因此重建工作能够顺利进行并对经济产生积极影响；而一些欠发达国家在地震发生后，短期内缺乏资金对震区进行重建，造成地区发展停滞，不仅在短期甚至在长期都会对经济产生不利影响(Noy, 2009)。另外，根据“资源

诅咒”理论，资源丰裕程度越高，长期经济增长越慢(Sachs and Warner, 2001)，地震对资源和物质资本存量破坏性的摧毁使得灾后重建能够促进经济增长。因此，地震造成的物质资本短缺能够对经济增长产生正向的促进作用。

基于以上分析，地震对物质资本的影响既包括积极影响又包括消极影响，考虑到两种影响相互抵消后对物质资本的影响趋势不明，因此无法简单判断其总体影响效果为正向、负向或总体影响不显著。后文将运用实证分析法对此进行研究。

第二，地震对人力资本的影响。

斯基德摩尔和佐藤(Skidmore and Toya, 2002)认为地震能够对人力资本产生促进作用。假设物质资本回报率和人力资本回报率之间存在替代关系，灾害导致的物质资本回报率的降低将转化为人力资本回报率的增加，进而使得人力资本增加(Hirshleifer, 1966)。

地震对人力资本的影响还取决于受灾地区的人口密度和流动性。在人口稠密地区发生的地震会造成大量的人员损失，并造成劳动力供给的下降，进而影响该地区正常的生产活动和经济增长(Xu and Mo, 2013)。但是，在考虑人力资本流动性的前提下，由于地震发生后人力资本回报率的上升(Hirshleifer, 1966; Skidmore, 2002)将促进外部人力资本流向受灾地区，缓解了受灾地区人力资本缺失的状况，使得受灾地区经济增长受人力资本要素的影响并不显著。另外，李平等(2012)认为智力外流通过激励人力资本形成与积累显著促进了国内的经济增长。

第三，地震对技术进步的影响。

根据熊彼特(Schumpete, 1912)提出的“创造性破坏”理论，发生地震灾害后，被地震破坏的设备需要重新添置，而重置设备往往会选择技术上更成熟的产品，这样可以提高劳动生产率，促进经济增长(Aghion and Howitts, 1998)。奥山(Okuyama, 2003)及奥山、休因斯和索尼斯(Okuyama, Hewings and Sonis, 2004)也指出，灾害的发生会对物质资本存量造成打击，且旧设备更容易毁坏，因此更换旧设备可以作为生产力的正向外部冲击对长期经济增长产生正向影响。从而地震灾害会对技术进步产生促进作用。

考虑到地震发生对物质、人力和技术要素带来摧毁性破坏和震后重建可能产生的物质资本增加，人力资本流入和技术进步等因素，地震灾害对经济增长的影响路径很难通过简单的分析得出正向或是负向的结论。鉴于此，本部分利用实际数据对其进行检验。下面将运用 1990—2011 年中国各省的地震数据对其相关性进行实证研究，分析地震灾害对三要素及中国经济增长的影响。

(二) 实证研究证据

1. 地震数据来源与分析

本部分使用的 1990—2008 年宏观经济数据来自国家统计局国民经济综合统计司编纂的《新中国 60 年统计资料汇编》[1]，2009—2011 年宏观经济数据来自 2010—2012 年《中国统计年鉴》。地震灾害损失和分布相关数据来自《中国地震年鉴》(1990—2007)和《中国统计年鉴》(2008—2011)[2]。另外，由于全要素生产率数据不可直接获得，借鉴斯基德摩尔和佐藤(Skidmore and Toya，2002)对技术进步数据的处理方法，本章利用郭庆旺等(2005)计算的中国各省份 1979—2003 年间全要素生产率的平均增长率来估计 1990—2011 年间全要素生产率平均增长率，并以此来表示技术进步水平。

由于我国幅员辽阔，每个省和直辖市受到灾害影响的程度各不相同。表 3.1 描述了 1990—2011 年中国地震灾害年均因灾死亡人数、年均因灾受伤人数和年均因灾直接损失与上年 GDP 比值的情况。从表 3.1 不难看出，中国地震集中发生在西部地区，如内蒙古、四川、云南、甘肃、青海、新疆等地，并且由于发生频率较高，这些地区年平均损失均高于其他地区。而中东部地区则较少发生地震灾害，但一旦发生，因为其人口密度高、经济相对发达，一次灾害往往会产生较为严重的影响。我国地震分布具有极强的地域性特征：地震频发地区多为经济相对欠发达的西部地区，而中东部经济相对发达的地区发生地震的概率则相对较小。

我国地震灾害的发生有着很大的不确定性，发生周期短则几十年长

表 3.1 1990—2011 年中国地震损失分布

区域	省份	地震发生次数	年均死亡人数（单位:人）	年均直接经济损失/上年 GDP（单位:万分之一）	年均受伤人数（单位:人）
东部	北京	0	0.00	0.00	0.00
	天津	0	0.00	0.00	0.00
	河北	5	2.32	2.10	545.33
	上海	0	0.00	0.00	0.00
	江苏	1	0.09	0.45	1.77
	浙江	1	0.00	0.01	0.00
	福建	4	0.05	1.12	18.73
	山东	1	0.00	0.01	13.86
	广东	3	0.14	0.13	46.50
	海南	1	0.00	0.01	0.14
中部	山西	5	0.05	1.50	27.45
	安徽	1	0.00	0.85	0.00
	江西	2	0.59	2.71	35.23
	河南	3	0.05	0.06	1.86
	湖北	1	0.00	0.00	0.05
	湖南	0	0.00	0.00	0.00
东北	辽宁	2	0.00	0.13	0.64
	吉林	1	0.00	0.14	0.09
	黑龙江	1	0.05	0.04	0.50
西部	内蒙古	6	1.41	10.53	65.14
	广西	1	0.05	0.03	3.09
	重庆	5	0.09	0.54	3.55
	四川	17	3 149.09	372.86	17 177.09
	贵州	1	0.27	0.04	0.36
	云南	21	22.41	51.89	1 811.41

续表

区域	省份	地震发生次数	年均死亡人数（单位:人）	年均直接经济损失/上年 GDP（单位:万分之一）	年均受伤人数（单位:人）
西部	西藏	14	0.95	172.25	10.38
	陕西	1	0.00	0.03	0.05
	甘肃	12	1.36	7.57	61.14
	青海	14	128.05	128.90	594.05
	宁夏	1	0.00	0.02	0.09
	新疆	20	15.36	25.81	242.50

资料来源:《中国地震年鉴》(1990—2007 年)、《中国统计年鉴》(2009—2012 年)。

则几百年,不同地震带的活动周期也不相同。从图 3.1 也可以看出,地震灾害造成的损失不存在明显的时间趋势。所以,地震损失的时间序列数据是平稳的(后文对地震损失数据进行的平稳性检验将说明这一点)。

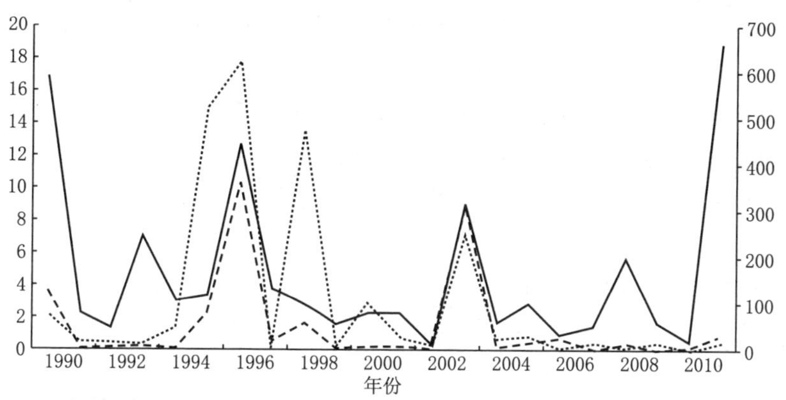

注:《中国地震年鉴》(1990—2007 年)、《中国统计年鉴》(2009—2012 年)。

图 3.1　1990—2011 年中国地震损失时间趋势图

我们借鉴诺伊(Noy, 2009)及斯基德摩尔和佐藤(Skidmore and Toya, 2002)的实证方法,分别以 GDP 增长率、全社会固定资产投资与当年实际 GDP 比值的平均值、1990—2011 年每万人高等在校生人数的平均值、1979—2003年全要素生产率平均增长率作为被解释变量，以地震造成的直接经济损失与上年实际GDP的比值和1990—2011年地震造成的直接经济损失与上年实际GDP比值的平均值作为核心解释变量，并加入投资、政府支出、经济开放程度、教育水平等作为控制变量。同时，为消除地区间经济水平和人口水平之间的差异，全社会固定资产投资、政府一般预算支出、进出口总额均用当年实际GDP标准化[即各变量分别与标准化指标(此处为当年实际GDP)相除，下同]，地震造成的直接经济损失用上年实际GDP标准化，普通高等学校在校生人数用当年年底人口总数标准化。由于各模型中使用变量各不相同，下文的实证研究将做进一步的解释。具体的变量定义见表3.2。

表3.2　变量定义

变　量	变　量　描　述
I1	1990—2011年全社会固定资产投资与当年实际GDP比值的平均值
I2	全社会固定资产投资与当年实际GDP比值
GOV1	1990—2011年政府一般性支出与当年实际GDP比值的平均值
GOV2	政府一般性支出与当年实际GDP比值
OPEN1	1990—2011年进出口总额与当年实际GDP比值的平均值
OPEN2	进出口总额与当年实际GDP比值
SCHOOL1	1990—2011年每万人高等在校生人数的平均值
SCHOOL2	每万人高等在校生人数
GDPG	实际GDP增长率
GDPPC	1990—2011年人均实际GDP增长率的平均值
LII	1990年实际GDP的对数值
LIS	1990年每万人高等在校生人数的对数值
FER	1990—2011年人口自然增长率(‰)平均值
TFPG	1979—2003年全要素生产率平均增长率
CPI	以上年为基年的居民消费价格指数
LOSS1	1990—2011年地震造成的直接经济损失与上年实际GDP比值的平均值
LOSS2	地震造成的直接经济损失与上年实际GDP的比值
HEALTH	每万人卫生机构数

2. 实证证据

(1) 地震对经济增长的影响。

参考诺伊(Noy，2009)的实证模型，以实际 GDP 增长率(GDPG)作为被解释变量，地震造成的直接经济损失(LOSS2)作为解释变量，并加入控制变量：投资水平(I2)、政府规模(GOV2)、CPI、贸易开放程度(OPEN2)、教育水平(SCHOOL2)。在回归之前，需要对数据是否平稳、变量之间是否存在异方差以及残差是否具有序列相关性进行检验，并通过布伦斯一帕甘拉格朗日乘数检验和豪斯曼检验选择面板数据模型。

对上述变量的时间序列平稳性进行检验，检验结果如表 3.3 所示。

表 3.3　面板数据平稳性检验

变量	检验类型	LLC 值	ADF 值	结论
GDPG	(c，0，0)	−1.461 1* (0.072 0)	88.906 2*** (0.001 9)	平稳
LOSS	(c，0，0)	−13.299 7*** (0.000 0)	167.372 0*** (0.000 0)	平稳
FER	(c，t，0)	−11.011 5*** (0.000 0)	159.615 0*** (0.000 0)	平稳
CPI	(c，t，1)	−8.358 64*** (0.000 0)	98.883 5*** (0.000 2)	平稳
GOV	(c，t，1)	−4.612 68*** (0.000 0)	89.960 1*** (0.001 5)	平稳
I	(c，0，1)	−3.616 0*** (0.000 1)	98.233 7*** (0.000 2)	平稳
OPEN	(c，0，3)	−1.858 7** (0.031 5)	91.020 7*** (0.001 2)	平稳
SCHOOL	(c，t，3)	−5.956 2*** (0.000 0)	83.566 0*** (0.006 1)	平稳

注：LLC 值和 ADF 值两列括号里表示 p 值；(c，t，m)中的 c、t、m 分别表示 LLC 检验过程和 ADF 检验过程中的截距项、趋势项和滞后阶数，滞后阶数根据赤池信息准则(AIC)进行选择；* 表示在 10%的置信水平下显著，** 表示在 5%的置信水平下显著，*** 表示在 1%的置信水平下显著。

由检验结果可知，8 个变量均通过零差分的单位根检验，即该组面板数据在时间序列上平稳。

在进行平稳性检验以后，我们进一步对模型进行选择。首先，利用布伦斯—帕甘的拉格朗日乘数检验(Breusch and Pagan LM Test)对混合效应模型和随机效应模型进行选择，检验结果为显著，即随机效应模型优于混合效应模型。再利用豪斯曼检验(Hausman Test)对固定效应模型和随机效应模型进行选择，检验结果为显著，即固定效应模型优于随机效应模型。因此，采用固定效应模型对方程进行回归。

确定固定效应模型后，采用适用于固定效应模型的修正沃尔德 F 检验(Modified Wald Test)对组间是否存在异方差进行检验，结果表明组间数据存在异方差性。同时，用伍德里奇检验(Wooldridge Test)对面板数据的自相关性进行检验，结果表明面板数据的残差具有一阶自相关性。

基于以上四项检验(检验结果见表 3.4)可以确定，本节所用面板数据适用于修正了异方差和一阶序列相关的可行广义最小二乘法(FGLS)，回归方程如下：

表 3.4 模型的选择

	LM 检验	豪斯曼检验	修正的沃尔德检验	伍德里奇检验
F 统计量	28.40	489.25	244.44	14.55
P 值	0.000 0	0.000 0	0.000 0	0.000 6

$$GDPG_{it} = \alpha_i + \beta LOSS_{it} + \gamma Z_{it} + \mu_{it}$$

其中，Z 代表了各个控制变量(控制变量的定义见表 3.2)。本节分别利用固定效应模型(FE)和可行广义最小二乘法(FGLS)对数据进行回归，得到的实证结果如表 3.5 所示。

表 3.5 地震损失与实际 GDP 增长率的关系

变　量	FGLS	FE
LOSS	7.68E-06* (3.07E-06)	5.74E-06*** (1.20E-06)

续表

变　量	FGLS	FE
I	0.104 4*** (0.015 4)	0.119 5*** (0.022 2)
GOV	−0.056 1* (0.023 1)	−0.059 0 (0.043 4)
CPI	0.009 8*** (0.000 3)	0.010 0*** (0.000 5)
OPEN	−0.023 2*** (0.006 5)	−0.014 1 (0.016 5)
SCHOOL	0.000 2*** (0.000 0)	0.000 3*** (0.000 1)
常数项	−0.913 0*** (0.030 7)	0.948 1*** (0.060 3)
R^2		0.675 7
F 统计量	1 329.26 (0.000 0)	304.40 (0.000 0)
观察值个数	682	682

注:各变量行中括号里表示回归系数的稳健标准误,F 统计量行中的括号里表示 F 统计量的 P 值;* 表示在 5%的显著性水平下显著,** 表示在 1%的显著性水平下显著,*** 表示在 0.1%的显著性水平下显著。

从表 3.5 可以看到,从统计角度看,在 5%的显著性水平下,地震损失对实际 GDP 增长率有显著的正向影响。

以往国内外学者通常运用跨国数据对地震带来的经济影响进行分析,大部分实证结论均认为地震对经济增长的影响不显著,这与本部分得出的结论有所不同。笔者认为产生这种差别最重要的原因在于样本的选取。跨国数据研究地震对经济增长影响所采用的数据尽管由 EM-DAT 等数据库统一提供,但是由于该数据库来源的多样性和不同国家在宏观环境、政治体制、人文环境、统计方法、保险制度等方面的差异可能降低了国际间数据的可比性,实证结果可能误差较大。而中国各省份的数据之间则不存在这样的问题，虽然各省份在经济规模和人口数量方面存在一定差异，但本节已通过用当年 GDP 和总人口数标准化的方法消除这种影响，因此相对以往使用全球数据进行实证分析的方法，本章的研究结果更具针对性和可信性。

另外，在中国的政治体制下，当地震发生时，除中央政府、当地政府的财政储备和经济、物资和政策等援助外，民间的慈善救助也可以迅速对受灾地区进行物资补给（山立威等，2008）。因此在物质资本和人力资本方面遭受的损失能够较快得到补偿。而设备重置的过程中，厂商通常会选择更新的设备，政策支持也能够吸引更新技术的投资，因此会对技术进步带来正向的影响。在这些因素的共同作用下，我国地震灾害对经济增长产生了显著的正向影响。

（2）地震对经济增长的影响路径分析。

本章借鉴斯基德摩尔和佐藤（Skidmore and Toya，2002）对灾害影响路径问题的研究方法，统一利用横截面数据实证分析地震对三因素的影响，探讨我国地震对经济增长的影响路径。

① 物质资本。参考斯基德摩尔和佐藤（Skidmore and Toya，2002）的方法，采用 1990—2011 年全社会固定投资与当年实际 GDP 比值的平均值来表示物质资本，并用该变量（I1）作为被解释变量。解释变量为 1990—2011 年地震造成的直接经济损失与上年实际 GDP 比值的平均值（LOSS1），同时加入以下控制变量：1990 年的初始人均实际 GDP、初始人力资本水平及 1990—2011 年间政府一般性支出的平均值。其中，人力资本水平用每万人高等在校生人数来表示。实证结果见表 3.6。

表 3.6　三要素与地震损失的关系

解释变量	被解释变量		
	物质资本	人力资本	技术进步
LOSS1	1.11E-05 (6.05E-05)	−0.010 2 (0.022 0)	0.000 8* (0.000 4)

续表

解释变量	被解释变量		
	物质资本	人力资本	技术进步
LII	−0.000 4 (0.336 5)	54.970 8*** (9.167 1)	0.059 3 (0.238 6)
LIS	0.005 9 (0.227 2)	22.709 6 (61.766 7)	0.379 7* (0.195 3)
GOV1	0.412 8*** (0.065 8)		−0.546 1 (1.229 2)
I1			−2.533 3 (1.475 6)
SCHOOL1			−0.000 5 (0.003 5)
FER			0.033 9 (0.035 0)
OPEN1			0.025 7 (0.286 2)
GDPPC			8.307 8 (5.908 4)
C	0.397 3* (0.188 3)	−250.261 2*** (61.766 7)	−3.312 6 (2.672 7)
R^2	0.543 6	0.915 3	0.424 6
F统计量	10.07***	52.56***	2.64**

注:括号里表示稳健标准误,* 表示在10%的显著性水平下显著,** 表示在5%的显著性水平下显著,*** 表示在1%的显著性水平下显著。

实证结果显示,地震造成的损失对物质资本的影响不显著,说明我国地震不能通过物质资本的路径对经济增长产生影响。一方面,地震作为破坏性强的自然灾害,尽管其发生给受灾地区带来重大的经济损失,但是发生之后中央和地方政府都能迅速对受灾地区提供应急物资和灾后重建资金的支持。另一方面，由于我国素有“一方有难，八方支援”的优良传统，慈善捐助也为我国受灾地区提供了重要的物质资本援助，使得地震损失整体上对物质资本的影响不显著。

② 人力资本。斯基德摩尔和佐藤(Skidmore and Toya，2002)采用15岁以上受中等教育人口占总人口比重表示人力资本，但由于我国实行九年制义务教育，各省的适龄中小学生基本在校，因此中等教育人数数据无法体现教育水平的差异，而高等教育人数差异明显，能够较好地表现各省教育水平和人力资本水平。因此，本节用1990—2011年每万人高等在校生人数的平均值(SCHOOL1)表示人力资本，作为被解释变量，解释变量为LOSS1，控制变量为LII和LIS。实证结果见表3.6。与物质资本一样，地震造成的损失对人力资本的影响也不显著，这是因为我国人口基数大，且造成重大人员伤亡的地震次数并不多。从历史数据来看，1990—2011年21年间造成重大人员损失(受灾人数过万)的地震只有3次，受灾人数占上年人口总数比例超过万分之一的地震只有7次，因此地震通过人力资本对经济增长不会造成显著影响。

③ 技术进步。根据$Y=A_tK_t^aH_t^{1-a}$，可以得到$A_t=Y/[K_t^aH_t^{1-a}]$。因为技术进步水平受到物质资本积累水平、人力资本水平和实际产出的影响，所以解释变量除地震损失外，还应加入以下控制变量：初始人均实际GDP(LII)，初始教育水平(LIS)，政府一般性支出(GOV1)、投资水平(I1)、受教育水平(SCHOOL1)、人口自然增长率(FER)、经济开放水平(OPEN1)和人均实际GDP增长率(GDPPC)。实证结果见表3.6。

结果显示，在10%的显著性水平下，地震对技术进步率有正向影响。这是因为在中国，地震发生后政府往往会提供政策、经济、技术上的支持，且中央政府对地震灾区的救援和灾后重建的扶持力度较大，能够显著地促进当地技术设备更新，这会对当地经济产生正向影响。另一方面，由于地震的破坏程度高于其他自然灾害(台风、洪水等)，使得摧毁性的破坏为企业使用新技术和机器设备更新换代提供了机会。因此地震在中国通过技术进步对经济增长产生正向影响。

(三) 小结

国内外关于自然灾害对经济增长影响的研究随着近年来灾害频发而

逐渐增多，但是关注单一灾种对某一国家的研究文献并不多见。本部分主要选取 1990 年至 2011 年 31 个省份的面板数据采用广义最小二乘估计研究发现，中国地震灾害对经济增长具有显著的正向影响，固定效应模型的结果也表明地震与经济增长的正相关关系是稳健的。这与以往国内外学者得出地震对经济增长影响不显著的结论有所不同。因为本部分研究为使横向数据更具可比性和真实性，并研究我国特殊政治、经济、文化体制下的经济问题，采用了中国各省份的面板数据，而非以往学者使用的跨国面板数据。另外，我国中央与地方政府对地震灾区的及时救援及政策支持也是中国地震灾害对经济增长具有显著正向影响的重要原因。

为研究地震灾害对中国经济增长的影响路径，本节对影响经济增长的三要素进行理论分析，并对此进行了实证检验。实证结果表明，地震损失对物质资本和人力资本的影响都不大，但能够对技术进步产生正向的促进作用。由此可见，地震灾害通过技术进步这一路径对经济增长产生显著的正向影响。这主要是因为中国的灾害救济体系能够在物质资本和人力资本方面弥补地震造成的损失，经济及政策导向有助于受灾地区直接进行设备、技术的更新改造，使得地震灾害能够对技术进步产生显著的正向促进作用，并通过技术进步的路径对经济增长产生正向影响。根据这一发现，笔者认为在地震灾害发生后，微观主体应加强对技术更新改造的投入，尽量引进技术上更先进的设备，中央政府及地方政府也应当在此方面予以适当的政策鼓励和支持，如引导受灾企业进行技术设备更新；同时，为受灾地区的货币政策松绑，可以采取增加专项贷款的方式提高灾区的资本流动；为受灾企业获取更新的技术提供渠道等，从而提高灾害救助效率、减少灾害损失并促进经济增长。

三、时间维度下的宏观经济影响

(一) 路径与机理分析

上一节关于地震灾害对经济增长的影响，从物质资本、人力资本和技术三要素模型作为研究框架进行分析。实际上根据熊彼特的破坏性创造理论，当一个开放的经济体遭遇负面的外部冲击如自然灾害的侵袭时，大量的物质资本被破坏，在重建的过程中，用以替代的物质资本往往选择的都是具有全新技术的产品，这样自然灾害的发生就可能给该经济体提供一个技术升级的机会，使得其经济在更高的水平上发展，从而获得更快的经济增长。然而这个过程需要一定的时间，换而言之，自然灾害对经济增长的影响会随着灾后重建时间的推移而发生变化。图 3.2 反映了随着时间的推移，新技术如何发挥作用，通过提高生产率推动经济的发展。图 3.2 所示的经济体中，x 代表灾害发生前的技术进步率。灾害发生后，由于引进了技术水平更高的产品代替被灾害毁坏的物质资本，短时间内技术进步率提升为 x_r。当该经济体完全从灾害侵袭后恢复，技术进步率又回到原先的水平 x。

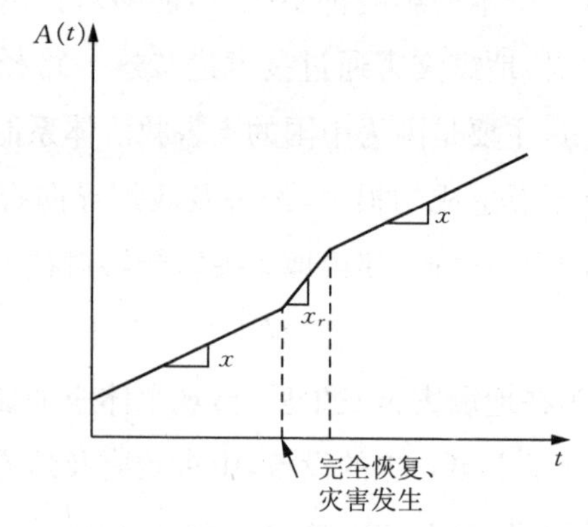

图 3.2　技术进步在灾后重建过程中的发展

经济体本身带有自我恢复的作用，但是这种自我恢复的作用需要一定的时间，加上新技术使用和生产要素等新的投入，反映在灾害对经济影响的不同时间维度上便有所不同。许多灾害都会使得短期经济受损，但是长期得以恢复。一种可能的路径如图 3.3 反映。假设灾害发生后该经济体发生了衰退，GDP 降至遭受灾害之前的水平。由于经历了技术的快速进步，GDP 在短时间内上升到高于原先潜在的发展水平，最后在完全恢复后回到潜在的发展速度。从总体上看，该过程对促进了长期经济增长。除了技术水平，灾害本身和灾后救援及重建也将使物质资本和人力资本的存量产生变化，从而通过这两个途径影响经济增长。

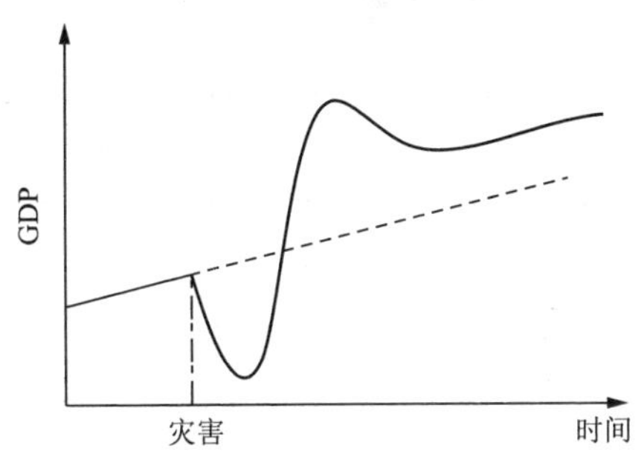

图 3.3　时间维度上自然灾害对经济增长的影响

（二）实证研究证据

本节使用的数据主要为 1991—2014 年中国 31 个省级行政区的宏观经济数据和地震灾害数据。其中，1990—2008 年间各省份的宏观经济数据来源于《新中国 60 年统计资料汇编》，2009—2014 年间的宏观经济数据来源于各年度《中国统计年鉴》。《新中国 60 年统计资料汇编》和《中国统计年鉴》均为中国国家统计局编印，数据统计的口径一致。各省区地震灾害的统计数据主要分成两类，其中里氏 5.0 级以上地震次数数据来源于中国地震信息网的统计资料，地震造成的损失数据分别来源于 1990—2007 年度《中国地震年鉴》和 2008—2015 年度《中国统计年鉴》。《中国地震年鉴》由中国地震局编印，但在 2008 年之后不再出版，故以后各年地震损失数据均采集自各年度《中国统计年鉴》。

本节研究的主题是地震灾害对短期、中长期和长期经济增长的影响。根据研究目的和三个模型的特点，本节分别设置了不同的解释变量和被解释量。各变量具体设置情况如表 3.7 所示。

表 3.7　变量设置

变量名称	英文全称	变量描述
GDPG	Real GDP Growth Rate	年度实际国内生产总值增长率
PRIG	Primary Industry Value-added Growth Rate	年度实际第一产业增加值增长率

续表

变量名称	英文全称	变量描述
SECG	Secondary Industry Value-added Growth Rate	年度实际第二产业增加值增长率
TERG	Tertiary Industry Value-added Growth Rate	年度实际第三产业增加值增长率
PCGDPG	Real Per Capita GDP Growth Rate	年度实际人均国内生产总值增长率
LPCGDPG	First Lag of Real Per Capita GDP Growth Rate	年度实际人均国内生产总值增长率滞后一期值
NUM5	Number of Earthquakes above Ms. 5.0	里氏 5.0 级以上地震次数
LOSSES	Direct Economic Losses of Earthquakes/Last Year GDP	(剔除物价因素后的)地震造成的直接经济损失与上年国内生产总值的比值
INV	Investments/Last Year GDP	(剔除物价因素后的)全社会固定资产投资额与上年国内生产总值的比值
EXP	Public Expenditure/Last Year GDP	(剔除物价因素后的)政府公共预算支出与上年国内生产总值的比值
IMEX	Total Import-Export Volume/Last Year GDP	(剔除物价因素后的)进出口总额与上年国内生产总值的比值
DINV	First Difference of Investments/Last Year GDP	(剔除物价因素后的)全社会固定资产投资额与上年国内生产总值的比值的一阶差分值
DEXP	First Difference of Public Expenditure/Last Year GDP	(剔除物价因素后的)政府公共预算支出与上年国内生产总值的比值的一阶差分值
DIMEX	First Difference of Total Import-Export Volume/Last Year GDP	(剔除物价因素后的)进出口总额与上年国内生产总值的比值的一阶差分值
GDPG_AVE	Average Real GDP Growth Rate	1991—2014 年平均实际国内生产总值增长率
PRIG_AVE	Average Primary Industry Value-added Growth Rate	1991—2014 年平均实际第一产业增加值增长率

续表

变量名称	英文全称	变量描述
SECG_AVE	Secondary Industry Value-added Growth Rate	1991—2014 年平均实际第二产业增加值增长率
TERG_AVE	Average Tertiary Industry Value-added Growth Rate	1991—2014 年平均实际第三产业增加值增长率
PCGDPG_AVE	Average Real Per Capita GDP Growth Rate	1991—2014 年平均实际人均国内生产总值增长率
NUM5_AVE	Average Number of Earthquakes above Ms.5.0	1991—2014 年平均 5.0 级以上地震发生次数
INV_AVE	Average Number of Investments/Last Year GDP	1991—2014 年(剔除物价因素后的)全社会固定资产投资额与上年国内生产总值的比值的平均值
EXP_AVE	Average Number of Public Expenditure/Last Year GDP	1991—2014 年(剔除物价因素后的)政府公共预算支出与上年国内生产总值的比值的平均值
IMEX_AVE	Average Number of Total Import-Export Volume/Last Year GDP	1991—2014 年(剔除物价因素后的)进出口总额与上年国内生产总值的比值的平均值

与绝大多数灾害经济学文献一致，我们采用实际 GDP 增长率、实际人均 GDP 增长率或其平均值作为核心被解释变量，用以衡量各省区的短期、中长期和长期的经济增长率。同时，为了检验地震灾害分别对第一产业、第二产业和第三产业产生的影响，我们亦选取三种产业增加值的增长率或其平均值作为被解释变量。

核心解释变量设置方面，根据所采用模型的不同，将分别使用里氏 5.0 级以上地震发生的次数和地震所造成的直接经济损失与上年 GDP 的比值或二者的平均值反映各省区地震灾害的发生情况。在地震学研究中，一般认为震中震级在里氏 5.0 级以上的地震为破坏性地震，即可能造成人员伤亡和直接经济损失，故在此选择里氏 5.0 级作为标准。

我们认为，这两种解释变量最大的区别是，前者完全由自然因素决定，与经济发展的水平无关，因此是外生性变量。而后者受到经济发展水平的影响，应归为内生性变量。在一些经典文献如斯基德摩尔和佐藤(Skidmore and Toya，2002)中，在未使用动态面板模型的前提下，为避免模型出现内生性问题，一般采用EM-DAT等数据库中记录的自然灾害事件发生的次数作为核心解释变量。但需要说明的是，这些文献中作为解释变量的自然灾害事件发生次数指的是完整灾害过程的次数，而非自然意义上的次数。以地震为例，某一地区在一次大型地震发生的短时间内常常会遭受程度不等的余震的侵袭，一般来说首次地震的程度越剧烈，后续余震的次数也就越多、震中震级越高。在这种情况下，EM-DAT等灾害数据库将把该段时间内发生的所有大小地震仅作一次事件记录，故这种记录方法不能有效区分地震灾害的剧烈程度，因此可能对相关实证研究的效果产生负面影响。本节所采用的地震次数的数据则与此不同，其来源于中国地震台网测定的地震发生的次数，是自然意义上的次数，因此可凭借一段时间发生的地震次数反映地震的剧烈程度。以四川汶川地震为例，在最大震级8.0级地震发生后的5天内，中国地震台网又接连测定了35次5.0级以上余震。

除被解释变量和核心解释变量之外，本节参考主流文献，选择了剔除物价因素之后的全社会固定资产投资、政府公共预算支出及进出口总额与上年GDP之比或以上变量的平均值作为其他解释变量，分别反映各省区的投资、政府支出水平与贸易开放程度。因为在实证研究中使用了面板数据模型，故需要首先分析数据的平稳性，以避免出现伪回归问题。我们选择了Levin-Lin-Chu(LLC)检验和Im-Pesaran-Shin(IPShin)检验两种方法进行面板数据单位根检验，结果如表3.8所示。

面板数据单位根检验的结果显示，两种检验方法所得结论一致，即全社会固定资产投资、政府公共预算支出与上年GDP之比两组变量为非平稳数据，而进出口总额与上年GDP之比在5%的置信水平下为平稳数据，其他变量均在1%的显著性水平下平稳。为保证面板数据模型有效，必须将非平稳数据转换为平稳数据，常用的处理方法有两种，分别是对原数值进行差分或取对数。针对本节两个非平稳变量，在取一阶差分后仍

表 3.8　面板数据单位根检验结果

	Levin-Lin-Chu Test		Im-Pesaran-Shin Test	
	统计值	P 值	统计值	P 值
水平值				
GDPG	−5.39***	0.000	−5.79***	0.000
PRIG	−7.08***	0.000	−12.51***	0.000
SECG	−7.79***	0.000	−7.29***	0.000
TERG	−4.88***	0.000	−7.04***	0.000
PCGDPG	−5.76***	0.000	−5.65***	0.000
LPCGDPG	−8.62***	0.000	−5.96***	0.000
NUM5	−4.96***	0.000	−10.16***	0.000
LOSSES	−3.20***	0.001	−5.83***	0.000
INV	−0.26	0.396	0.304	0.620
EXP	0.73	0.768	2.86	0.998
IMEX	−2.93**	0.002	−2.84**	0.002
一阶差分值				
DINV	−4.19***	0.000	−6.17***	0.000
DEXP	−4.04***	0.000	−7.06***	0.000
DIMEX	−7.62***	0.000	−9.08***	0.000

注:面板数据单位根检验中滞后阶数分别根据 AIC 准则确定,*、** 和 *** 分别表示在 10%、5%和 1%的置信水平下显著。

然具有实际的经济含义,即 GDP 中用于投资、政府支出的比例相对于前一年的增加值。在进行一阶差分后,两类差分值分别通过了 1%置信水平下的两种检验,因此可以在面板数据模型中使用。同时,为保证模型的统一性和完整性,本节对进出口总额与上年 GDP 之比这一变量也进行了相同的一阶差分处理,其经济含义可理解为各省份贸易开放程度相对于上一年的增量。表 3.9 统一反映了数据的分布情况。

表 3.9　数据描述性统计

	N	MEAN	Std.Dev	MED	MIN	MAX
GDPG	744	0.115 2	0.031 7	0.113 8	−0.009 0	0.415 0
PRIG	744	0.046 0	0.036 1	0.046 0	−0.228 0	0.214 0
SECG	744	0.137 2	0.057 7	0.131 0	−0.092 0	0.675 0
TERG	744	0.121 1	0.039 5	0.115 0	0.036 0	0.794 0

续表

	N	MEAN	Std.Dev	MED	MIN	MAX
PCGDPG	744	0.104 8	0.033 0	0.104 0	−0.033 0	0.390 0
NUM5	744	0.791 7	2.618 1	0.000 0	0.000 0	42.000 0
LPCGDPG	744	0.103 1	−0.964 5	0.104 0	−0.033 0	0.390 0
DINV	744	0.026 5	0.055 1	0.023 3	−0.226 9	0.235 7
DEXP	744	0.006 1	0.044 3	0.003 4	−0.065 8	1.102 2
DIMEX	744	−0.000 1	0.011 2	0.000 3	−0.101 4	0.056 8
GDPG_AVE	31	0.114 8	0.010 4	0.114 1	0.096 2	0.133 7
PRIG_AVE	31	0.045 5	0.013 7	0.047 6	0.004 1	0.083
SECG_AVE	31	0.136	0.018 7	0.139 1	0.098 6	0.172 8
TERG_AVE	31	0.120 5	0.010 8	0.120 1	0.099 8	0.145
PCGDPG_AVE	31	0.104 3	0.012 1	0.106 1	0.077 5	0.127 3
NUM5_AVE	31	0.791 7	1.668 8	0.041 7	0.000 0	6.166 7
INV_AVE	31	0.538 2	0.086 8	0.528 4	0.378 3	0.768
EXP_AVE	31	0.182 9	0.072 3	0.167 9	0.092 9	0.373 7
IMEX_AVE	31	0.046 1	0.057 7	0.018 9	0.008 8	0.228

1. *短期经济影响*

本节采用静态面板数据模型，以地震灾害为例检验自然灾害短期的经济影响。静态面板数据模型如式(3.3)所示：

$$y_{i,t}=\alpha_i+\beta \mathrm{LPCGDPGi}_{,t-1}+\gamma NUM5_{i,t}+\delta \boldsymbol{X}_{i,t}+\varepsilon_{i,t} \tag{3.3}$$

其中，i 和 t 分别表示个体和时间异质性，$y_{i,t}$ 为反映年度经济增长的各被解释变量，$NUM5_{i,t}$ 为反映地震灾害发生次数的核心解释变量。$\boldsymbol{X}_{i,t}$ 为其他解释变量，分别包括各年度(剔除物价因素后的)全社会固定资产投资额/政府公共预算支出/进出口总额与上年国内生产总值的比值的一阶差分值，以反映各省份各年度的投资、政府支出水平与贸易开放程度。此外参考诺伊(Noy, 2009)，本节加入实际人均 GDP 增长率的一阶滞后项作为模型的解释变量，以捕捉各省份经济发展程度的差异。从式(3.3)可以看出，本模型检验的是地震灾害对发生当年经济增长的影响，即地震灾害的短期经济效果。

在进行静态面板模型的估计之前，首先需要进行豪斯曼检验，以决定采用固定效应模型还是随机效应模型。本节以GDPG这一变量作为被解释变量进行了该检验，结果显示得到的统计值为679.74，相应的P值为0.000 0，说明采用固定效应模型效果更佳。因此，本节选择使用固定效应模型作为主模型，同时也进行随机效应模型的估计，作为对主模型的稳健性检验。

表3.10展示了主模型的估计结果。(1)至(5)列分别为以年度实际GDP增长率，实际第一、二、三产业增加值增长率和实际人均GDP增长率为被解释变量的估计结果。

表3.10 地震灾害对短期经济增长的影响

Fixed-Effects	(1) GDPG	(2) PCGDPG	(3) PRIG	(4) SECG	(5) TERG
NUM5	−0.001 0**	−0.000 8**	−0.000 1	−0.002 4***	−0.000 9
	(−2.39)	(−1.98)	(−0.22)	(−3.09)	(−1.28)
LPCGDPG	0.527 6***	0.553 0***	0.156 8***	0.854 7***	0.244 6***
	(20.55)	(21.47)	(4.21)	(17.64)	(5.94)
DINV	0.145 9***	0.161 6***	0.009 4	0.308 1***	0.099 7***
	(9.15)	(10.10)	(0.41)	(10.23)	(3.90)
DEXP	−0.005 7	0.003 5	−0.013 3	−0.019 2	−0.056 8*
	(−0.29)	(0.17)	(−0.46)	(−0.51)	(−1.77)
DIMEX	0.293 7***	0.312 8***	−0.064 9	0.261 1*	0.208 9*
	(3.74)	(3.97)	(−0.57)	(1.76)	(1.66)
_CONS	0.057 7***	0.044 1***	0.029 8***	0.043 0***	0.094 3***
	(20.44)	(15.57)	(7.27)	(8.05)	(20.80)
N	744	744	744	744	744
Within R-Sq	0.423	0.448	0.026	0.377	0.073

注：括号内的数字为t值，*、**和***分别表示在10%、5%和1%的置信水平下显著。

从表3.10可以看出，地震灾害对发生当年的经济增长具有显著的负面影响，每发生一次里氏5.0级以上地震，将平均使各省份的实际GDP增长率和实际人均GDP增长率分别降低0.10个和0.08个百分点。从三类产业的角度来看，地震灾害对于第一产业、第二产业和第三产业的增长都有负面影响，但是只有对第二产业的影响是显著的。这说明，在发生当年，地震灾害主要通过第二产业影响经济增长。产生这种结果可能的原因在于，第二产业是三类产业中物质资本和人力资本聚集度最高的产业，而地震灾害对于物质资本和人力资本均能产生巨大的破坏，所以对第二产业的负面影响最为显著。

表 3.11 展示了作为稳健性检验的随机效应模型的估计结果。从表 3.11 可以看出，随机效应模型与作为主模型的固定效应模型所得到的结论一致，即地震灾害对发生当年的实际 GDP 增长率、实际人均 GDP 增长率和第二产业增加值增长率具有负面效果，而对第一产业和第三产业则没有显著的影响。

表 3.11 地震灾害对短期经济增长的影响——稳健性检验

Random-Effect	(6) GDPG	(7) PCGDPG	(8) PRIG	(9) SECG	(10) TERG
NUM5	−0.001 0***	−0.001 1***	0.000 0	−0.001 3**	−0.000 2
	(−2.91)	(−3.34)	(0.04)	(−1.98)	(−0.43)
LPCGDPG	0.541 4***	0.595 9***	0.163 9***	0.884 2***	0.266 8***
	(21.85)	(24.61)	(4.48)	(18.90)	(6.75)
DINV	0.130 6***	0.159 2***	0.017 8	0.309 9***	0.089 0***
	(8.15)	(10.15)	(0.77)	(10.29)	(3.49)
DEXP	−0.001 5	0.001 9	−0.017 3	0.013 5	−0.034 3
	(−0.07)	(0.10)	(−0.60)	(0.36)	(−1.08)
DIMEX	0.245 0***	0.332 9***	−0.058 6	0.233 5	0.194 0
	(3.14)	(4.36)	(−0.52)	(1.59)	(1.56)
_CONS	0.056 7***	0.040 0***	0.028 7***	0.038 7***	0.091 6***
	(20.55)	(14.86)	(6.58)	(7.39)	(20.77)
N	744	744	744	744	744

注：括号内的数字为 t 值，*、** 和 *** 分别表示在 10%、5%和 1%的置信水平下显著。

2. 中期经济影响

本节采用动态面板向量自回归模型（PVAR 模型），同样选取地震灾害为例检验自然灾害中期的经济影响。在 PVAR 模型中，不存在一般意义上的解释变量和被解释变量，对模型中的变量是否外生也无要求，而是将所有纳入模型的变量均视作内生性变量。PVAR 本质上是一种联立方程组模型,在方程组不同的子方程中,分别将某一变量对其他变量及其他变量的滞后项进行回归,最终统一得到估计结果。PVAR 模型中的滞后阶数需要根据 AIC、BIC 或 HQIC 等准则检验确定。PVAR 模型的一般形式可用式(3.4)表示:

$$\boldsymbol{Z}_{i,t}=\alpha_i+\beta_t+\sum_{j=1}^{q}\mathbf{A}_j\boldsymbol{Z}_{i,t-j}+\varepsilon_{i,t} \tag{3.4}$$

在式(3.4)中,α_i 和 β_t 分别表示各省区的个体效应和各年度时间效应。j 为经过相关准则检验确定的滞后阶数。$\boldsymbol{Z}'_{i,t}$是一个包含所有变量($y'_{i,t}$, $LOSSES'_{i,t}$, $DINV'_{i,t}$, $DEXP'_{i,t}$, $DIMEX'_{i,t}$)的向量,$\mathbf{A}_j$ 表示系数矩阵。

除了估计过程之外,PVAR 模型在结果的呈现方面也与一般的计量模型存在差异,它主要通过经过脉冲响应函数及其图像反映模型估计的结果。脉冲响应函数表示的是某一变量在受到一单位(通常为一个标准差)的外部正向冲击后,在不同时期对另一变量所产生的影响,脉冲响应函数图则通过连续折线图的形式反映这一过程。

本节将使用 PVAR 模型检验地震灾害对发生后几年年度经济增长的影响,即地震灾害的中期经济效果。

在对 PVAR 模型进行估计之前,需要确定所使用的滞后阶数。对滞后阶数的选择方法,主要有 AIC、BIC 和 HQIC 三种准则。表 3.12 至表 3.16 报告了不同被解释变量对应的三种准则检测效果,表中 * 号代表各准则检测中选择的最佳滞后阶数。从各表的结果可以看出,对于同一

表 3.12 以 GDPG 作为被解释变量的滞后阶数选择结果

LAGS	AIC	BIC	HQIC
1	−2.608 00	−1.413 71	−2.145 79
2	−3.241 25	−1.830 96*	−2.694 27
3	−3.388 86	−1.745 58	−2.750 10*
4	−3.454 41*	−1.558 82	−2.715 88
5	−3.415 75	−1.245 82	−2.568 31

注:* 表示在 10%的置信水平下显著。

表 3.13　以 PCGDPG 作为被解释变量的滞后阶数选择结果

LAGS	AIC	BIC	HQIC
1	−2.482 79	−1.288 5	−2.020 57
2	−2.984 76	−1.574 47*	−2.437 78*
3	−3.036 51	−1.393 22	−2.397 75
4	−3.089 31*	−1.193 73	−2.350 79
5	−3.044 5	−0.874 57	−2.197 06

注：* 表示在 10%的置信水平下显著。

表 3.14　以 PRIG 作为被解释变量的滞后阶数选择结果

LAGS	AIC	BIC	HQIC
1	−2.073 29*	−0.878 996*	−1.611 07*
2	−1.841 22	−0.430 93	−1.294 24
3	−1.555 63	0.087 652	−0.916 88
4	−1.770 47	0.125 117	−1.031 94
5	−1.655 18	0.514 744	−0.807 75

注：* 表示在 10%的置信水平下显著。

表 3.15　以 SECG 作为被解释变量的滞后阶数选择结果

LAGS	AIC	BIC	HQIC
1	−1.287 9	−0.093 613*	−0.825 685*
2	−1.324 65	0.085 634	−0.777 67
3	−1.392 54	0.250 743	−0.753 79
4	−1.424 18	0.471 402	−0.685 66
5	−1.643 38*	0.526 552	−0.795 94

注：* 表示在 10%的置信水平下显著。

表 3.16　以 TERG 作为被解释变量的滞后阶数选择结果

LAGS	AIC	BIC	HQIC
1	−1.697 5	−0.503 21	−1.235 29
2	−2.442 68	−1.032 4*	−1.895 71
3	−2.641 24	−0.997 96	−2.002 49
4	−2.791 84*	−0.896 26	−2.053 32*
5	−2.730 69	−0.560 76	−1.883 26

注：* 表示在 10%的置信水平下显著。

个被解释变量，三种准则选择的结果不一定完全相同。而在不同的被解释变量之间，最佳滞后阶数的选择也不一致。综合参考各表中的结果，在下文的讨论中，将统一选择 2 期作为主模型中的滞后阶数。

表 3.17 报告了主模型的脉冲响应函数估计结果，图 3.4 为对应的脉冲响应函数图。脉冲响应函数表示的是，冲击变量（在本节中是 LOSSES）正向变动一个单位（大小为一个标准差）在变动发生之后的若干期内（在本节中一个期间为一年）对于响应变量（在此分别是 GDPG、PCGDPG、PRIG、SECG 和 TERG）的影响。脉冲响应函数图用连续折线图的形式对脉冲响应函数进行描述，图中横轴表示变动发生后的各期间，纵轴衡量响应变量受影响幅度的大小，图像由三条折线组成，其中中间的实线为脉冲响应函数的估计曲线，轨迹为表 3.17 中的数字，上下两条虚线为经过 500 次蒙特卡洛模拟后得到的 95%的置信区间。若某一期三条折现均在横轴的上方或下方，即置信区间不包含 0 刻度，则说明在该期冲击变量对响应变量的影响是显著的。

表 3.17　地震灾害对中长期经济增长的影响

Panel-VAR Lag Length: 2 Years	(11) GDPG	(12) PCGDPG	(13) PRIG	(14) SECG	(15) TERG
Year1	0.001 8**	0.001 5**	−0.000 1	0.003 0**	0.000 9**
Year2	0.002 3**	0.002 4**	0.000 1	0.004 9**	0.000 1
Year3	0.001 7**	0.001 8**	0.000 0	0.003 4**	0.000 4
Year4	0.001 2**	0.001 2**	0.000 0	0.002 0**	0.000 2
Year5	0.000 7**	0.000 7**	−0.000 0	0.000 9	0.000 1
Year6	0.000 4	0.000 4**	−0.000 0	0.000 3	0.000 1
Year7	0.000 2	0.000 2	−0.000 0	−0.000 0	−0.000 0
Year8	0.000 1	0.000 1	−0.000 0	−0.000 1	−0.000 0
Year9	0.000 0	0.000 0	−0.000 0	−0.000 1	−0.000 0
Year10	0.000 0	0.000 0	−0.000 0	−0.000 1	−0.000 0
Cumulative Effect (10 Years)	0.008 4**	0.008 3**	0.000 0	0.014 2**	0.009 0**

注：** 表示 5%置信水平下显著。

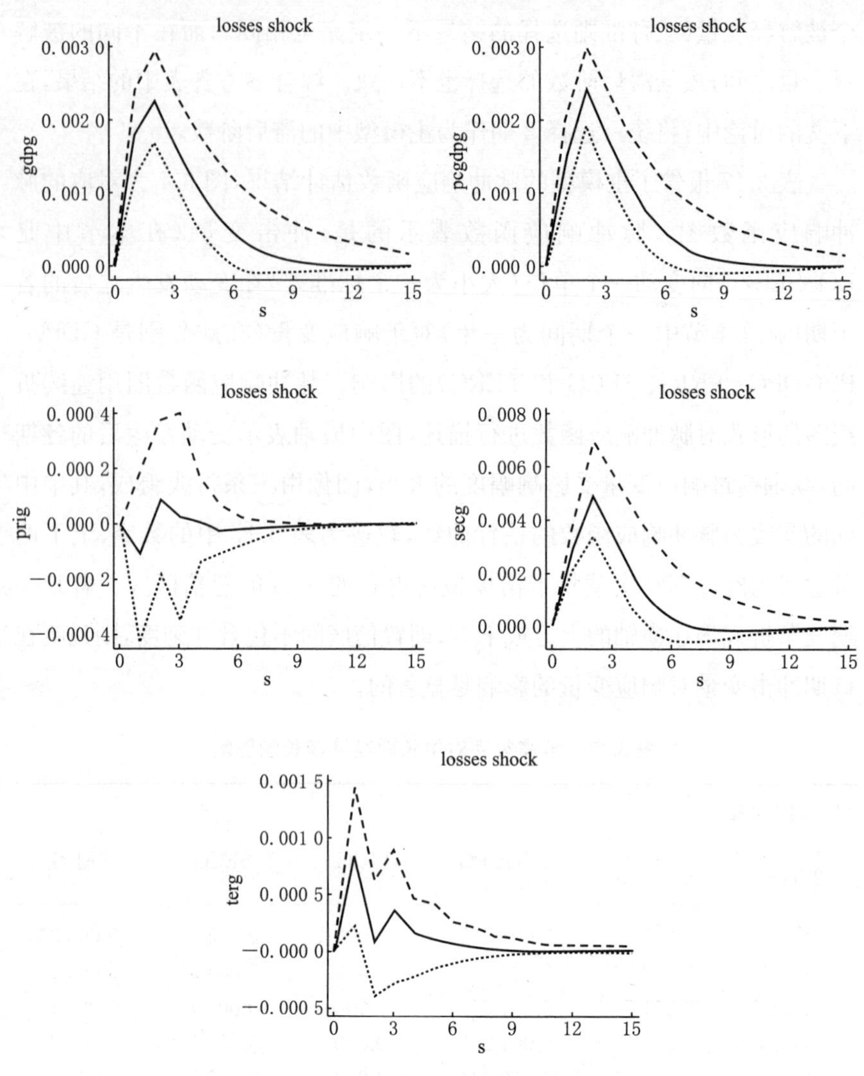

图 3.4　脉冲相应函数图(2 期滞后)

从表 3.17 和图 3.4 可以看出,地震灾害对于发生之后五年内的实际GDP 增长率均有显著的正向影响,而对于实际人均 GDP 增长率,正向影响持续到了第六年。从三类产业来看,地震灾害对于第二产业的增长具有显著的正向影响,影响的周期是地震发生后的四年。对于第三产业,地震灾害也有一定的正向影响,但仅限于在地震发生后的第一年。同时,脉冲响应函数显示第一产业在地震发生后的各年内都几乎没有受到显著的影响。

3. 长期经济影响

本节参考斯基德摩尔和佐藤(Skidmore and Toya, 2002),运用多元线性回归模型(MLR),同样选取地震灾害为例检验自然灾害长期的经济影响。模型的设置如式(3.5)所示:

$$y_i = \alpha_i + \beta PCGDPG_{i,\ 1990} + \gamma NUM5\_AVE_i + \delta \boldsymbol{X}_i + \varepsilon i \tag{3.5}$$

式(3.5)中,y_i 表示各省份 1991—2014 年间的加权实际 GDP 增长率,以衡量各省份样本期间内的长期经济增长情况。$NUM5\_AVE$ 为各省份 1991—2014 年间年均里氏 5.0 级以上地震的发生次数,作为外生的核心解释变量。$PCGDPG_{i,\ 1990}$ 是各省份 1990 年的实际人均 GDP 增长率,同式(3.3)中加入人均实际 GDP 增长率相似,其目的在于反映各省份在模型样本期间初始阶段的经济发展水平的差异。$\boldsymbol{X}_i$ 是为了增强模型的解释能力加入的其他解释变量,分别是各省份 1991—2014 年间的(剔除物价因素后的)全社会固定资产投资额/政府公共预算支出/进出口总额与上年国内生产总值的比值的平均值,用以反映样本期间各省区投资、政府支出的平均水平与贸易开放程度。

表 3.18 的回归结果显示,在样本期 1991—2014 年间,各省份年均里氏 5.0 级以上地震与年均实际 GDP 增长率、年均实际人均 GDP 增长率和年均第一、二、三产业增加值增长率之间均没有显著的相关性。这说明从长期来看,地震灾害对于经济增长的影响并不明显。

为保证模型估计结果的稳健性,还进行了稳健性检验,具体的处理方法是在原模型中加入一系列反映各省份所处地域的二值变量。加入这些二值变量的目的在于两点:首先,如前文所述,我国的地震分布呈现出明显的地域特征,大多数破坏性地震发生在西南和西北各省区;另一方面,我国各省份的经济发展水平也不平均,东部沿海省份由于处于优越的地理位置,经济增长速度明显高于中西部。因此,加入这类反映各省份所处地域的变量,将增强模型的整体解释能力。

表 3.18　地震灾害对长期经济增长的影响

MLR	(31) GDPG_AVE	(32) PCGDPG_AVE	(33) PRIG_AVE	(34) SECG_AVE	(35) TERG_AVE
NUM5_AVE	0.000 3 (0.22)	−0.000 1 (−0.09)	0.000 5 (0.32)	0.000 4 (0.20)	0.001 8 (1.18)
PCGDP_1990	−0.000 0* (−1.98)	−0.000 0* (−2.04)	−0.000 0** (−2.35)	−0.000 0*** (−3.37)	0.000 0 (1.01)
INV_AVE	0.077 4** (2.52)	0.065 4* (1.95)	0.015 4 (0.36)	0.129 4** (2.24)	0.053 2 (1.35)
EXP_AVE	−0.127 6*** (−3.39)	−0.156 7*** (−3.81)	−0.053 9 (−1.02)	−0.157 2** (−2.22)	−0.083 9* (−1.73)
IMEX_AVE	0.135 9*** (2.82)	0.028 9 (0.55)	−0.001 4 (−0.02)	0.223 9** (2.47)	0.105 2 (1.69)
_CONS	0.098 7*** (7.20)	0.106 4*** (7.11)	0.061 1*** (3.19)	0.112 2*** (4.35)	0.106 7*** (6.05)
N	31	31	31	31	31
Adj. R-sq	0.365	0.447	0.291	0.312	0.027

注：括号内的数字为 t 值，*、** 和 *** 分别表示在 10%、5% 和 1% 的置信水平下显著。

表 3.19　各省份地域划分

变　量	区　域	省　份
对照组	华　东	山东、江苏、浙江、福建、广东
BIG4_CITY	直辖市	北京、上海、天津、重庆
NORTHEAST	东　北	黑龙江、吉林、辽宁
NORTH	华　北	内蒙古、河北、山西
CENTRAL	华　中	河南、安徽、湖北、江西
SOUTH	华　南	湖南、广西、海南
SOUTHWEST	西　南	四川、贵州、云南、西藏
NORTHWEST	西　北	陕西、甘肃、宁夏、青海、新疆

表 3.19 为加入的变量对应的省份。对于对应某一区域的二值变量，在某省区位于这一区域是取值为 1，其他情况下取值为 0，华东地区各省份作为对照组。需要特别说明的是，广东省就地理位置来说属于华南地区，这里按照经济发展水平将其归入华东组。

表 3.20 为稳健性检验的结果。对比表 3.18 和表 3.20 中调整 R^2 的数值可以看出，在加入了一系列反映地域因素的二值变量之后，模型

表 3.20 地震灾害对长期经济增长的影响——稳健性检验

MLR	(36) GDPG_AVE	(37) PCGDPG_AVE	(38) PRIG_AVE	(39) SECG_AVE	(40) TERG_AVE
NUM5_AVE	0.000 2 (0.15)	−0.000 4 (−0.32)	0.001 2 (0.76)	0.000 7 (0.32)	0.001 6 (1.09)
PCGDP_1990	−0.000 0 (−0.68)	−0.000 0 (−0.88)	−0.000 0* (−1.88)	−0.000 0 (−1.62)	0.000 0 (0.01)
INV_AVE	0.074 5** (2.55)	0.066 0* (1.90)	0.060 3 (1.37)	0.159 0** (2.80)	0.064 5 (1.61)
EXP_AVE	−0.066 4 (−1.58)	−0.092 0* (−1.84)	−0.112 8* (−1.77)	−0.070 5 (−0.86)	−0.031 7 (−0.55)
IMEX_AVE	0.031 0 (0.63)	−0.071 7 (−1.22)	0.065 4 (0.88)	0.071 0 (0.74)	0.008 7 (0.13)
BIG4_CITY	−0.009 4 (−1.52)	−0.010 1 (−1.38)	−0.004 8 (−0.51)	−0.019 8 (−1.66)	−0.007 8 (−0.93)
NORTHEAST	−0.023 0*** (−3.61)	−0.020 0** (−2.64)	0.017 4* (1.80)	−0.033 9** (−2.74)	−0.022 1** (−2.54)
NORTH	−0.011 7* (−1.91)	−0.015 0* (−2.05)	0.002 5 (0.27)	−0.023 5* (−1.97)	−0.009 1 (−1.09)
CENTRAL	−0.017 6*** (−3.18)	−0.017 4** (−2.64)	0.001 0 (0.12)	−0.019 1* (−1.77)	−0.014 8* (−1.95)
SOUTH	−0.013 0* (−2.10)	−0.017 0** (−2.30)	0.022 2** (2.37)	−0.009 7 (−0.81)	−0.010 5 (−1.24)
SOUTHWEST	−0.018 4** (−2.26)	−0.017 7* (−1.84)	0.004 7 (0.38)	−0.026 0 (−1.65)	−0.012 7 (−1.15)
NORTHWEST	−0.025 7*** (−3.48)	−0.028 2*** (−3.21)	0.008 4 (0.75)	−0.047 3*** (−3.30)	−0.028 8** (−2.85)
_CONS	0.103 2*** (7.46)	0.109 8*** (6.68)	0.037 9* (1.81)	0.097 2*** (3.62)	0.103 1*** (5.45)
N	31	31	31	31	31
Adj. R-sq	0.578	0.565	0.448	0.512	0.270

注：括号内的数字为 t 值，*、** 和 *** 分别表示在 10%、5%和 1%的置信水平下显著。

的整体解释能力有了大幅度的提高。同时,反映地震发生次数的变量NUM5_AVE的系数在所有情况下都不显著,与主模型得到的结果一致,再一次说明地震灾害对于长期经济增长没有显著的影响。

(三) 小结

本节使用我国31个省、自治区和直辖市1991—2014年的相关数据和静态面板数据模型、动态面板模型向量自回归模型和多元线性回归模型分别对我国的地震灾害与短期、中期及长期经济增长的关系进行实证检验。

实证检验的结果表明,在短期内(即地震灾害发生的当年),地震灾害将对经济增长产生显著的负面效应。产生这一结果的主要原因可能在于,地震灾害造成的巨大破坏在短时间内使得灾区人力资本和物质资本存量急剧下降。同时,在灾害发生当年,外部援助尚未完全到位、重建尚未完全展开,不能抵消地震灾害本身带来的负面效应。因此,经济增长水平与未发生地震灾害情况下的潜在水平相比将出现一定程度的下降。

在中期内(地震灾害发生后的一年至十年),地震灾害对于经济增长的影响是正向的,这种正向影响在地震灾害发生后的大约六年的时间内作用显著。这一经济增长水平的正向变动主要得益于灾后救援和重建的开展。在我国特有的经济、社会和政治环境下,当严重自然灾害发生时,中央政府和各地方政府往往能够快速反应,调集各方力量积极组织灾后救援和重建。这样,大量资源和先进技术得以在受灾地区聚集,从而使该地区经济增长得以超越原来的水平。

最后,检验地震灾害与长期经济增长的实证研究的结果显示两者之间不存在显著的相关关系,产生这种结果的原因可能在于在长期中,随着灾后重建的完成,灾区的经济状况逐渐恢复到受灾之前的水平。

具体到三次产业,以上的实证检验表明,第二产业在三次产业中受到地震灾害的影响最大,其强度和方向与整体经济水平所受影响大致相同,而第三产业受到地震灾害的影响较小,仅在灾害发生后一年产生正向波动,同时,第一产业则完全没有受到地震灾害的影响。这说明,地震灾害主要通过影响工业发展进而影响整体经济增长水平。产生这种情况的主要原因可能有两点：首先，在三次产业中，第二产业增加值的占比最高，尽管随着我国经济水平的发展和经济结构的优化，第三产业的比重在不断上升，但从样本区间 1991—2014 年整体来看，第二产业仍是国民经济最重要的支柱；其次，第二产业的发展对于人力资本、物质资本和技术的依赖度都很高，尤其是物质资本，在这种情况下，第二产业受到地震灾害本身的负面影响和灾后重建的正面影响的程度在三次产业中都应该是最高的。

四、台风灾害对经济增长的影响

(一) 路径与机理分析

台风是我国发生的最频繁的自然灾害之一，中国东南沿海城市每年都会遭受台风的影响。从总体上来看，相比于地震等地质灾害，台风的破坏性不大，造成的死亡人数很少，特别是 2007 年、2008 年以来，每年造成的总死亡人数都在 10 人以下。然而，台风造成的直接经济损失却是很大的。从 2013 当年的数据来看，如图 3.5 显示，仅台风灾害造成的直接经济损失达到了总自然灾害造成经济损失的四分之一。从这一点来看，研究台风灾害对经济增长的影响就变得很重要，不仅可以由此来估计台风灾害发生后所需要用于灾害缓解的资金，对台风灾害的防御政策也有重要的指导意义。

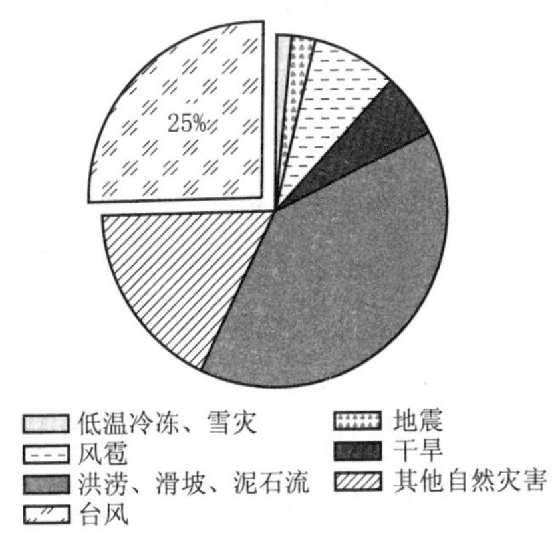

图 3.5 2013 年中国自然灾害直接经济损失分布

本森(Benson, 1997)在验证龙卷风和干旱天气对斐济经济增长的影响时发现,龙卷风和干旱给斐济的经济增长带来消极影响,由于时间和财力的不足,灾后实施新技术是困难的,有效的替代品往往难以及时补充。斯特罗布(Strob, 2012)研究飓风对美国中部地区和加勒比海地区经济增长的影响,发现平均每次飓风灾害会降低产出0.83个百分点。目前,国内对台风灾害的研究只集中于台风灾害的损失和风险评估与台风灾害的防御两个方面,台风灾害对经济增长的影响鲜有涉及。

受季风气候和太平洋气旋的影响,中国东南沿海城市每年都会遭受台风灾害的影响,于是台风灾害就表现出频率高和影响范围广的特点。每年的台风都会集中发生在第三季度,图3.6统计了2001—2012年台风在各个月份发生的次数以及造成的损失,不管是从台风造成的经济损失还是台风发生的次数来看,7、8、9月份都是台风灾害的密集发生时间段,特别是8月份。而且台风灾害不同于地震等地质灾害,大部分台风的破坏性不算强,台风后的影响也不会持续太久。

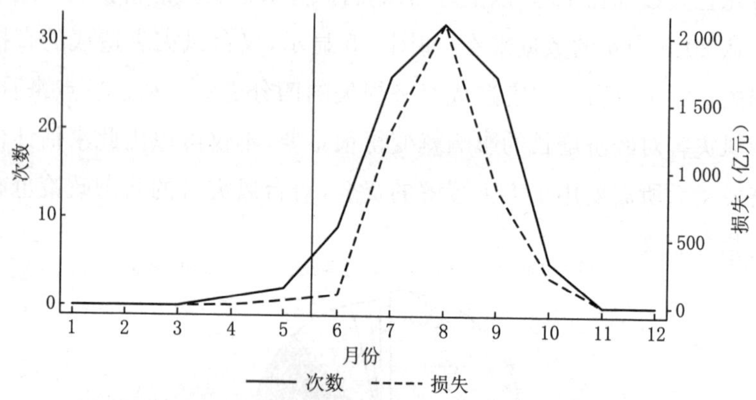

图3.6　2001—2012年中国台风灾害发生次数及直接损失分布

我国受台风影响最严重的省份有广东、浙江、福建和海南,因此本节的数据分析主要选取这四个省份进行重点分析。台风灾害的严重程度和损失的年度分布具有很强的相关性,因为严重的台风可以同时影响多个省份,其中,2005年和2006年是近年来台风灾害最严重的时期。四个省份遭受台风影响的程度不一,从表3.21中四个省份台风发生的总次数和总直接经济损失来看，广东和浙江是台风灾害发生最严重的两个省份，广东12年台风发生次数达到了40次，台风对浙江造成的直接经济损失达到了1 226.15亿元。

表3.21　2001—2012年主要省份台风发生总次数和总直接经济损失

	广　东	浙　江	福　建	海　南
次数	40	27	28	28
损失(亿元)	693.74	1 226.15	536.31	246.92

对台风灾害来说，理论上其对经济增长的影响也存在正的效应和负的效应。台风对经济的影响主要体现在四个方面：一是对农业的影响，每次台风登陆都会造成大面积农作物受害，粮食减产；二是对水利工程设施的造成严重破坏；三是对供水、供电、供气、交通和通信等造成破坏；四是严重影响海上捕捞、盐业和水产养殖业等海洋开发活动。所以，台风对经济增长的影响的渠道主要通过农业和生产资本两个方面。

农业的产量跟自然天气紧密相关，台风灾害对农业造成的影响无疑是不可逆的，对于当年的产量来说是不可恢复的，农产品产值下降本身就能直接影响到经济的增速。不仅如此，农产品作为工业生产的原材料，其产量下降进而价格上涨也会影响到工业的产值。另外，农民本身的收入减少进而消费降低也是抑制灾后经济增长的重要因素。所以，对农业的破坏是台风灾害对经济增长存在抑制效应的一个重要因素。这个过程可以表示如下：

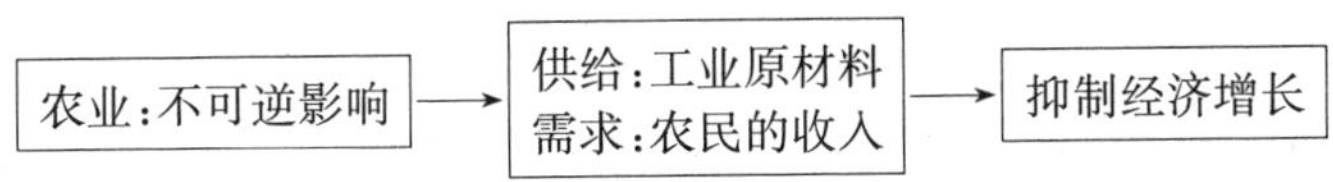

而台风对生产资本的破坏短期内是可以快速重建恢复的。这里套用其他文献的分析逻辑，台风灾害对于生产资本的破坏，既可能会导致生产效率降低，对经济增长存在抑制效应，也可能因为重建资金的流入而产生乘数效应，或者新的有效的资本替代损坏的资本产生“毁灭性创造”效应，对经济增长的影响存在促进效应。这与每个地区灾害抵御水平、灾害恢

复政策的效率以及经济社会条件有关。这个过程可以表示如下：

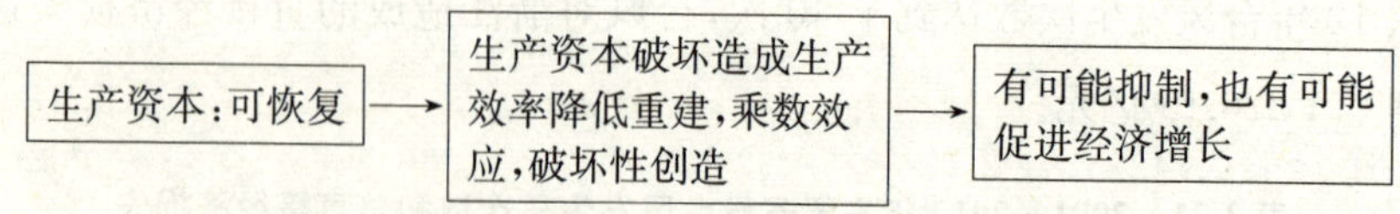

台风对经济增长的影响至少包括两个渠道:农业和生产资本。台风对农业的破坏是一个确定的能抑制经济增长的效应,而对生产资本的破坏这个渠道的效应不能确定,所以,台风对经济增长的影响是不确定的,对这一问题的厘清,同样需要像上文关于地震灾害的分析一样,利用单一灾种的数据进行实证分析,以求更好地为我国东部地区常年遭受台风灾害影响的省份提供更好的救灾减灾理论指导和经验依据。

(二) 实证研究证据

假设台风对经济增长有影响,那么,台风区省份在台风发生前后(第三季度与第二季度)的总产值增长率的差异应该和衡量台风严重程度的指标呈现出一定的相关关系。图 3.7 描述了这种关系。对于浙江省来

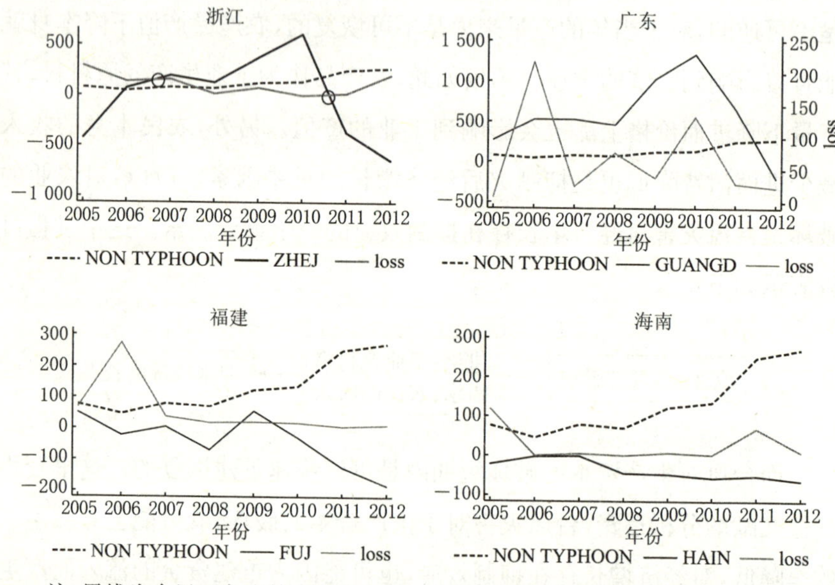

注:黑线为台风区各省第三季度与第二季度经济总产值之差;虚线为非台风区第三季度与第二季度平均经济总产值之差;灰线为台风灾害直接经济损失。

图 3.7　第三季度与第二季度经济总产值之差与台风造成的直接经济损失

说，浙江省两个季度的经济总产值之差与台风造成的经济损失呈现出一定的负相关关系，如图3.7中所示，两个圈前后都可以看出当台风造成的直接经济损失上升时，两个季度的总产值之差下降，非台风区的两个季度的经济总产值之差作为对照，和台风造成的直接经济损失并没有呈现出任何相关关系。也就是说，当台风灾害严重时，第三季度相对于第二季度来说，经济增长就会放缓，台风抑制了浙江省的经济增长。但是对于广东来说，两个季度总产值之差与台风造成的损失甚至呈现出一定的正相关关系。由此得出的结论是，台风对各地区的经济增长的影响是不同的，接下来我们用实证去检验这个结论，并试图找出台风对各地区经济增长造成不同影响的原因。

本部分将采用两个回归，第一次用固定效应模型进行总样本回归，第二次采用分样本回归（以台风灾害比较严重的广东省、浙江省为例）。总样本回归模型为：

$$Gaprate_{it} = \alpha_i + \beta X_{it} + \gamma \ln GDP_{it} + u_i + \varepsilon_{it}$$

其中，被解释变量 $Gaprate_{it}$ 表示第三季度与第二季度 GDP 的增长率之差，以第一季度作为基准，所以，$Gaprate_{it} = \frac{Q_3 - Q_1}{Q_1} - \frac{Q_2 - Q_1}{Q_1} = \frac{Q_3 - Q_2}{Q_1}$。在上一部分的理论基础部分提到，对农业的破坏是台风灾害对经济增长存在抑制效应的一个重要因素，所以这里被解释变量加入农业增长率之差的指标，衡量方法与$Gaprate_{it}$相似。用差值的一个好处是，可以不用担心每年的经济环境的特质性影响到计量的结果。解释变量 X_{it} 衡量台风的严重程度，有两个衡量指标$losses_{it}$和$times_{it}$，台风当年第三季度发生的总次数和台风当年造成的总直接经济损失。这两个指标分别回归的结果应该综合起来看，因为灾害直接经济损失的大小可能与地区的经济发展水平有关，而地区的经济发展水平也会影响到它两个季度生产总值的差，有一定的内生性问题，所以加入发生次数这一个指标，但是也需要注意的是台风发生次数多并不一定意味着台风灾害严重，也可能每次都是小台风。所以，两个指标应该综合起来看。u_i 表示省份的固定效应。

总回归的研究样本为广东、浙江、福建和海南四个省份，在时间的选择上，由于受灾损失、受灾次数的分省份统计数据受限，本节选取的时间范围是2001年到2012年。经济方面的数据，如GDP、农业产值来源于国家统计局网站；灾害方面的数据，包括台风发生的次数和每次台风造成的直接经济损失来源于复旦大学自然灾害数据库。

衡量台风严重程度有发生次数和造成的直接经济损失两个指标，如图3.8所示的简单回归结果，两个指标是高度正相关的，所以两个指标都可以代表台风严重程度来进行回归。

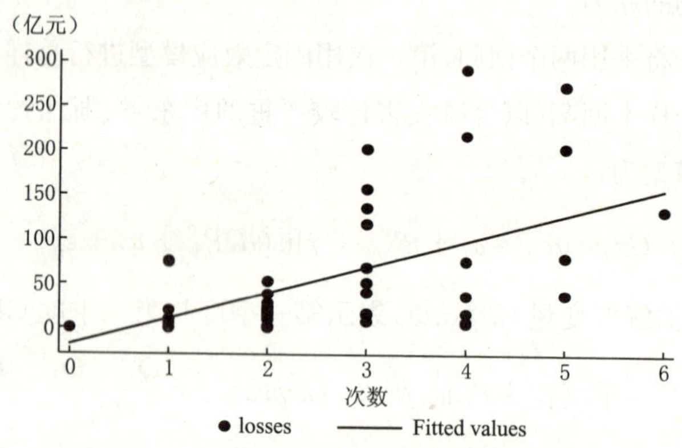

图3.8　台风发生次数和造成的直接经济损失

表3.22是总样本回归的结果，第一、二列是以经济总产值增长率的差值为被解释变量，分别用直接损失和发生次数指标进行回归；第三四列换成农业产值的增长率之差。从第三列以直接损失为衡量指标来看，台风灾害会抑制农业产值的增长，第四列以次数衡量时不显著的原因可能是，考虑到农作物的生长周期，台风不管发生多少次，只需要一次台风就可以造成足够的经济损失，并且难以在短时间内进行恢复。总的来说，台风灾害会抑制农业产值的增长。但是第一、二列显示，台风灾害对经济总产值的增长并不存在显著的影响，这跟我们之前的预期相符合，可能是台风对各地区的经济增长的影响不同，造成了总回归结果的不显著。

表 3.22　回归结果

	Gaprate		Agri-gaprate	
	(1)	(2)	(3)	(4)
losses	−0.000 2 (−1.29)		−0.001 1* (−1.64)	
Times		−0.003 2 (−0.42)		−0.005 0 (−0.23)
lngdp	0.047 5*** (5.24)	0.031 5*** (2.72)	0.139 4*** (3.52)	−0.094 6* (−1.76)
R-squared	0.39	0.36	0.22	0.18
N	48	48	48	48

为了验证这个结果，进行分样本的分析和回归。本节选取台风发生最严重的两个省份广东省和浙江省来进行进一步的分析。图 3.9 显示，对于广东省来说，两个季度的总产值之差不管是与直接经济损失，还是与台风发生的次数都成负相关关系，而对于浙江省来说，这种相关关系变为正相关。

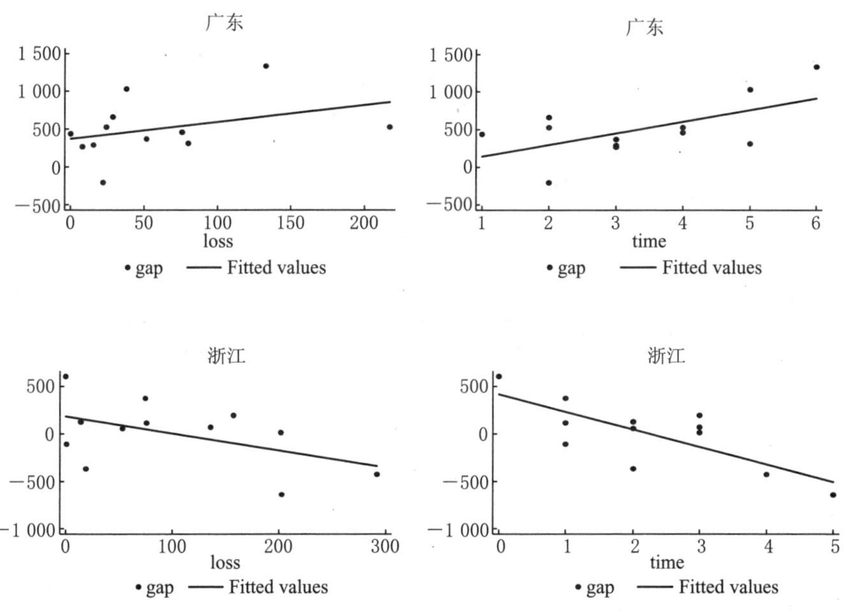

图 3.9　广东、浙江：第三季度和第二季度经济总产值之差和台风严重程度

表 3.23 显示了分样本回归的结果,第一、二列的被解释变量是经济总产值增长率之差,第三、四列的被解释变量是农业产值增长率之差。在以次数衡量台风严重程度的回归中,广东省经济产值增长率之差与台风严重程度显著为正,浙江省显著为负,验证了这个结论:台风对各地区的经济增长的影响存在不同的效应,台风灾害促进广东省的经济增长,抑制浙江省的经济增长。值得注意的是,从第三列可以看出来(第四列以台风次数为解释变量结果不显著的原因参阅前文的解释),广东省的农业产值增长率对台风灾害是极不敏感的;相反,台风灾害会显著降低浙江省农业产值的增长率。那么,就像上文"路径与机理分析"部分所阐述的,台风灾害对农业造成影响后,会通过需求和供给两个层面抑制经济增长,有可能是因为台风对农业的影响不同,才造成了台风对总体经济增长影响的不同。对浙江来说,台风显著影响到农业的增长率,降低了农业增长率,进而也降低了总体经济的增长率;对广东来说,农业增长对台风灾害不敏

表 3.23　广东、浙江省分样本回归结果

广东第三季度与第二季度 GDP 的增长率差值				
	Gaprate		Agri-gaprate	
	(1)	(2)	(3)	(4)
losses	0.000 3 (1.22)		0.000 4 (0.32)	
Times		0.026 2** (3.05)		−0.004 3 (−0.08)
R-squared	0.20	0.61	0.001	0.017
浙江第三季度与第二季度 GDP 的增长率差值				
	Gaprate		Agri-gaprate	
	(1)	(2)	(3)	(4)
losses	−0.000 6* (2.38)		−0.000 7* (—2.05)	
Times		−0.045 7** (—3.22)		−0.037 0 (—1.59)
R-squared	0.49	0.63	0.41	0.30

感，台风灾害促进总体经济增长。因此，对农业造成影响是台风灾害对经济增长存在抑制效应的一个重要渠道，同时，不同的气候条件和农业作物的生长周期也会影响到以上的估计。除此以外，实际上台风灾害对经济增长造成的影响，还同灾害防御密切相关。因为，在针对自然灾害进行有效防御的情况下，将不仅可以降低自然灾害造成的经济损失，同时也可以加快灾后的恢复和重建，并且避免对宏观经济和社会运行带来大的冲击。本书以下部分还将针对自然灾害防御以及灾后重建与救助等问题进行针对性的研究分析。

广东省和浙江省的实证结果差异实际上提出了这样一个问题，即是什么造成了农业对台风脆弱性的差异？除了自然地理方面的差异外，有三个主要的影响因素：一是经济发展水平越高，经济对农业的依赖性可能就越小；二是越发达地区，政府财政收入越多，灾前用于防御、灾后对农业的救助资金越充裕；三是越发达地区，灾害救助体系往往越有效率，这些都可能降低农业对台风灾害的脆弱性。表 3.24 是广东省和浙江省用于农、林、水利、气象的财政开支，从广东有更多的资金用于农林水利气象的建设。

表 3.24　广东省、浙江省用于农林水利气象的财政开支

年　份	广　东	浙　江
2005	539.56	408.2
2006	420.34	373.32
2007	325.02	290.37
2008	279.21	236.08
2009	192.6	177.42
2010	172.53	142.15

(三) 小结

从上述分析可以看出，台风灾害对各地区的经济增长的影响不同。对于广东省来说，台风灾害促进了其经济增长；但是对于浙江省来说，台风灾害对其经济增长存在抑制效应。可能的原因是这两个省份的农业对台风的脆弱性不同，广东的农业对台风灾害不敏感，而台风灾害会显著降低浙江省农业产值的增速。农业是台风灾害中最脆弱的产业，农业受损不仅仅本身直接影响到经济的增速，还会通过原材料价格上涨和消费降低两个渠道产生抑制效应，降低总体经济增长的增速，所以对农业造成影响是台风灾害对经济增长存在抑制效应的一个重要渠道。

台风跟其他灾害不一样，对于中国的东南沿海城市来说，它的发生更像是一种近似"确定"的而不是随机的事件，在这样对灾害的发生存在大概率预期的情况下，灾害的防御对于降低灾害造成的损失就变得非常重要。虽然台风的发生几乎是确定的，但是台风每一年发生的次数以及造成的损失却是随机的，所以如何强化灾害风险管理，降低自然灾害的经济社会运行的影响，也显得非常重要。

五、自然灾害对对外直接投资的影响

之前章节考察了不同的自然灾害(地震、台风)在不同的时间维度下(短期、中期和长期)对宏观经济的发展。实际上经济的增长受到了不同因素的影响，因此，自然灾害与经济增长之间也可能受到不同因素、渠道的影响。本节以对外直接投资为切入点，同样以地震灾害为例分析自然灾害对我国吸引对外直接投资的影响。

(一) 路径与机理分析

为了促进国民经济的发展，我国敞开国门吸引外资，尤其是邓小平同志"南方谈话"之后，我国吸收 FDI 急剧增长，平均每年约以 30%的速度递增。1979—2010 年间，我国累计吸收 FDI 达 9 532.2 亿美元。实际上自然灾害和对外直接投资之间并没有直接的联系，但是自然灾害却可以间接影响到对外直接投资，比如，投资者在选取对外直接投资的场所时，不可避免地会考虑该地区是否为自然灾害多发的地区；自然灾害也同样会影响到对外直接投资的劳动力成本、资金成本和物力成本等多项因素。

影响 FDI 的因素还包括许多，我们将这些主要的影响变量作为控制变量，并运用到本节下一部分的实证分析。梳理这些影响因素对 FDI 的影响，同样对于理解自然灾害与对外直接投资之间的潜在联系有着重要的意义。这些影响因素包括:市场规模、劳动力成本、教育水平、基础设施水平、软环境、地方政府干预、地震水平、政府干预与地震的交互。以下结合实证中变量选取和数据的使用进行共同说明。

(1) FDI。关于 FDI 的统计指标采用《中国统计年鉴》中当年的实际利用外商直接投资额,此为被解释变量。

(2) 市场规模。市场规模用各省市辖区的 GDP 总额表示,并滞后一期。一个地区的经济总量比人均水平更能反映市容量状况,现有市场规模越大,蕴含的商机也越多,意味着该地区更能吸引 FDI。由于 FDI 的引进对当地经济也有影响,为了解决内生性问题,采用滞后一期的 GDP 指标。在理论上预期,市场规模与 FDI 呈正相关关系。

(3) 劳动力成本。劳动力成本用市辖区职工平均工资表示,并滞后一期。成本是投资方需要考虑的重要因素,与同一年的平均工资水平相比,上一年的成本状况更有可能影响今年的投资决策。一般情况下,劳动力成本较高的地区不易吸引外资,但高劳动力成本有时对应的是高质量的工人。

(4) 教育水平。教育水平用市区高等学校在校学生总数比上市辖区总人口数表示。比重越高,表示该地区的人口质量越高、高级人才占比也越大,是吸引 FDI 的有利条件。故预测教育水平与 FDI 呈正相关关系。

(5) 基础设施水平。基础设施用各省份固定资产投资占当年 GDP 比重表示。基础设施对外商投资区位正相关,良好的基础设施对吸引 FDI 有很大影响。故预测基础设施水平与 FDI 呈正相关关系。

(6) 软环境。软环境用各省第三产业产值占当年 GDP 的比重表示,衡量服务业发展水平。软环境对一个地区经济的发展起着润滑和促进的作用,可反映城市化水平的高低,也是吸引外资的因素之一。预测软环境与 FDI 呈正相关关系。

(7) 地方政府干预。地方政府干预度用各省份的一般财政预算支出表示,并滞后一期。政府对经济的干预程度不同,对 FDI 的影响也不一样。美国传统基金会和《华尔街日报》共同主办的《经济自由度指数》、以及加拿大费雷泽研究所的《世界经济自由报告》,都用政府规模的大小衡量政府对市场经济的干预程度。本节采用政府支出来衡量政府规模。一般而言,政府规模越大,经济中的发展机会越多,越有可能带来商机;但政府支出的过度扩张可能"挤出"投资,所以此变量对 FDI 的影响不确定。

(8) 地震水平。采用各省每年的地震次数来表示,并滞后一期。地震的影响可分为直接的和间接的。直接影响如当地基础设施(公路、房屋、建筑)的破坏,间接影响如对运输业、服务业的影响,以及对整个经济体系和机制的破坏。故预测此变量与 FDI 呈负相关关系。

(9) 政府干预与地震的交互。地震会对一个地区的经济带来破坏性影响,此时政府干预的增加是否会减轻地震对 FDI 的不利影响? 本节借此交互项来探讨震后政府行为在吸引 FDI 中的作用。

为了便于对下一节实证分析的理解,将上述影响因素一并归纳在表 3.25 中。

表 3.25 可能影响 FDI 的决定因素

影响因素	代表指标	符号表示
市场规模	各省市的 GDP 总额	GDP
劳动力成本	市辖区职工平均工资	AVWAGE
教育水平	市区高等学校在校学生总数比市辖区总人口数	STU
基础设施水平	固定资产投资占当年 GDP 比重	INFRA
软环境	第三产业产值占当年 GDP 的比重	THIRD
地方政府干预	一般财政预算支出	BUDGET
地震水平	年地震次数	EARTHQU
政府干预与地震的交互	一般财政预算支出与年地震次数的乘积	BUDGET×EARTHQU

(二) 实证研究证据

本节选取 1991—2007 年的数据,运用面板数据分析方法。面板数据是横截面数据与时间序列数据的结合,能有效降低多重共线性的可能,更好地解决忽略变量与解释变量的相关性,从而使参数估计更为可信。我们重点关注的是模型中解释变量对被解释变量的影响方向和影响程度,即考虑横截面变量影响情况,因此这里的回归方程采取固定效应模型。

并且，由于各省份之间资源禀赋差异较大，产生异方差的概率较高，用普通最小二乘法(OLS)估计的结果可能失真，故采用允许异方差存在的广义最小二乘法(GLS)进行估计。

为了更直观地测度吸引 FDI 的各影响因素弹性大小，避免统计口径不一致可能导致的问题，以及削弱多重共线性、异方差、非稳态性等问题，模型中的变量均采取自然对数形式。模型建立如下：

$$
\begin{aligned}
\mathrm{Ln}(FDI_{it}) = \alpha & + \beta_1(GDP_{it-1}) + \beta_2\ln(AVWAGE_{it-1}) + \beta_3\ln(STU_{it}) \\
& + \beta_4\ln(INFRA_{it}) + \beta_5\ln(THIRD_{it}) + \beta_6\ln(BUDGET_{it-1}) \\
& + \beta_7(EARTHQU_{it-1}) + \beta_8\ln(EAETHQU_{it-1}) \\
& \times \ln(BUDGET_{it-1}) + \varepsilon_{it}
\end{aligned}
$$

依据我国 29 个省份 1991—2007 年的数据，实证结果如表 3.26 所示。

表 3.26　地震灾害对 FDI 的影响

变量与截距项	系数估计值	标准误	t 值
ln(EARTHQU)	−0.169 2	0.114 4	−1.48
ln(GDP)	0.076 1	0.305 2	0.25
ln(AVWAGE)	0.590 6	0.443 6	1.33
ln(INFRA)	0.698 3	0.130 2	5.36
ln(THIRD)	0.231 0	0.366 8	0.63
ln(BUDGET)	0.403 8	0.260 3	1.55
ln(STU)	0.222 1	0.115 2	1.93
ln(EARTHQU) * ln(BUDGET)	0.024 9	0.019 8	1.26
α	−0.743 3	4.182 1	−0.18
F 统计值 57.48	拟合优度 R^2 0.932 5	调整后的 R^2 0.923 0	样本容量 n=373

注：显著水平为 5%。

可见，R^2 及调整后的 R^2 都较高，在 0.9 以上，表明各地区数据的相关度拟合较好。F 检验值也较高。除了不能判定影响方向的变量外，其他变量的影响方向均与预期一致，且基础设施水平对 FDI 的影响最大，弹性系数为 0.698 3。

地震对 FDI 的影响同预期一致为负值，表明地震的发生不仅会对当地经济造成破坏，还会影响外商直接投资的意愿。地震会破坏发生地的自然环境与建筑设施，破坏经济增长的硬性条件，对外商的吸引力自然也就下降。政府预算支出对 FDI 有正向的影响，且弹性系数较大，为 0.403 8。这表明政府规模越大、对经济的干预度越高，则经济体中存在的商机就越多，对外资也越有吸引力。

地震与政府支出的交互项为正值。这表明，虽然地震会对一个地区的经济造成负面影响，但若政府支出同时增加，则会对 FDI 带来正面效应。交互变量肯定了政府的积极行为在地震中发挥的正向作用。具体来讲，在政府支出的均值水平(5.579 9)上，若地震增加 1%，则 FDI 减少 0.03%(−0.169 2＋0.024 9×5.579 9＝−0.030 3)；若政府支出同时也增加 1%，则 FDI 会增加 0.26%(−0.169 2＋0.024 9＋0.403 8＝0.259 5)。这说明，虽然地震对 FDI 造成负面影响，若这时政府增大支出力度，则可以化弊为利，变成吸引 FDI 的有利因素。

(三) 小结

本节以全国 29 个省、自治区、直辖市为研究对象，选取了 8 个可能影响吸引 FDI 因素的指标，采用回归分析方法，对 FDI 的影响因素进行了实证研究。最终结果显示：代表市场规模、劳动力成本、教育水平、基础设施水平、软环境、地方政府干预、地震水平以及政府干预与地震的交互项会对 FDI 产生影响，其中地震对 FDI 的弹性系数为负，其余为正。

由此可以得出初步的结论，地震是一个地区吸引外资的不利因素，因此也解释了本章实证所得出的结论，即短期地震灾害影响了经济的增长，因为地震可以通过引进外资等等渠道进一步影响到宏观经济的发展。一方面，地震的发生与否以及发生频率很难进行人为干预，这时可通过扩大政府支出来减轻地震对 FDI 的影响，为灾后经济的恢复提供一条道路。另一方面，加强基础设施建设和人才培养，多培训、吸引高质量的员工，也会对 FDI 起到很大的促进作用。政府如何救灾，本书以后的章节将进行专门的分析。

注　释

[1]《新中国60年统计资料汇编》和《中国统计年鉴》均由国家统计局编纂，统计口径一致。

[2]《中国地震年鉴》由中国地震出版社出版，其出版年份为1990—2008年(共20册)，由于2008年后中国地震局不再出版《中国地震年鉴》，2008—2011年的地震数据采自《中国统计年鉴》。

第四章
自然灾害损失的评估与经济学分析

一、引　言

如果说自然灾害对经济影响是灾害经济学的研究热点的话，那么自然灾害的损失评估就是灾害经济学研究的难点和要点。因为研究自然灾害对经济的影响必须首先对自然灾害进行等级划分、厘清自然灾害本身的损失多少，才能进一步探讨其对经济的影响。其实仅仅关于巨灾的划分，全球便有多达30余种不同的分类(张卫星等，2013)，自然灾害的损失评估同样涉及不同的时间维度、不同的地区或不同的行业，然而厘清这样的损失却并非易事。

以2013年7月一起发生在我国的自然灾害为例说明灾害损失评估的难度所在："据四川省民政厅报告，2013年7月27日下午，云南省永善县黄坪乡临近金沙江畔的一处山体发生滑坡，江对岸四川省凉山彝族自治州雷波县岩脚乡正在金沙江畔修建码头的施工人员及江边行人被滑坡体激起的巨浪卷入江中，造成12人失踪。"这一自然灾害损失的评估实际上涉及灾害发生地(云南省)与灾害损失地(四川省)、自然灾害损失评估针对人身和财产的不同方法、单一灾害(山体滑坡)和复合灾害(山体滑坡上下端比如暴雨、地震等灾害)界定。

为此，许多学者发展了自然灾害损失评估的不同方法，涉及自然灾害造成的损失包括直接损失和间接损失(Pelling et al.，2002)。直接损失包括财产的毁损和人身伤亡，而间接损失是指直接损失引起的其他损失，例如企业不能正常生产产品或提供服务、家庭收入成员暂时性失业等等。自然灾害与损失评估的研究主要集中在采用不同的方法来评估自然灾害所带来的直接损失或间接损失。重要的评估方法包括：

(1) 存流量分析模型(Parker et al.，1987)。该方法将自然灾害所造成的存量价值减少计算直接经济损失，对相对应的流量价值减少计算灾害的间接经济损失。

(2) 投入产出与需求函数模型(Peskin，1965；Rose et al.，1997；Okuyama，2004)。该方法的理论基础是以投入产出表为工具比较分析了无约束条件下国民生产总值与灾后各部门最低需求量情况下国民生产总值的差异，在此基础上求出自然灾害的经济损失。

(3) 可计算一般均衡模型(Computable General Equilibrium，CGE)(Cochrane and Harold，1984；Rose and Liao，2005；Tirasirichai and Enke，2007)。该方法通过诊断灾害发生前后两个均衡状态下就业、生产力水平、福利和相对价格等经济变量的变化来估算灾害造成的经济损失。

(4) 投入产出与生产函数模型(Wetzler，1970)。该方法采用计算出灾后实际失业率与目标失业率两种就业水平下产出的变化所推算出的灾害损失。

(5) 线性规划模型(Cochrane，1974)。该方法采用通过对灾后不足的生产能力的资源最优分配测算灾害造成的经济损失。

(6) 社会核算矩阵模型(Social Accounting Matrix，SAM)(Cole et al.，1993)。该方法根据灾害事件核算矩阵和灾后经济恢复措施矩阵计算灾害对区域经济的生产、家庭、政府、企业等方面的综合损失。

(7) 产业间序列评估模型(Sequential Interindustry Model，SIM)(Okuyama and Lim，2002)。该方法将标准的投入产出表格的静态分析框架运用工程学理论转移为动态模型化公式，同时考虑生产的时间序列评估经济损失。

(8) 博斯特等人(Borst et al.，2008)。该方法运用宏观微观尺度分析法，从投入变量对生产函数的影响和经济增长 CATSIM 模型推算灾害的经济损失。

然而，不同的灾害经济损失评估模型存在不同程度的缺陷。比如，以投入产出为理论基础的各种模型建立在静态评估的基础上，缺乏对经济弹性的考虑；一般均衡模型和计量经济模型对基础数据和校准水平要求较高；存流量分析模型、宏微观尺度分析法等应用经济模型更多关注灾害造成的有形物质毁损的直接经济价值，但是忽视了投资环境恶化、消费投资抑制等间接无形损失。由于各种模型都是对灾害损失的一种抽象，导致计算结果与事实损失之间存在误差。同时，由于模型复杂和数据需求的精确，导致自然灾害损失无法快速进行评估，政府快速的灾害救援和社会慈善捐赠缺乏相应的参考依据，降低了救灾效率。

本章将试图从理论和经验两方面对灾害损失评估进行定义，阐述灾害损失评估的基本原理，并在此基础上引入对不同损失评估方法的介绍和比对，探讨灾害损失评估的未来研究方向。本部分的创新之一是笔者发展了超概率曲线的方法，用于度量自然灾害的经济损失。我们将运用中国地震灾害的实证数据对这一方法进行说明，进一步丰富自然灾害经济损失的理论与方法。

二、灾害损失评估的基本原理

灾害损失评估源于福利经济学(Boadway and Bruce，1985)，由于市场价格可能包含了商品的非有效分配，并且不能确切反映自然资源价值，福利经济学学者提倡以物品价值而非市场价格来衡量灾害损失。然而，灾害损失评估的有效性取决于诸多因素，包括灾害损失的计量原则、统计口径以及市场的外部性，例如市场失灵的存在、消费者自我调节能力以及政府行政决策能力，都将直接关系到灾害损失评估的可靠性和有效性。

(一) 计量原则：存量与流量

存量与流量是一对相对概念，存量是指在某一时点上商品的内在价值，流量是一定时间段内商品价值的变动总和。两者分属于不同的计量原则，从不同角度反映商品的价值变动。以灾害损失评估而言，一般财产损失代表社会财富总量的减少，是一个存量概念；营业中断损失反映灾后一定时间段内社会财富的减少量，以流量作为计量单位。

目前，在损失评估的实际操作中，通常以存量作为计量原则，以一般财产损失度量灾害总体经济损失。但相比之下，流量的计量原则存在诸多优越性。

第一，灾害的直接经济损失不以财产损失为必要前提。例如在2008年中国南方大雪中，由于发电站、变电站、输电线路或是配电线路因冻雨受损，不少厂房实际未遭重创，但无法获得充足电源而被迫停工。此类停工损失类属于灾害的直接经济损失，由于存量的计量原则本身存在局限性，无法将此类损失包括在评估范围内。相对而言，流量的统计方式依靠营业中断损失为衡量指标，有效掌握各方损失情况，能更精确估算灾害带来的实际损失。

第二，存量的计量方式容易导致损失的重复计量。定义上，资产价值由未来现金流的贴现值直接决定。因此，无论以存量或是流量方式进行计量，资产价值都将保持一致。但在灾害损失评估中，存量的统计方式可能导致损失重复计量。以厂房机器设备等固定资产损失为例，若固定资产的使用寿命为一年，且已经折旧完毕，存量的计量方式将与流量一致，因为维修成本即相当于未来产品价值贴现。但若固定资产使用寿命为十年，而仅仅使用一年后即损坏，则存量的计量方式将原应抵扣的折旧额也计算在内，从而导致损失的重复计算。在此情况下，流量的计量方法不仅将资产损失（维修费用）计算在内，同时还包括了固定资产损失所造成的机会成本，更为科学合理精确。

第三，由于引入时间维度，流量的损失评估方法通过现金流的变化，可以从微观角度衡量消费者、生产者以及社会整体的福利变化，有利于决策者从宏观角度作出相应决策。而存量方法仅具有损失评估功能。此外，流量的计量方法在估算直接经济损失外，还能相应计算灾害造成的高阶损失，这是本章的讨论重点。

（二）统计口径：直接损失与高阶损失

通常，灾害损失评估将损失分为直接损失与间接损失，直接损失指由灾害造成的财产损失，间接损失为由灾害造成的营业中断损失。然而，这样的分类方法并不科学，两者容易互相混淆。例如地震所引发的火灾或泥石流，以及由于红绿灯信号中断而导致的车祸，从性质上而言，该损失是由地震的次生灾害造成，属于间接损失；但此类损失同样属于财产损失，应归类于直接损失。由于范围界定模糊，直接损失与间接损失的统计口径在现实操作中可行性低，易造成重复计算，误差较大。

相比之下，以直接损失和高阶损失为基础的统计口径更为科学。直接损失广泛包括了灾害所造成的客观物质损失，对致害原因的直接性与间接性不加区分。此外，直接损失包括了由灾害引发的停工损失，如由地震引发大桥垮塌导致物资供给匮乏而被迫关闭的企业。高阶损失相对具有更为外延的损失定义，在直接损失基础上，估算"多米诺骨牌"效应带来的损失，即估算灾害引致产业链上下游的损失。一家工厂被迫停工将直接导致其下游企业由于原料缺乏产出减少，再间接引发更下游企业减少产出；同时，又会减少其对原材料的需求，使上游及更上游企业销售减少，相应产出减少。类似于国民收入统计中，计算消费、投资及净出口对国民收入的影响，此类高阶损失可以根据上下游企业的供需弹性求得其乘数系数，进而通过直接损失求得其高阶损失。

以直接损失及高阶损失定义统计口径，范围明确，不易混淆，且两者互补，充分覆盖灾害造成的各类损失。常用的损失评估模型：投入产出模型(I-O)及可计算一般均衡模型(CGE)对于间接损失的定义为企业间的相互作用，并非财产损毁造成的停工损失，因而采用高阶损失概念更符合模型估算要求，使得灾害损失评估科学有效。

高阶损失在实际操作中也存在一定局限性：第一，高阶损失在实际估算中易重复，由于高阶损失主要针对主体企业上下游，则不能再以上下游企业作为主体重新进行损失估算，这在实际操作中存在难度。第二，针对不同经济体的弹性大小及恢复能力，不同地区高阶损失区间变化较大。第三，高阶损失乘数系数的确定存在主观性，由于评估角度、衡量标准不同，乘数系数的确定也随之不同，其科学性被削弱。但我们并不能基于以上种种原因主观否定高阶损失的重要性，鉴于其规模庞大，影响力甚广，在灾害损失评估必须引入高阶损失，并科学正视其所带来的影响。

三、灾害损失评估的核心问题

计量原则和统计口径的确定，为灾害损失评估的实施构建了基本框架。在此前提基础上，仍有一些有关灾害损失估计的重点问题需要详细探讨。

(一) 重复计算

重复计算的问题在前文已有一定阐述，存量的计量原则、高阶损失统计不当都有可能造成损失的重复计算。此外，另有两方面因素需重点关注。

第一，同一实体不同功能可以创造不同价值，根据损失估计的一般原则，一旦该实体损毁，其创造的各种价值应全部包括在灾害损失评估范围内。比如，水库不仅能发电、供水、预防洪灾，还可以作为游泳池。但若水库遭地震损毁，以各功能最大化效用来统计损失会夸大损失，导致重复计算，因为水库不可能同时达到这四种功能的最大化。

第二，灾害损失统计可能产生遗漏或者重复计算。以我国的税收为例，根据征收管理权和分配权不同，税收可以分为地方税和中央税。我国地方税主要包括了营业税(不含银行保险等金融机构)、地方企业所得税、个人所得税及房产税等税种。地方税并不反映资源的实际消耗或社会成本的增加，因而在灾害损失统计中，应将该部分损失扣除，不然将造成损失重复计算。如一家餐饮企业月营业额为30万元，营业税率为5%，若由于地震损毁关闭一个月，地方财政为此减少15 000元，该损失不能计入灾害损失评估内。然而，相对于受灾区域，中央税代表了资金单方面的流出而非区域间转移，因而中央税的损失需计入灾害损失评估范围内。

(二) 市场失灵

市场失灵指的是市场无法有效配置资源，通常市场失灵的发生主要由价格扭曲或市场结构的不合理造成。由于非市场性的特质，社会公共品无法在市场中被准确定价，市场失灵导致资源错配的情况极其常见，这为灾害中损失估计工作造成困难。

社会公共品包括高架、桥梁、高速公路等基础设施建设以及水电煤等社会公共产品，由于这些社会公共产品大部分属于自然垄断导致经营的边际成本递减，且大部分公共产品都以低于成本价的价格对外供应，因而以重新确定市场价格的方法对公共品进行损失评估不可行。如前文所述，有效的解决方法是以受此影响停工企业的营业中断损失作为衡量直接损失的指标。鉴于我国大部分高速公路都是收费服务，可以将此类收入损失一并计入直接损失中。同样，由于基建损毁或公共服务中断间接引起的上下游企业损失也应以高阶损失归入灾害损失评估范围内。

除了公共产品，自然环境生态系统领域也存在市场失灵，由于缺乏有效的衡量指标，使得灾害损失评估更加复杂。除了直接损失和高阶损失，自然环境损失还要考虑其机会成本，其未来可持续性的成本，这在下文将会具体讨论。

(三) 市场自我调节能力

市场调节能力是指市场减少灾害造成潜在损失的能力。其微观主体包括企业、家庭以及社会各机构。具体到企业，其对于原材料的需求弹性越大，可寻找的替代原材料越多，企业的调节能力就越强。此外，企业的抗压能力，即企业在原料缺乏情况下持续最大化产出的能力，也直接影响企业的市场调节能力。在灾害损失评估中，市场调节能力高低直接决定了潜在损失的大小。若企业对原材料需求缺乏弹性，则原材料的缺口将以相同比例反映在产出缺口上：20%原材料的减少将造成20%产出减少。但在实证研究中，不少学者通过问卷调查、情景模拟等科学统计发现，企业的市场调节能力相当可观。如蒂尔尼（Tierney，1995）对北岭地震研究发现，8.3%的电力缺口仅造成受灾地区企业1.9%的产出损失。

从宏观角度，市场调节能力指受灾地区的社会调节能力及资源配置能力。除受各微观主体市场调节能力影响外，政府行政决策能力也具有重要作用。政府的有效决策可以大幅降低社会整体的灾害损失。罗斯和贝纳维兹（Rose and Benavides，1998）通过研究发现，在新马德里地震中，若政府根据电力需求的轻重缓急，有序恢复供电，将减少10%的直接灾害损失。此外，政府有效配置资源、维稳物价、维持秩序可以进一步降低自然灾害造成的高阶损失。

市场的自我调节能力客观决定直接损失的大小，同时对乘数系数的确定产生直接作用。因此，在灾害损失评估中必须将市场调节能力高低作为重要考量因素。

四、联合国灾害损失评估框架方法

(一) 构建全球统一灾害评估框架的背景

2015 年 3 月第三次世界减灾大会在历经 5 天的激烈讨论后由世界 187 个国家代表共同签订了《2015—2030 年仙台减灾框架》(以下简称《仙台减灾框架》)(联合国 a，2015)，确定了全球至 2030 年的减灾目标[1]，包括大幅度减少全球灾害死亡率、减少全球受灾人数和全球国内生产总值相关的经济损失等。《仙台减灾框架》是联合国首次提出具体项目和期限的全球性防灾减灾目标，被视为联合国所有成员未来 15 年减灾工作的指导性文件(史培军，2015)。包括中国在内的各联合国成员在执行联合国全球减灾目标的过程中都面临着相同的难题，即由于各国灾害评估方法和技术水平的不同，评估各国在关于“自然灾害所造成的国内生产总值相关的经济损失”的减灾努力缺乏一致性的比较标准；加上各国自然灾害经济损失的评估往往建立在不同灾种的专业性评估方法，而联合国全球减灾目标需要衡量的是多灾种综合的评估指标，这就要求联合国层面必须出具可供各成员国参考和执行的自然灾害经济损失评估框架和方法。

联合国多次举办针对减灾指标的开放式政府间专家工作组(OEIWG)会议，并于 2016 年 6 月发布《仙台减灾框架七大全球目标的技术指标说明》(The United Nations Offices of Disaster Risk Reduction，2016)，对全球减灾目标的评估指标提供了详细的定义、技术考量和评价建议，以支持成员国对于检验仙台框架减灾目标的指标衡量、执行和国际比较。我国目前已经将《仙台减灾框架》的相关目标和优先行动领域融入中国综合防灾减灾的“十三五规划”中(民政部，2015)，研究联合国灾害损失评估的方法体系，是实现我国减灾目标的基础工作，评估方法的运用也有助于提高我国灾害数据的国际可比性和可靠性,为灾害学研究和灾害管理提供另一个参考坐标。

(二) 联合国自然灾害损失评估的框架原则

1. 目标原则

《仙台减灾框架》的预期目标是"大幅减少在生命、生计和卫生方面以及在人员、企业、社区和国家的经济、实物、社会、文化和环境资产等方面的灾害风险和损失",具体通过大幅降低全球灾难死亡率;大幅减少全球平均受灾人数;减少灾害造成的直接经济损失相对于全球国内生产总值的比重;大幅减少灾害对重要基础设施与基本服务造成的损害与干扰;到2020年,增加制定国家和地方减灾战略的国家数量;增进国际合作;大幅增加民众获取多灾预警系统以及减灾信息和评估的机会这七大减灾目标实现。评估以上目标的一个重要指标,就是"到2030年使灾害直接经济损失与全球国内生产总值的比例下降"。

联合国对自然灾害损失的关注侧重于直接经济损失,而并不过多地关注自然灾害所引起的间接经济损失。直接经济损失指在受灾区域,物质财产受损或被毁坏部分的经济价值,即有形损失的经济价值。然而,世界范围内的直接损失评估至少面临以下难题:(1)自然灾害对农业、工业和服务业都造成损毁,将哪些要素纳入评估损失的范围内;(2)即便是同一类物质资产(比如工业设施),不同规模的物质资产抗灾能力和相应的损失存在较大的差异,如何客观的评估这些资产造成的损失;(3)是否将自然灾害对环境资产、文化遗产等损失也纳入直接损失的范围内,如果纳入的话,应该采用怎样的评估方法;(4)灾害直接损失尽管是不同自然灾害造成损失的汇总,但是不同灾害之间的损失评估方法也必须是一致的,这样才能满足灾害分布不同国家之间的数据一致性和可比性;(5)为了使各国的减灾努力能够得到公允的对待和评估,如何建立一套各国统一而又简便实用的评估方法。

联合国灾害直接损失的评估框架必须解决以上难题。因此,联合国最后选取的基本原则是不需要各国直接评估灾害的直接经济损失价值,而是将经济损失通过各个衡量指标来体现。首先,联合国减灾署提供了一系列简单、统一的物质损失(计数受损的财产)的指标来作为计算的基础,再通过统一的、普遍的方法将物质损失指标转化为经济损失指标,从而产生一致的直接经济损失指标。表 4.1 列示了这些所拆分的衡量指标必须满足的数据标准。

表 4.1 直接经济损失测算指标的数据标准

原 则	数 据 要 求
一致性原则	包括时间一致性和国家间一致性。时间一致性是指监控灾害损失的数据需要在 25 年的完整周期内采用一致的方式记录与报告以评价减灾完成情况与成就。国家间的一致性要求指标必须尽最大可能适用于世界的每一个国家,能够使国家和地区进行比较;指标获取必须是可行的,不论何种收入水平和发展程度的国家都有能力完成数据采集。
SMART 原则	Specific(具体)、Measurable(可测量)、Achievable(可实现)、Relevant(相关)、Time Bound(时限性)。
可靠性原则	指标产生的结果是可信的。
透明性原则	使用的方法体系是公开的,且它的局限性、弱势、优势以及可能产生的经济评估偏差都应当是明确的。
可溯性原则	这些测度出来的经济价值应当可以追溯到原始的受损指标上。
可行性原则	需要的数据在现实中应当易于获得,搜集数据的工作不应当成为国家繁重的负担或不可能完成的任务。
已用性原则	很多国家已经收集了许多灾害的标准数据,可以在此基础上建立指标。
可改性原则	当有更好的可用信息或方法体系有所发展时,经济评估可以被修改以反映这种进步与发展。
有价性原则	测量结果不仅被用于评价减灾目标的完成情况,也被用于提高对灾害的认识、灾害评估、增强防灾减灾意识和发展 DRR 以及其他相关的政策。

2. 计量方法:重置成本法

计算灾害直接损失的目的在于理解灾害风险、加强灾害风险治理和管理灾害风险(《仙台减灾框架》的优先领域)。因此,不同于会计上常用的历史成本法或者金融市场上使用的公允价值法,联合国最后采用了重置成本法来计算自然灾害的直接损失。使用重置成本法的另一个好处在于减少灾害对一国经济和财政的冲击,尤其是帮助政府在预算体系下科学合理预留灾害救济资金，帮助一国在灾害发生以后可以有充足的财政投入到灾后救援（冯俏彬、刘敏和侯东哲，2011）。直接经济损失的测算将主要针对所有的人类建造的指标进行讨论（如房屋、医疗、教育、商业、工业设施），采用简单的评估损失财产价格的方法，使用建造的成本作为重置价值的基础，从而测定直接经济损失。

重置成本法将物质损失的价值经重置成本转化为经济价值，从而观测直接经济损失。这种方法体系与世界银行灾后损失评估所采用的DALA和PDNA方法体系是一致的。重置成本法在评估过程中包含了三个步骤：第一步针对每次灾害事件的物质损害，收集高质量的、适当分类的数据；第二步用每单位的重置成本来评估经济价值；第三步将经济价值从各国货币计价转化为以美元计价。其基本的计算公式为：$L=a\times b\times c$。L 为直接经济损失，a 是受损的物质财产数量（例如受损的设施），b 代表物质资产的尺寸[2]，c 为单位损失（例如每平方米、每千克、每公顷的损失）。表4.2中展示了步骤二的评估示例，不过这只是联合国出具的最低数据搜集标准建议，各国实际情况不同，表中的数据、数据来源、数据分类精度可能各有不同。

表4.2 重置成本最低数据收集标准建议

建筑类型	平均设备尺寸（平方米）	每平方米建造成本	数据来源
工业（C3）	2 000	1 200	(a) 经济部门 (b) 国家常用标准
商业（C4）	700	800	(a) 商业部门 (b) 国家建筑协会
房屋（C5和C6）	55	500	(a) 房屋部门 (b) 全球范围数据
健康（C7）	60	800	(a) 推荐修复价值 (b) 卫生部门
教育（C7）	200	300	(a)(b) 教育部门
国家替代性指标（当国家和全球数据库均没有数据时）	—	根据联合国COMPASS数据估算	UNISDR

注：表中数字和数据来源均为举例，相关代号含义参见本节第三部分。

自然灾害损失评估另外一个不容忽略的因素，是重置成本的时间变化。为了对不同时间的经济损失进行比较，必须将受灾损失的实际数量变化和价格因素的影响（如技术进步导致的价格变化、通胀和其他市场相关的价格影响因素）区分开来。通常而言，如果主要目标是观测直接经济损失的物质损害变化趋势，普遍使用剔除通胀后的不变价格；如果主要目标是观测灾害对于整个经济的造成的损失时，普遍使用名义价格来与名义 GDP 比较。在完成步骤二的基础上，步骤三需要将本国货币表现的损失转化成美元计价。由于联合国的首要目标不在于国家间比较，而在于全球整体情况的变化，所以，目前只需要根据官方的汇率转化，并不需要考虑购买力差异。

（三）损失指标与计算方法

1. 损失指标

全球减灾计划的目标之一是"到 2030 年使灾害直接经济损失与全球国内生产总值的比例下降"。不同于各个国家灾害损失评估中针对不同的灾种选取不同的评估方法，联合国针对不同的自然灾害使用了统一的计算方法，但是将损失拆分成不同类型的损失，再针对这些不同类型损失提供相应的计算方法和参考数据。表 4.3 汇总了 OEIWG 会议上各成员国提出的具体的指标类型以及通过第二次会议磋商后联合国所提供的相关测量意见。

表 4.3　具体的指标类型以及相关测量意见

推荐意见	序号	指　　标	方法
推荐全球层面进行测量的指标	C-1	相对于全球国内生产总值的灾害直接经济损失	有
	C-2	灾害造成的农业直接损失	有
	C-3	灾害造成的工业设施直接经济损失	有
	C-4	灾害造成的商业设施直接经济损失	有
	C-5a	灾害造成的房屋损害直接经济损失	有
	C-5b	行政房屋的损害与损失	有
	C-6	灾害造成的房屋损毁直接经济损失	有
	C-7	灾害造成的重要基础设施/公共基础设施直接经济损失	有

续表

推荐意见	序号	指　标	方法
推荐全球层面进行测量的指标	C-8	灾害造成的文化遗产直接经济损失	有
	C-9	灾害造成的环境恶化直接经济损失	有
	C-10	[灾害造成的参保物品直接损失总计]	有
推荐国家层面进行测量的指标	C-11	[基础服务中断造成的直接经济损失]	无
	C-12	[灾害造成的服务部门的直接经济损失]	无
不推荐指标	C-13	[相对国民生产总值的受影响风险投资总计]	无
	C-14	[受影响的微型企业数量]	C-3/C-4
	C-15	[受影响的中小企业数量]	C-3/C-4

以上各项指标中,最为核心的就是"相对于全球GDP的灾害直接经济损失"C-1,这也是狭义上本节所指的自然灾害直接损失。C-1是一个相对特殊的变量,表现为灾害直接经济损失与全球国内生产总值(GDP)的比重,其中灾害直接经济损失包含了指标C-2至C-9,即农业、工业、商业、房屋、基础设施、文化遗产、环境的直接经济损失总和与GDP的比重,即:$C1=(C2+C3+C4+C5+C6+C7+C8+C9)/GDP$。需要说明的是,公式所指的GDP是全球范围的GDP,而并非受灾国本身的GDP。不过该公式是针对全球减灾目标而言,如果为了衡量一国自然灾害对本国经济的影响,当然需要将GDP替换为受灾国本身的GDP。另外,对文化遗产和环境影响的经济损失评估C8和C9,因为涉及相对专业的评估方法,联合国目前对各国的灾害损失评估并不做要求,仅给出一些相关的建议。

2. 核心指标计算

(1) C-2:灾害造成的农业直接损失。

农业的受灾损失是直接经济损失中的一大重要组成部分,虽然表面上看农业受灾常常是小范围的,但其发生却十分频繁,将这些损害累积起来,造成的损失是巨大的。根据联合国减灾署《全球减灾评估报告(GAR)2015》的灾害数据库中基于85个国家的347 000份记录显示,26%的记录与农业部门的受灾损失有关;98.5%的农业损失来源于天气灾害，其中洪水、干旱和森林火灾这三大灾害共造成了82%的农业灾害，受灾面积超过2.09亿公顷(联合国b，2015)。农业直接损失分为种植业损失与畜牧业损失两类，即C2=C2(1)+C2(2)。C2(1)为受损农作物造成的农业直接损失，C2(2)为受损家畜造成的农业直接损失。各国需要采集的数据为：C2a=受损的农作物公顷数；C2b=家畜损失的数量。以上数据通常由灾害应急管理部门或者农业部门报告，在灾害报告中，尤其一些小型、中型范围的灾害，这类可用数据最多。

a. C2(1)：受损农作物造成的农业直接损失(受损或被毁)。农作物损失=受损公顷数(C2a)×每公顷直接成本×损害率，其中农作物每公顷平均产出=每公顷出产数量×每吨价格。按照本节第二部分所提到的三个步骤，本节以受损农作物造成的农业直接损失为例进行分析，下文其他指标计算同样涉及这三个步骤，具体将不再展开。

步骤一：收集关于物质损失适当精度的高质量数据。作为计算指标的基础，我们需要搜集以上原始数据，其中如果各国不具备采集完全数据的能力，则可使用官方提供的全球平均数据等，但最低的数据采集要求为收集完成C2a(受损公顷数)。此外，这里提到的价格包括可变成本、固定成本和利润。

步骤二：用每公顷平均产出来估计直接农作物损失。联合国减灾署(UNISDR)在其发布的数据库GAR 2015中，设计了一种方法来评估农业用地的受损程度，以便于通过各国农业机构FAO数据中有效的公开数据表示农作物损失。即计算各国所有农作物的每公顷加权平均产出Aoha(只考虑数据完善的农作物)，$Aoha=\sum\left(\frac{Ai\times Yi\times Pi}{A}\right)$。其中，$Ai$为第$i$种农作物的种植总面积；$Yi$为第$i$种农作物每公顷出产量(吨)；$Pi$为第$i$种农作物的每吨生产者价格，$A$为总面积。为了简便起见，损害率也可以取值为25%，不过有条件的国家还是鼓励针对实际损失计算损害率。

步骤三：将经济价值从各国货币计价转化为以美元计价。在这一步中，为了全球数据的加总，需要将经济价值转化为统一的美元计价，联合国建议使用灾害发生当年度的世界银行官方的汇率作为转化基准。

b. C2(2):家畜损失造成的农业直接损失。家畜损失=损失数量×家畜平均重量×每公斤平均价格。指标的计算同样包括三步:首先收集关于物质损失适当精度的高质量数据,与农作物相类似,各国在数据采集能力有限的情况下,最低数据要求为采集完成 C2b(家畜损失数量);其次用每千克平均价格和家畜平均重量来估计直接经济价值;最后将经济价值转化为美元计价。家畜损失(Loss)的评估公式为:$Loss = C2b \times Apkg \times AwL$,$Apkg$ 为每千克的平均价格,AwL 为平均重量。

家畜的平均价格是本部分评估的核心指标,联合国推荐采用加权平均价格 $Apkg$,具体公式为 $Apkg = \frac{\sum(Si \times Wi \times Pi)}{\sum(Si \times Wi)}, i = 1, \cdots, n$。其中,$Si$ 表示第 i 中家畜的数量存量,Wi 为第 i 种家畜的平均重量;Pi 为第 i 种家畜的每千克平均生产者价格。如果没有适当的数据,可以使用更简单方法计算 $Apkg$,即 $Apkg = \frac{\sum Pi}{n}, i = 1, \cdots, n$。其中,$Pi$ 为第 i 种家畜活体每千克平均价格;n 为一国家畜种类数。

另一个计算的核心指标是平均重量 AwL,其计算方法为 $AwL = \sum \frac{Si \times Wi}{S}, i = 1, \cdots, n$。其中,$Si$ 为第 i 种家畜的数量;Wi 为第 i 种家畜的平均重量;S 表示总存量,是全国所有种类家畜的数量。

实际上家畜的重量和价格内部之间也存在着较大的区别,比如骆驼水牛等大型家畜的价格要明显区别于鸡鸭鹅等常见的家禽。为了使评估结果更加接近受灾地区的真实损失,联合国推荐对家畜进行大类的划分,区分牛、马、骆驼和水牛等大型家畜(C2b1)、绵羊、山羊等中型家畜(C2b2)和鸡鸭鹅等家禽(C2b3)三大类,因此,最后的评估方法为 $Loss = \sum_{n=1}^{3} C2b_i \times Apkg_i \times AwL_i$。

(2) C-3:灾害造成的工业设施经济损失。

联合国采用了比世界银行 DALA/PDNA 方法更广泛的简易版本,数据通常由各国灾害应急管理部门或者经济部门提供,其计算方法为:

$C3 = N \times S \times C \times a$。$N$ 为受损的设施数量，S 为设施的平均尺寸，C 代表每平方米建造成本，a 为受损率。联合国减灾署推荐受损率为简易起见取 25%；平均尺寸可以根据各国实际数据搜集情况，使用全国平均数、中位数、众数或某个固定值。

评估灾害造成的工业设施经济损失的第一步，是收集关于物质损失适当精度的高质量数据。工业设施受到自然灾害影响分为两种情况，一种是设施彻底被毁（损毁），一种是设施受到影响部分损坏。当然，还有许多国家对灾害地区设施损毁或者损坏采取了一种模糊的报告方式，即受影响设施，包括了以上损毁和损坏两种情况。另外，设施规模的大小其相应的价值也并不一样，在评估中必须考虑这些因素。联合国提供了四种选择，选择一是笼统地收集和报告损毁或损坏设施的总量，选择二为分别地收集和报告损毁和损坏两类设施的总量，选择三为按照设施规模大小（比如大型、中型和小型三类）笼统地收集和报告每一类别设施损毁或损坏的数量，选择四为按照设施规模大小分别地收集和报告每一类别设施损毁和损坏的数量。表 4.4 列示了不同工业设施按照不同的灾害数据搜集标准所推荐使用的不同选择。

表 4.4　工业设施受灾影响数据收集选项及指导意见

建筑类型	损坏(damaged)	损毁(destroyed)	受影响(affected)
小型设施	选择四	选择四	选择三
中型设施	选择四	选择四	选择三
大型设施	选择四	选择四	选择三
所有设施	选择二(强烈推荐)	选择二(强烈推荐)	选择一(最低要求)

由表 4.4 可以看出，选择二是联合国强烈推荐的对工业设施受灾影响数量统计的方法，即分别统计受损坏设施数量(C3b)和被损毁设施数量(C3c)的总数，因此使用单位重置成本来估计的工业设施直接经济损失为 $C3 = C3b \times S \times C \times a + C3c \times S \times C$。

(3) C-4 至 C-7 损失的确定。

C-4 统计灾害造成的商业设施直接经济损失。商业设施的计算和工业设施有相似之处，主要区别在于数据采集与分类上，由于商业部门的设施相对工业部门来说差异并不是那么明显，没有必要按照设施尺寸来分类收集数据，因而联合国提供了三种对应的选择：选择一统计受损设备总数（最低要求），选择二分别统计受损害与被损毁的设备数量，选择三分别统计每一个设备的受损情况和尺寸，各国可以根据实际情况决定采用哪种方法。商业设施直接经济损失的计算方法为 $C4=N\times S\times C\times a$，$N$ 为受损的设施数量，S 为设施的平均尺寸，C 代表每平方米建造成本，a 为受损率。

C-5/C-6 统计灾害造成的房屋损坏/损毁直接经济损失。针对房屋的损失，与 C-3/C-4 两项指标类似，在此不做过多的介绍，总的公式为 $C5=N\times S\times C\times a$，$C6=N\times S\times C$，根据世界银行灾后评估 DALA/PDNA 方法体系中的建议，平均受损率 a 采用 25%。

C-7 统计灾害造成的重要基础设施/公共基础设施直接经济损失。灾害造成的重要基础设施/公共基础设施的直接经济损失由卫生设施、教育设施、运输设施这三类基础设施的损失加总获得。其中，对于卫生、教育基础设施的经济损失，DALA/PDNA 建议使用受损尺寸、单位建造成本和区域内设备损失来计算，即卫生/教育基础设施损失＝受损设施数量×设施平均尺寸×每平方米建造成本×受损率。对于灾害造成的运输基础设施损害或损毁数量，其记录和评估是很困难的，联合国要求成员国将以下元素纳入考量范围：道路、铁路、港口、机场。联合国减灾署发现道路是全世界范围内最为普遍的一种运输基础设施，而铁路、港口、机场在国与国之间的差异非常大。根据灾害数据库的记录，道路是最频繁遭受损害的基础设施，而大型的基础设施，如铁路、港口、机场等在严重灾害事件中往往不太容易受损。但是由于这些大型的基础设施价格可能极其高昂，而且它们的直接经济损失不能简单地像道路一样用单位成本（如每公里或每平方米建造费用）来衡量，因此它们的损害不仅要上报受损设备数量，还要报告经评估的损失。

所以，对于铁路、港口、机场，应该报告直接经济损失，价值评估方法参见 ECLAC/DALA 或由专业工程专家团队用正规和严谨的方法进行评估。对于道路，只需上报道路的物质损失，即受灾的道路公路数和每公里平均修复成本。特别要注意的是，针对道路，联合国减灾署建议只收集关于受灾道路的长度，其他相关基础设施，例如桥，应该分开考虑，报告受损数量与估计的修复/重建费用。如果有余力的话，可以将道路损坏数据具体细分为未铺设的道路、铺设过的道路与高速公路。

3. 其他指标计算

目前，无论是各国对灾害损失评估的实践还是联合国所提供的各国灾害损失评估方法，均只要求将上文所分析的 C2 至 C7 各项指标进行计算。实际上除了以上指标以外，还有一些与灾害损失有关的指标，比如文化遗产、环境等。这些指标很难完全用物质损失衡量，或是目前缺乏有效的测度途径，因而未被列为灾害直接经济损失的主要讨论范畴，但是这些指标与受灾损失息息相关，对于经济社会也有很大的影响，联合国减灾署同样给出了相关建议。

灾害造成的文化遗产(C-8)的直接经济损失。研究发现，文化遗产的损失并不能用经济损失来确切度量，其更多的是无形价值的损失，如历史或艺术价值；同时，即便是只讨论经济损失，也涉及很多间接的损失，如旅游业等。为了更好的测算直接经济损失部分，联合国减灾署将文化遗产分为建筑、遗迹等固定的基础设施和艺术作品、工艺品等可移动的资产。因为难以衡量文化遗产的单位成本，所以这里将不再通过物质损失数据来测定指标，而是直接由专家根据这些物品的修复费用以及可移动资产的市场价格来评估直接经济损失。

灾害造成的环境恶化(C-9)的直接经济损失。尽管灾害对于环境损害的评估是相当复杂和繁重的工作，但是其对于各国经济等方面的影响却是不容忽视的，因此，该指标值得各国加以重视。根据专业组织，尤其是生物多样性与生态服务系统服务经济学(TEEB)的方法，联合国减灾署选取了一系列潜在的可能被灾害影响到的环境要素作为数据收集的选项，包括森林、草场、珊瑚礁、湿地、脆弱的近海区域、淡水资源以及海洋区域。通过测量这些重要的环境构成要素的受灾情况，可以作为代理指标反映出环境受到的损害。

值得注意的是，环境经济损失包含了直接损失与间接损失，而间接损失远远不限于简单的资产损失，尤其是环境生态系统服务的损失，例如对于森林的消失不仅仅是木材的损耗，更多的还有氧气供给、旅游资源、生态多样化、水资源保护等生态服务系统的损失。不过，对于生态系统服务的评估方法仍然在萌芽期，自身的不确定性和误差都比较大。联合国减灾署建议收集一定数量的物质损失指标，再使用标准化的方法将这些指标转化为经济损失。相关方法与农业类似，主要依据 TEEB 给出的方式，记录 11 种生物群落遭受的损失，针对每一个生物群落，估计 22 种与之相关的生态系统服务。鉴于大部分生态系统服务都是间接损失的一部分，计算的思路是将直接经济损失转化为"原材料"服务来计算，针对每一种种群，根据纪录提出一系列被列为直接经济损失的服务，计算公式为关于每一个基本元素的环境直接经济损失＝受影响的公顷数×代表直接经济损失的服务价值总和。

此外，联合国减灾署还对成员国提出的其他一些指标出具了意见。对于一些过于细分的指标，如旅游业、栖息地等，因为很难良好区分且会加重工作量，建议归入大类计算；对于很多重复的指标，建议删除；对于一些很难提供对应计算方法的指标，如受灾群众的营养状况，建议暂不采纳；对于部分指标，联合国也做出了修订，如将 C-10 从参保情况改为受灾参保物品的直接经济损失，以更好地衡量全球风险转移机制的情况；对于基础服务、服务部门等不适合全球层面统计的损失指标，联合国建议各国自行统计。

上文表 4.3 还列示了联合国推荐仅在国家层面进行测量的指标以及不推荐的指标。C-11 作为基础服务中断造成的直接经济损失，尽管这一指标符合评估体系的要求，但是针对这一指标的评估需要全方面考察基础服务中断的情况，所以在全球层面不具有可行性。对于灾害造成的服务部门直接经济损失，由于服务业同样属于商业部门的损失，为了避免重复计算，但是又因为衡量服务业损失对于一国经济是非常重要的，所以联合国推荐国家层面进行测量。C-13 作为相对国民生产总值的受影响风险投资总计，联合国认为这一指标不能完全反映出所有暴露在风险中的人员和资产，所以不推荐使用。受影响的微型企业数量(C-14)和中小型企业数量(C-15)实际上属于工业或者商业部门，即上文所讨论的C3或者C4指标，如果各国希望评估其损失，可以在C3或C4的评估中进一步按照设施尺寸细分，在小型工业或商业设备损失中进行相应的评估，因此也不推荐使用。

(四) 评述与启示

1. 分析与评述

长期以来不同的机构或者研究者对灾害经济损失的评估方法各异，包括历史灾情统计资料评估方法、基于承灾体易损性评估方法、现场抽样调查统计方法、遥感图像或航片识别方法、基层统计上报方法等多种方法(袁艺，2010)，但是不同的方法都存在相应的优点和缺点，比如国际上著名的联合国拉丁美洲和加勒比经济委员会(UN-ECLAC)和世界银行灾后损失评估(DaLA's和PDNA's)提供的相对专业的评估方法体系，但这种标准只适用于大型灾害。事实上，很多灾害的经济损失评估工作至今仍缺乏一致的方法，比如我国目前也没有完整权威的灾害损失统计制度和快速灾情统计指标体系(四川省统计局《地震快速灾情统计体系研究》课题组，2009)。在这种情况下，哪些损失纳入考量范围以及评估的方法体系、标准、参数都不得而知，导致当前各国内部和全球的经济损失报告都不具备一致性，难以准确度量也缺乏比较基础。

本节讨论的灾害评估方法是联合国提出的一个一贯的、谨慎的、统一的灾害损失评估方法体系，用以评估成千上万不同规模的灾害所造成的物质财富损失。该方法的优势在于操作简便，建立在基于物质损失的指标基础上，各国只要在前文分析的框架基础上搜集数据，便能通过重置成本的三步方法快速得出评估结果。指标化的框架结构避免了灾害评估中使用存量计算、高阶损失统计等方法无法克服的重复计算的弊端。同时，本方法弥补了现有灾害评估更多关注重大灾害评估的局限性，使得中小灾害的损失评估也能确切反映到各国灾害损失的相关记录中。该方法的运用要求遵循表4.1所列示的数据标准，显著提高了灾害损失评估数据的准确性和科学性。这种方法不仅是测度联合国全球减灾目标完成进度的依据，也是各国完善自身灾害评估体系，尤其是灾情统计资料和上报体系的重要参考和推力。

采用同一方法体系来评估不同规模不同灾种的经济损失无疑是复杂的，联合国所建立的体系也考虑到操作过程中可能遇到的实际问题，使得这套方法的运用更加具有可操作性，统计结果也更为客观真实。比如针对不同类型的建筑物经济损失评估，联合国采用有区别的对策：(1)设备和相关基础设施的价值占建筑物价值的估算比重由建筑所属的部门决定。如果损毁的建筑物是房屋，那么建议将该房屋所包含的设备的价值定为房屋本身价值的25%。对于卫生和工业部门，这个比例会高得多。(2)对于交通运输类基础设施，将特别地采用每米修复费用的计价方式。(3)农业损失将转化为谷物产出来计算。因为种子、肥料、农药、劳动力和其他损失构成了农民对于谷物的投入，因此将这些直接的损失转化为预期的谷物产出的一定比例，并以每公顷谷物生产费用来计价。而对于家畜，直接损失由每公斤肉的生产价格来计算。(4)环境损失用最小数量的物质损失指标来衡量，这些指标根据TEEB的方法记录了11种生物群落遭受的损失。针对每一个生物群落，将直接经济损失转化为"原材料"服务来计算，记录就灾害损失而言与这些群落最为相关的22种生态系统服务，而其他的服务作为间接损失的部分。(5)文化遗产的经济损失更难评估，联合国将这类资产分为两类：一类包含建筑、遗迹和固定的基础设施；另一类包括艺术作品、工艺品等可移动的资产。直接经济损失将根据这些物品的修复费用以及可移动资产的市场价格来评估。可见，联合国灾害损失评估既追求方法的一致性，又考虑计算因子的差异性，并始终监管方法运用的易操作性，使得该方法更容易被各国使用，共同推进和实现全球减灾目标。

本节所探讨的方法是基于联合国拉丁美洲和加勒比海经济委员会相关灾害评估方法的进一步修订和完善(UN-ECLAC, 2014)，该方法已经通过了来自82个国家的56组数据的验证，相关结论和数据运用于2013年和2015年联合国发布的《全球减灾评估报告(GAR)》中。在2016年度的检测中，联合国减灾署已经生成了35万份关于小、中、大规模的灾害经济损失的评估报告。未来，这个方法体系将进一步广泛应用，以推进全球减灾情况的监督与评价工作，也将影响到我国自然灾害经济损失的记录、统计、报送和发布。

2. 借鉴与建议

我国是自然灾害多发的国家之一。根据《亚洲地区执行仙台减灾框架计划 2015—2030》，中国所遭受的自然灾害在 2015 年列亚洲之首，自然灾害所造成的损失为全球前 5 名（The Asian Ninisterial Conference for Disaster Risk Reduction，2016）。自然灾害损失评估是确定灾后救援和灾后重建方案的重要依据，系统的评估数据和指标也是灾害事前评估和预防的重要指导。联合国灾害损失评估框架为包括我国在内的各联合国成员提供了灾害评估的指引和统一方法，参照该方法对我国自然灾害进行损失评估，不仅有助于帮助我国执行联合国《仙台减灾框架》所确定的减灾目标，提高和其他国家自然灾害的可比性，也有助于我国不同自然灾害之间的比较和防灾减灾政策的制定与实施。

当然，我国在运用联合国灾害损失评估框架中必须结合中国的实际情况进行修正，使该框架不仅可以科学评估我国自然灾害损失，也能充分反映我国为实现联合国减灾目标所做出的努力。在相应指标的数据采集上，建议我国在联合国所规定的最低采集标准上采用更加严格的数据采集要求，尽可能详细地收集相关的数据，为后续的防灾减灾提供更为丰富的数据支撑。在相应的评估方法选择上，在联合国所推荐使用的方法中选择适合我国国情的相关方法，比如我国当前对各类设施的损失笼统采用“受影响”涵括损毁和损坏两类，未来应针对所有设施区分为损毁和损坏两种情况，并采用选择二评估相关的损失。

在相应的指标或权重赋值上，由于联合国灾害评估方法致力于构建全球统一的灾害评估标准，因此允许一些不具备指标测算人力物力的国家采用简易的指标计算（比如大部分指标的损害率联合国建议直接用 25％来计算）。近年来，我国在灾害统计上已经积累了大量的数据，完全有能力结合中国的实际情况测算相应的比率，对于 C-3 至 C-6 各指标中的建筑面积、建筑成本和损害率等指标，需要按照我国的实际情况进行测算。由于我国幅员辽阔，地区差异大，所以各指标的赋值还应该考虑不同地区的经济社会发展特征，根据不同省市工农业的分布、经济水平等测算相应的指标因子和系数，更客观地评估不同地区的灾害损失。

中国作为一个灾害大国，建立全国性统一的灾害损失评估方法十分必要，联合国所推广的针对所有灾种采用同样方法的评估框架在我国具有适用性。同时，联合国灾害损失评估框架基于物质损失的指标性设计由于操作简便，可以很好地满足基层推广的需要，也能和我国业已建立的城乡基层灾害监测与信息报告制度相结合，在现有检测预警的基础上进一步对基层上报统计进行优化（王伟光，2016）。由于我国当前的灾害救助主要力量是政府财政，所以联合国的框架方法所采用的重置成本法评估灾害损失，相较于其他采用历史成本或者模型估算的评估结果而言可以更为贴切地反映灾后重建的资金需求，为灾后救助的财政支出提供依据，也为社会捐赠等其他灾后救助资金提供更为合理的参照标准。不同灾种采用相同的评估方法，能够动态地反映和比较不同地区在防灾减灾上所做出的努力和绩效，形成良性的防灾减灾体系，帮助实现我国的减灾目标。

（五）小结

联合国《仙台减灾框架》的发布对于全球未来防灾减灾工作有着重要的指导意义，有助于世界范围共同抵御灾害对各国造成的损失。我国作为一个灾害频发的国家，如何理解和达成该框架的行动指南和目标对于保护国民生命财产安全至关重要。《仙台减灾框架七大全球减灾目标的技术指标说明》的发布，支持了联合国全球减灾目标的完成与评估。本节主要分析了联合国关于自然灾害直接经济损失的各项指标和计算方法。推广与应用这些指标，使得全球形成统一、一贯的灾害直接经济损失评估体系，可以帮助实现全球减灾情况的加总，纵向比较以评价世界减灾工作的进展，同时也为我国减灾成就提供了一个衡量标准，为国际防灾减灾工作的交流合作提供了重要基础。

在实施过程中，联合国提供了详细的方法、可能遇到的问题与解决方案。对于工业、商业、房屋、基础设施等指标，联合国减灾署都提供了几种不同维度的数据收集的方式以及对应的计算方法。此外，对于一些收集可能存在困难的数据，联合国也提供了一些替代，比如一些数据在国内缺乏的情况下，可以使用全球平均数或其他一些标准来计算，损耗率、建筑成本数据等需要核算的数据，联合国也通过专业研究与验证推荐了相应的比率。因而，应用这些相对统一指标是灵活的，可以根据实际情况，以尽量少的工作量形成相对准确的数据指标。

本节所分析的评估指标包括农业、工业、商业、基础设施、房屋等基础部类，还涉及文化遗产、环境等相对容易被忽略但是有深远价值和意义的指标。虽然相对来说，这类指标因为包含了许多间接经济损失，核算也相对困难，目前很难提供一种统一的方法来计算直接经济损失，因而并不在主要指标的讨论之列。但针对相关的直接经济损失，本节仍然尽可能介绍联合国所提供的相对专业的统计方法。未来，我们可能会更加好地将文化、生态等无形资产的损失纳入考量，甚至设法有效地估测间接的经济损失。但更加重要的是提高对这类财产的保护意识，设法减少其给经济社会带来的损失。

五、超概率曲线灾害损失度量方法

(一) 超概率曲线原理与地震超概率曲线构建

1. 超概率曲线在灾害评估中的运用

超概率曲线(Exceedance Probability Curve, EP)是概率论中进行累积频率分析(Cumulative Frequency Analysis)的重要工具。伯尔(Burr, 1942)通过定义所有事件中低于某一个值的事件个数，提出了通过累积频率函数来求得某一区间中概率分布的方法。累积频率函数的提出使得超概率曲线成为应用统计学中的一种常规方法，并且被应用到灾害的度量及风险分析中(Banks, 2005)。超概率曲线表示在给定时期内或给定事件中超过一定损失水平的事件的发生概率。以地震为例，地震超概率曲线是指在某段时间内或某些地震事件中发生大于某一损失规模的可能地震事件的概率。当损失为0时，超过这一损失的概率为1；随着损失规模的提高，超概率将会随之下降。

本森(Bensen, 1952)通过构造假设的洪水流量分布模型生成了1 000年间的洪水数据,并基于这些数据,采用累积频率分析的方法构建了洪水流量分布的超概率曲线,以此计算出了洪峰流量与回归周期之间的关系。丹齐格(Dantzig, 1956)以1953年席卷荷兰、比利时和英国的洪水为背景,应用超概率曲线的工具,设计了一个政府在洪水预防中的经济决策模型,并对其中的诸多经济行为体,如政府、公众、公司等进行了数学分析。早期超概率曲线在灾害度量中的运用往往因为缺乏历史数据而无法进行准确描述,随着计算机模拟技术的发展,这一不足逐渐得到了改进。张景钟和李政儒(1997)根据1950—1990年间中国台湾地区风速历史数据构建了台湾风力超概率曲线,并以此得出台湾地区50年回归期的风力分布图;格罗西(Grossi, 2000)借助了HAZUS软件,模拟了加利福尼亚州奥克兰地区的地震事件,构建超概率曲线来估计地震灾害的风险大小并衡量风险转移手段的有效性。萧代基等(2004)使用蒙特卡洛模拟构建了中国台湾地区的地震损失超概率曲线,并对台北地区进行了场景模拟;林正祥(2012)对不同抗震性能的建筑进行了分类,并构建了台湾一般建筑在地震中损失的超概率曲线。尽管超概率曲线被普遍运用于灾害损失评估和管理中,我国学界对灾害超概率曲线的研究和应用相当有限[3],并且缺乏基于经验数据的灾害超概率曲线构建。为了更好对中国现实情况进行模拟,下文将以地震为例探讨地震超概率曲线的灾害评估。

2. 地震灾害损失超概率曲线构建

不论是政府部门开展防灾减灾工作、保险公司为地震保险定价,或者是普通居民了解居住地的地震风险,都需要掌握一段时间内地震损失规模与发生概率之间的关系。根据历史损失数据构建的年度地震灾害损失超概率曲线可以较准确地反映这一关系。在理论上,通过观察某一区域(如全国)过去每年的地震损失额,在有足够多的样本的情况下,可以较准确地构建该区域年度地震灾害损失超概率曲线。但是在实际中,长时期的数据往往不具有可比性,使得这个方法不可行:一方面,长时间的地震损失数据较难以获得,且不同时期的统计方法也有差异;另一方面,随着经济的发展,财富积累和通货膨胀对地震损失有显著的放大效应。此时,可以借助计算机模拟以弥补历史数据的不足。

本部分在经验数据的基础上通过计算机模拟地震损失事件，以构建年度地震损失超概率曲线：首先根据历史数据得到单起灾害事件中损失的分布情况，之后汇总每年地震损失事件发生次数的分布情况，最后由计算机模拟年度灾害损失情况，得到年度地震灾害损失超概率曲线。

（1）单起地震灾害损失分布模型构建。

地震损失具有随机性和多样性，可将某地区地震损失的总体看作一个随机变量，而每起地震损失事件则是该随机变量的样本。若某一区域每年发生数起乃至数十起的地震灾害事件，则单起地震灾害损失数据的样本容量将远大于年度地震灾害损失额数据的样本容量。在具有数百个地震灾害损失数据时，通过统计这些数据可以较准确地得到单起地震中损失金额与发生概率的对应关系，即单起地震灾害损失超概率曲线。

单起地震灾害损失分布模型的基本假设有：

某段时间内某一地区发生的每起地震灾害损失事件 E_i 都是该地区地震损失随机变量 ξ 的一个样本；

所有地震灾害损失事件 E_i 都服从同样的分布[4]；

所有地震灾害损失事件 E_i 都是相互独立的，即对于任意的 m 和 n，都有 $P(E_m \mid E_n)=P(E_m)$[5]；

在每一起地震损失事件中，对于某一可能的损失水平 L_i，有对应的损失概率 p_i；

在以上假设下，该期间此地区所有的地震灾害损失事件相当于在同样条件下重复进行的数百次实验，构成了一个独立试验序列概型。由于每次试验的结果 E_i 与其他各次试验结果无关，因此这一系列重复实验构成了 n 重贝努里实验。

由于假设所有地震灾害损失是一个随机变量总体 ξ，可以设$(x_1, x_2, \cdots, x_n)$是总体 ξ 的样本 E_i 的观察值，即每起成灾地震事件中的经济损失数额。将它们按大小排列为：$x_1{}^* \leqslant x_2{}^* \leqslant \cdots \leqslant x_n{}^*$，令

$$F_n(x)=\begin{cases}0 & \text{当 } x<x_1^*\\ 1/n & \text{当 } x_1^*\leqslant x<x_2^*\\ \vdots & \\ k/n & \text{当 } x_k^*\leqslant x<x_{k+1}^*\\ \vdots & \\ 1 & \text{当 } x\geqslant x_n^*\end{cases}$$

则 $F_n(x)$的图形就构成了累积频率曲线。它是跳跃式上升的一条阶梯曲线。若观测值不重复,则每一跃度为 $1/n$;若观测值有重复,则按照 $1/n$ 的倍数跳跃上升。

根据贝努里大数定律,在独立试验序列中,当试验次数 n 无限增加时,事件 A 的频率 k/n(k 是 n 次试验中事件 A 发生的次数)收敛于它的概率 $P(\mathrm{A})=p$。即,对于任意给定的 $\varepsilon>0$,有:

$$\lim_{n\to\infty}P\left\{\left|\frac{k}{n}-p\right|<\varepsilon\right\}=1$$

也就是说,当试验在不变的条件下重复进行很多次时,随机事件的频率在它的概率附近摆动,并将随着实验次数的增加而不断趋近其概率。在样本的累积频率曲线 $F_n(x)$中,对于任何实数 x,$F_n(x)$等于样本的 n 个观察值中不超过 x 的个数除以样本容量 n,因此 $F_n(x)$可以作为未知的整体 ξ 的分布函数 $F_\xi(x)$的一个近似。样本容量 n 越大,近似得越好。在具有数百起灾害损失事件的大样本时,可以近似地认为样本累积频率曲线 $F_n(x)$等同于灾害损失整体分布曲线 $F_\xi(x)$。由于 $F_n(x)$实质上是所有低于某一损失水平 x 的灾害事件发生的概率,因此用 $1-F_n(x)$ 可得出所有高于 x 的灾害损失事件的发生概率,即单起地震灾害损失的超概率曲线。

(2) 年度地震灾害发生次数分布模型构建。

与构建单起地震灾害损失分布模型的假设类似,我们假定每年地震灾害的发生次数也是相互独立并服从同一分布的,且每年地震灾害的发生次数与每起地震的损失是相互独立的。一般而言,每年全国地震的发生次数围绕着平均值上下波动。如果有相当长时间的年度灾害发生次数数据(如20年左右),可验证其是否服从正态分布。

绘出年度灾害发生次数数据的分布直方图,并求出其峰度与偏度。如果直方图呈现出正态分布的形态,并且这些数据的峰度和偏度趋近正态分布的特征(峰度为3,偏度为0),则可以近似地认为年度灾害发生次数数据基本符合正态分布。

为了进一步检验样本数据是否服从正态分布,可以通过样本数据的Jarque-Bera统计量检验或者样本数据的Shapiro-Wilk和Kolmogorov-Smirnov统计量进行检验。如果统计量的值大于0.05,则接受检验原假设,即样本数据服从正态分布。

若样本数据的期望为μ,标准差为σ,样本数据具有较大的样本容量,符合正态分布的特征且能够通过正态分布的相关检验,则可近似地认为年度地震灾害发生次数分布服从期望为μ,标准差为σ的正态分布。

(3) 年度地震灾害损失超概率曲线构建。

在前两步中,我们分别建立了单起地震灾害事件损失分布模型和年度地震灾害发生次数分布模型。接下来,通过计算机随机抽取每年地震灾害发生次数和每次灾害损失额度,经过大量的抽取模拟后(如一千年),可以得到长时间段的年度灾害损失状况,以此可构建年度地震灾害损失的分布曲线。在构建时,我们假设:a.任意一起灾害的损失额度都服从第一步中得到的单起地震灾害事件损失分布;b.任意一年中地震灾害发生次数都服从第二步中得到的年度地震灾害发生次数分布,即服从期望为μ,标准差为σ的正态分布。

在以上假设下,采用以下算法模拟某种灾害年度损失总额的分布:

步骤一,根据年度地震灾害发生次数分布生成第i年灾害发生次数n_i;

步骤二,根据单起地震灾害事件损失分布生成n_i次地震灾害损失事件,每次分别有k_j^i的损失,构成第i年中的地震灾害损失序列;

步骤三,将这n_i次地震灾害事件的损失加总,构成第i年的地震灾害损失总额$K_i=\sum_{j=1}^{ni}k_j^i$;

步骤四,将步骤一至步骤三重复 m 次,得到 m 年中每年的年度地震灾害损失总额序列:$K_1, K_2, \cdots, K_i \cdots, K_{m-1}, K_m$;

步骤五,采用构建单起地震灾害损失分布模型的方法,使用这 m 个模拟的年度灾害损失总额构建它们的分布模型,就得到了年度地震灾害损失超概率曲线。

在计算机的辅助下可以模拟出数千年的年度灾害损失情况,由此得到的年度地震灾害损失超概率曲线比简单通过统计几十年的灾害损失记录更贴近真实情况。

(二) 来自中国的经验数据

1. 数据来源

本部分所使用的地震数据样本为 1990—2011 年间中国大陆地区发生的地震灾害事件,包括每次地震造成的直接经济损失和每年中发生的成灾地震次数。其中,1990—2007 年的相关数据来自这期间历年的《中国地震年鉴》,2008—2011 年的数据来自这期间每年中国地震台网中心发布的《中国大陆地震灾害损失述评》。这些资料对地震灾害的损失情况有较详细的统计,包括地震等级、发生时间和地点、震源深度、灾区面积、受损房屋面积、人员伤亡情况和直接经济损失等数据。以上数据来源的统计方为中国国家地震局及各级地方地震局。

值得说明的是,根据 1990—2007 年的《中国地震年鉴》,这期间中国大陆共发生有损失地震 199 起;但根据中国地震台网中心发布的《2011 年中国大陆地震灾害损失述评》,1990—2007 年共发生成灾地震 216 起。统计数据上的差异可能是因为 1996 年之前有一些仅造成极轻微损失的地震并没有被收录到《中国地震年鉴》中。考虑到中国地震台网中心的数据能更加准确地反映中国历年地震发生次数的情况,故本节中地震发生次数只使用《2011 年中国大陆地震灾害损失述评》中的数据。另外,在以上所列数据来源中,都仅有直接经济损失的统计,因此本节中所述损失均指直接经济损失。

另外,本部分中所采用的样本数据区间为 1990—2011 年,其间通货膨胀会对地震损失造成显著的放大效应。为使不同年份的数据更有可比性，必须消除通货膨胀的影响。在现有统计体系中，关于通货膨胀的统计指标主要有居民消费价格指数，商品零售价格指数，工业品出厂价格指数，原材料、燃料、动力购进价格指数以及固定资产投资价格指数等。考虑到地震所造成的损失主要是建筑、设备等固定资产损毁，故本节使用固定资产投资价格指数作为衡量通货膨胀程度的指标，相关数据来自《2012年中国统计年鉴》。

2. 地震损失数据描述及处理

1990—2011年间中国大陆地区发生的247起有直接损失记录的地震共造成了9 171.8亿元直接经济损失，其中最大损失是2008年5月12日发生在四川汶川的8.0级地震，直接经济损失为8 523.1亿元。损失最大的一年是2008年，直接经济损失共计8 595亿元；损失最小的一年是1992年，总损失为1.6亿元。

在对单起地震损失数据描述统计之前，有几点情况需要说明：

第一，如前文注释中所述，通货膨胀对地震损失有放大效应。本节假设所有地震灾害损失事件都同分布并将通货膨胀的影响剔除[6]。本节同时根据1990—2011年间历年全国的固定资产投资价格指数把地震损失还原到1990年的物价水平，以使数据更有可比性。

第二，汶川地震是所有地震损失事件中的极端值。2008年5月12日发生的汶川地震造成的直接经济损失占1990—2011年间我国所有地震直接经济损失的92.93%，占2008年当年地震直接经济损失的99.16%，是第二大损失事件玉树地震的37.3倍，远远超出了其他地震损失的规模。本节在构建超概率曲线时去除了这一极端值。单起地震损失数据在处理前和处理后的描述统计如下：

从表4.5中可看出，经过剔除通胀或去除汶川的处理后，平均值和标准差虽然都有较大的下降，但不论是否处理标准差都远大于平均值，这说明数据波动十分剧烈，不同地震损失差异非常大。不论是否剔除通胀因素，样本的偏度都在15左右，呈非常明显的右偏分布，小于平均损失的地震次数远超大于平均损失的地震次数；在去除汶川地震后，偏度有明显下降，但仍然具有非常明显的右偏特征。同样地，处理前后样本数据的峰度

表 4.5　1990—2011 年中国单起地震损失数据描述统计（单位:万元）

	平均	中位数	标准差	峰度	偏度	最小值	最大值	Jarque-Bera	Probability
原始数据	371 327	3 581	5 423 550	246.610	15.698	45	85 230 900	371 327	0.000
原始数据（去除汶川）	26 369.38	3 496	151 767.4	202.360	13.695	45	2 284 741	410 436.9	0.000
剔除通胀（未去除汶川）	148 804.9	1 796.879	2 157 160	246.613	15.698	24.089	33 900 888	610 873	0.000
剔除通胀（去除汶川）	11 601.29	1 793.613	60 190.4	194.577	13.329	24.089	898 588.1	379 640.9	0.000

都远大于 3，说明出现极端损失的可能性要远远大于正态分布假设下极端事件发生的概率。Jarque-Bera 检验的 P 值均为 0，拒绝样本服从正态分布的原假设。综上所述，1990—2011 年间中国地震灾害损失样本序列是非正态分布序列，一方面具有非常明显的右偏分布，体现了地震损失“小震多大震少，轻微损失多严重损失少”的特点；另一方面具有很大的方差，表明每起地震损失分布的差异性非常大。

3. 年度成灾地震发生次数数据描述

根据中国地震台网中心的统计，1990—2011 年中国共发生成灾地震次数 266 次。发生成灾地震最多的一年是 2003 年，共 21 起；最少的一年是 2007 年，全年仅发生 3 起。其间每年成灾地震发生次数的直方图和描述统计如下：

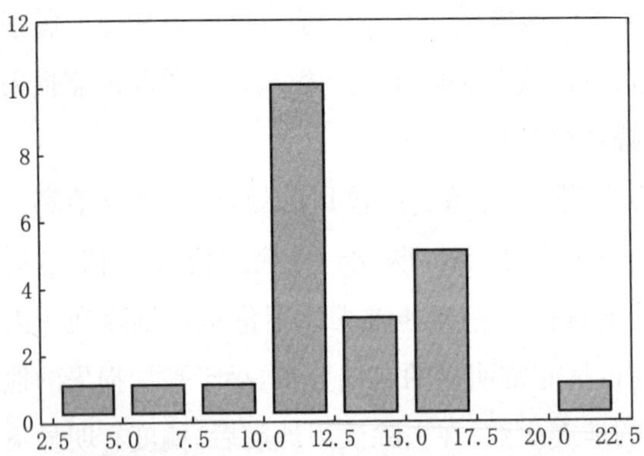

Series: EQNUM	
Sample Year 1990—2011	
Observations 22	
Mean	12.090 9
Median	12.000 0
Maximum	21.000 0
Minimum	3.000 0
Std. Dev.	4.034 5
Skewness	−0.116 7
Kurtosis	3.314 4
Jarque-Bera	0.140 5
Probability	0.932 1

图 4.1　1990—2011 年中国历年成灾地震发生次数直方图及描述统计

由上图可知，平均每年发生 12.09 次成灾地震，标准差为 4.034 5，说明年度成灾地震发生次数分布的波动性比较稳定。样本的偏度为 −0.116 7，说明样本数据有极其轻微的左偏，基本上是无偏的。样本的峰度为 3.314 4，略微高于标准正态分布，说明样本数据并不呈现“尖峰厚尾”的特征。从直方图及方差、峰度、偏度这些特征值来看，1990—2011 年间每年成灾地震发生次数的分布比较近似于正态分布。

为了进一步检验样本数据是否服从正态分布，本节对样本数据进行 Jarque-Bera 检验。设立原假设 H_0：样本数据服从正态分布。对样本数据计算后，得到 Jarque-Bera 值为 0.140 5，对应的 P 值为 $0.932\,1 > 0.05$，因此接受原假设。综上所述，可以近似的认为每年发生成灾地震的次数服从期望为 12.090 9，方差为 4.034 5 的正态分布。

(三) 我国地震灾害经济损失超概率曲线构建

本部分在 1990—2011 年中国地震损失数据的基础上，采用上文第一部分所论述的方法构建中国年度地震灾害损失超概率曲线。

1. 中国单起地震损失超概率曲线构建

根据之前的数学分析，可通过将样本累积频率曲线 $F_n(x)$ 近似作为地震损失整体分布曲线 $F_\xi(x)$，并用 $1-F_n(x)$ 得出地震损失的超概率曲线。将 1990—2011 年间的单起地震损失数据剔除了通货膨胀因素并去除异常值后，246 起损失数据构成了以下的中国单起地震灾害损失超概率曲线：

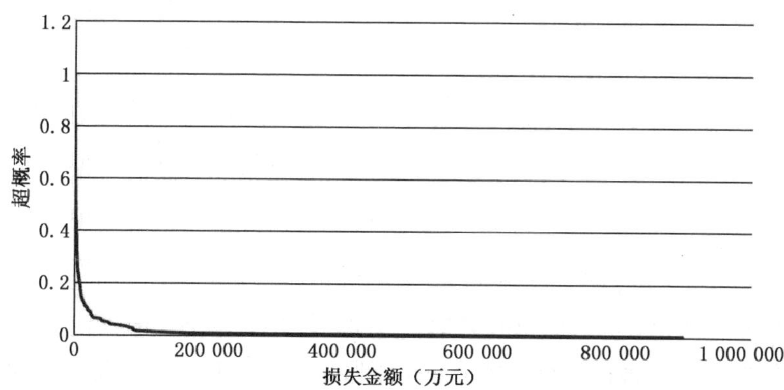

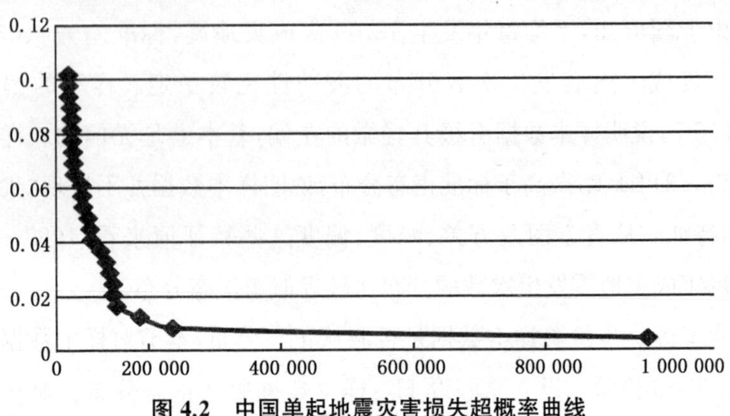

图 4.2 中国单起地震灾害损失超概率曲线

为了更清晰的显示超概率曲线尾部的变化趋势，我们将曲线尾部放大显示后置于图 4.2 右上方。从图 4.2 中可以看出，每起发生在中国大陆地区的有损失地震，将有约 2%的可能性造成 8.8 亿元以上的直接经济损失，约 5%的可能性造成约 4.5 亿元的损失，约 10%的可能性造成 2 亿元以上的损失，约 16.5%的可能性造成 1 亿元以上的损失(均按照 1990 年的币值计算)。

2. 中国年度地震损失超概率曲线构建

根据第二部分中对 1990—2011 年间年度成灾地震次数的描述统计，中国年度成灾地震次数通过了 Jarque-Bera 检验，可以认为中国年度成灾地震次数服从期望为 12.090 91，方差为 4.034 493 的正态分布。

根据第一部分中所述的模型假设和算法，使用计算机模拟生成了 1 000 年共 12 383 起地震损失事件。其中，最大的年度损失是 110.2 亿元，最小的年度损失是 0 元。这 1 000 年中每年地震灾害直接损失总额的频率直方图及描述统计如下：

在 1 000 个样本中，标准差远大于平均值，说明不同年度的地震损失总额差异非常大。样本的偏度为 6.455 0，呈现非常明显的右偏分布，说明地震损失总额小于平均值的年份数目多于大于平均值的年份数目，这在直方图中也有非常明显的表现。样本的峰度为 53.287 0，呈显著的尖峰分布。Jarque-Bera 检验的 P 值为 0，说明同单起地震灾害经济损失一样，年度地震灾害损失总额的分布也不服从正态分布。整体而言，年度地

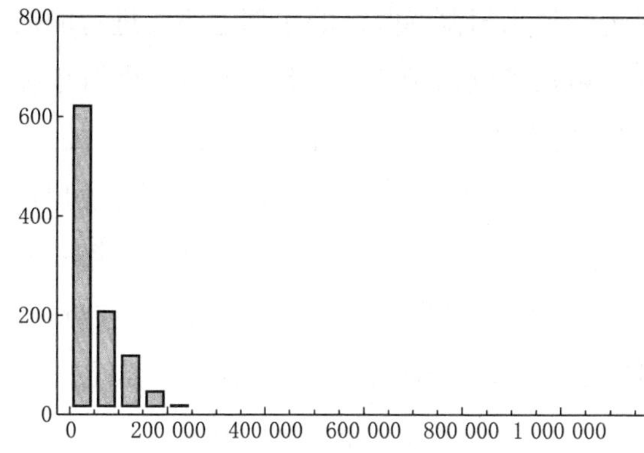

Series：LOSS
Sample Year 1—1000
Observations 1000

Mean	63 891.58
Median	35 091.37
Maximum	1 101 631
Minimum	0.000 0
Std. Dev.	108 692.7
Skewness	6.455 0
Kurtosis	53.287 0
Jarque-Bera	112 310.7
Probability	0.000 0

图 4.3　中国年度地震灾害直接经济损失计算机模拟结果的直方图及描述统计

震灾害损失总额的分布类似于单起地震灾害经济损失的分布，但年度地震灾害损失总额样本数据的波动性、出现极端损失的可能性等小于单起地震灾害损失的样本数据，整体上更加平缓。采用上文方法，使用计算机模拟生成的 1 000 个年度中国地震损失总额数据，构建中国年度地震灾害损失超概率曲线如下：

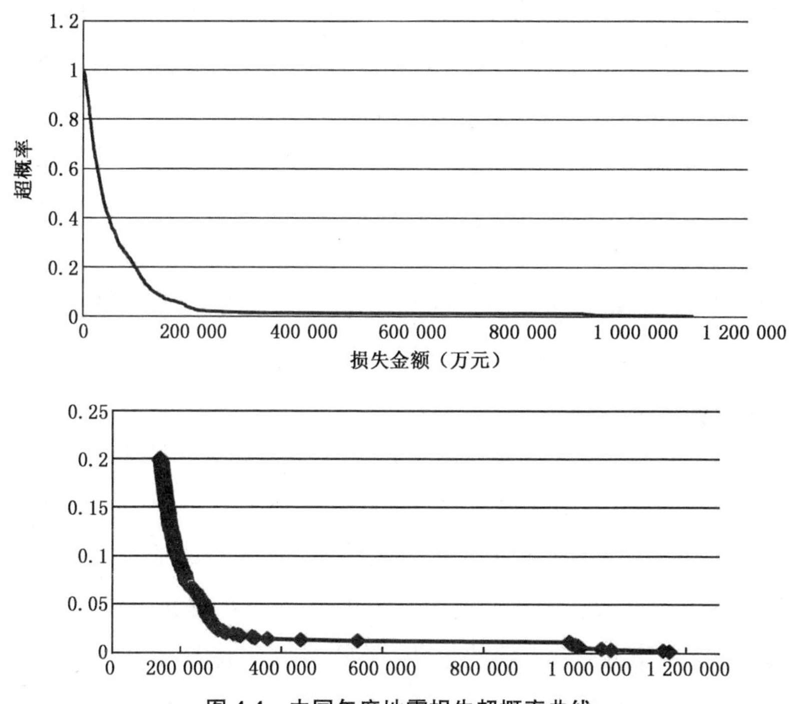

图 4.4　中国年度地震损失超概率曲线

图4.4右上方的小图是为了显示超概率曲线的尾部趋势而进行的局部放大。需要说明的是，由于剔除了汶川地震[7]，图4.4中发生概率在1%以内的年度损失规模，即超概率曲线的尾部可能并不准确。另外，在计算机模拟的算法中，每起地震的损失数据是随机抽取的，而剔除汶川地震后最大的损失事件玉树地震调整后的损失规模为89.9亿元，是第二大损失的约5倍，因此所有抽取到玉树地震的年份的总损失都比较接近，约在100亿左右。这一点在放大后的超概率曲线中有所体现。从上图可知，按1990年的币值衡量，每年中国的地震损失约有50%的概率超过3.5亿元，约20%的概率超过9.5亿元，约10%的概率超过12.9亿元，5%的概率超过18.2亿元，2%的概率超过22.7亿元。

(四) 评述与小结

不管是国外还是国内的地震灾害损失评估方法，主要都针对某一个地震灾害进行经济损失，缺少结合经验数据对大范围的地震损失发生概率和损失进行研究，从而难以在事前评估特定地区的地震损失风险。由于防震减灾、巨灾保险定价等诸多领域都要求能准确评估某一地区某一时间段内全部的地震风险大小，因此传统研究在实际应用中有一定的局限性。地震损失超概率曲线可以揭示地震灾害损失与发生概率之间的关系，直观反映出某一时间段内某一地区所面临的地震风险，从而弥补了传统研究主要对单起地震灾害进行评估的不足。本部分运用超概率曲线理论，通过构建中国年度地震灾害损失的超概率曲线，以衡量中国地震灾害风险发生的概率和损失的大小，从而提供地震灾害经济损失评估的新方法，并采用经验数据直接展现我国地震灾害经济损失的超概率曲线分布。

地震是我国最主要的自然灾害之一，每年都造成了严重的人员伤亡和巨额的经济损失。新中国成立以来发生的唐山、汶川、玉树和雅安等大地震更对我国社会造成了深远的影响。通过构建中国地震灾害损失曲线，掌握我国地震损失随机变量的分布状况，对于评估我国地震风险，开展防震减灾工作有非常重要的意义。在以往的研究中，我国学者大多把重点放在地震本身的机理研究或某起地震损失的评估上，而对我国长时间段大范围地震损失分布的研究则比较少见。这一方面是因为研究地震的学者以地质和地理学方向为主，他们对于灾害经济学这一交叉学科的研究较为有限；更重要的是因为地震灾害的低频性使得损失历史数据非常有限，难以直接通过历史数据得到地震损失的分布。

本部分运用超概率曲线理论，提出了一种在有限经验数据的基础上，通过计算机模拟生成长时期大样本的虚拟灾害事件，并以此来构建年度地震灾害损失超概率曲线的理论方法。上文在理论分析的基础上，使用1990—2011年间中国大陆地区历次地震灾害事件的损失数据，分别构建了单起地震灾害损失分布模型和年度成灾地震发生次数分布模型；根据这两个分布，使用计算机抽取模拟了1 000年12 383起虚拟地震损失事件，构成了1 000年的年度地震损失序列，以此构建了中国年度地震灾害损失超概率曲线。

中国年度地震灾害损失超概率曲线表现了中国年度地震损失规模与发生概率的关系，在实际应用中能够发挥重要作用。对于政府部门，通过中国年度地震损失灾损曲线，可以准确评估一年中全国地震损失风险的大小，为相关的防灾减灾救灾决策提供依据和建议；对于保险公司，灾损曲线提供了地震巨灾保险定价的依据，是巨灾保险费率厘定、风险评估、承保决策及风险转移中必不可少的工具；对于金融市场，根据中国年度地震损失灾损曲线可以开发出中国地震巨灾债券，从而更好地分散巨灾风险；对于普通民众，通过灾损曲线可以了解到地震损失规模与发生概率的关系，增加对地震的了解，减少恐慌。

本部分在经验数据的基础上通过计算机模拟构建中国年度地震损失超概率曲线，避免了因历史数据有限导致的准确度不足，是对地震经济损失研究的有意义的尝试。然而，本节在理论分析和超概率曲线构建中有一定的局限性，如模型假设不一定完全符合实际、汶川地震是否应舍去等问题制约着最终模拟结果的准确性。未来的研究中可以针对以上问题，进一步改进对本节中使用的方法，以使构建的中国年度地震灾害损失超概率曲线更加符合实际情况。

六、连续型产业关联模型

(一) SIM 模型

传统的 IO 模型虽然揭示了不同部门之间的生产联系和投入产出之间的数量关系,但是它的静态性限制了它在灾害评估中的广泛运用;里昂惕夫连续型动态投入产出模型虽然实现了 IO 模型的动态化,但是却存在着严重的求解问题。因此,为了更好地对灾害进行评估,需要对这两种模型进行更进一步的完善,在此基础上我们将建立连续型产业关联模型(SIM)。

早期用 IO 框架研究产业关联生产动态化可以追溯到古德温(Goodwin, 1947)和里昂惕夫(Leontief, 1951),这些模型后来被萨缪尔森和索罗进行了扩展,随后又被毛利西马(Morishima)等人进行了改进。但是这些分析主要着眼于产业间相互关系的协整性,主要采用的方法包括线性规划法和可计算的一般均衡方法。罗曼诺夫(Romanoff)等人将 SIM 模型用于在动态经济环境中的关联产业生产研究,并将时间变量离散化,这种 SIM 分析框架非常强调通过在生产结构中加入生产年表以实现静态 IO 模型的动态化。

在 SIM 模型中,生产并不像静态 IO 模型中所描述的那样是一个同步发生的过程,而是在一个时期内连续地发生。为了研究产业关联生产的动态性,我们在此主要介绍两种简化的生产模型:预期生产模型和回应生产模型。

预期生产模型可以使用的范围主要是农业部门和许多生产性部门,这些部门的生产决定往往是根据对未来的预期而做出的。假设 t 时期的产出受到 $t+1$ 期产出的影响,则预期生产模型可以表述为:

$$x_t = Ax_{t+1} + f_t \tag{4.1}$$

通过递推,式(4.1)可以转换成:

$$x_t = \sum_{r=0}^{\infty} A^r f_{t+r} \tag{4.2}$$

一方面,在预期生产模型中,第 t 期的产出是未来各期最终需求量的加权平均,权数是直接消耗系数矩阵 A 的时间序列现值。

另一方面,回应生产模型主要应用在建设部门和条例性产业部门,它假设第 t 期的产出受到 $t-1$ 期产出的影响,回应生产模型可以表述为:

$$x_t = \sum_{r=0}^{\infty} A^r f_{t-r} \tag{4.3}$$

通过递推,式(4.3)可以转换成:

$$x_t = \sum_{r=0}^{\infty} A^r f_{t-r} \tag{4.4}$$

在回应生产模型中,当期的产出是过去各期最终需求量的加权平均,权数是过去各期最终需求量的直接消耗系数矩阵的当前值。

上述两个 SIM 模型涉及的假设主要有:(1)最终需求是随时间变化的变量,但直接消耗系数矩阵 A 保持不变;(2)为了评估的简化,认为储备是充足的;(3)在预期生产模型中假定未来需求是可以完美预期的。

放松第一个假设,如果直接消耗系数矩阵 A 是随时间可变的,那么式(4.1)可以修正成:

$$x_t = A_t x_{t+1} f_t \tag{4.5}$$

进而根据递推式将式(4.5)变换为:

$$x_t = \sum_{r=1}^{\infty} \left(\prod_{k=1}^{r} A_{t+k-1}\right) \cdot f_{t+r} + f_r \tag{4.6}$$

同理,式(4.3)可以变换成:

$$x_t = A_t x_{t-1} + f_t \tag{4.7}$$

进而递推转换成:

$$x_t = \sum_{r=1}^{\infty} \left(\prod_{k=1}^{r} A_{t-k+1}\right) \cdot f_{t-r} + f_r \tag{4.8}$$

(二) 单区 SIM 模型 (预期生产模型)

SIM 模型的一个重要运用,就是通过预期生产模型和回应生产模型将生产年表很好地融入 IOM 中。SIM 模型是建立在完美信息基础之上,最终需求量的变化趋势必须是已知的。该假设只会在最终需求量是随时间缓慢变化的情况下才是有效的,然而巨灾的发生具有不确定性,在灾害发生之前厂商没有任何关于灾害的信息，但是这种信息在分析巨灾的影响过程中却是非常重要的。

在这里，我们用一个简单的例子来显示 SIM 分析的基本框架。下面展示了一个单区的三部门投入产出数据：

	1	2	3	w_i	y_i	x_i
1	0	4	2	6	2	8
2	0	0	6	6	6	12
3	0	0	0	0	16	16
u_j	0	4	8	12	24	36
v_j	8	8	8	24	0	24
x_j	8	12	16	36	24	

假设灾害在第 5 期发生，灾害发生后的每个部门的最终需求减少 20%，然后从第 6 期开始每年增加 3%，则各期的最终需求量如下：

	1	2	3	4	5	6	7	8	9	10	11	12	13
y_1	2	2	2	2	1.60	1.65	1.70	1.75	1.80	1.85	1.91	1.97	2.03
y_2	6	6	6	6	4.80	4.94	5.09	5.25	5.40	5.56	5.73	5.90	6.08
y_3	16	16	16	16	12.80	13.18	13.85	13.99	14.41	14.84	15.28	15.74	16.21
total	24	24	24	24	19.20	19.78	20.37	20.98	21.61	22.26	22.93	23.61	24.32

从投入产出表可以知道直接消耗系数矩阵为 $A=\begin{bmatrix}0 & 0.33 & 0.125\\0 & 0 & 0.375\\0 & 0 & 0\end{bmatrix}$，

各个部门之间的生产消耗关系可以用如下图形表示：

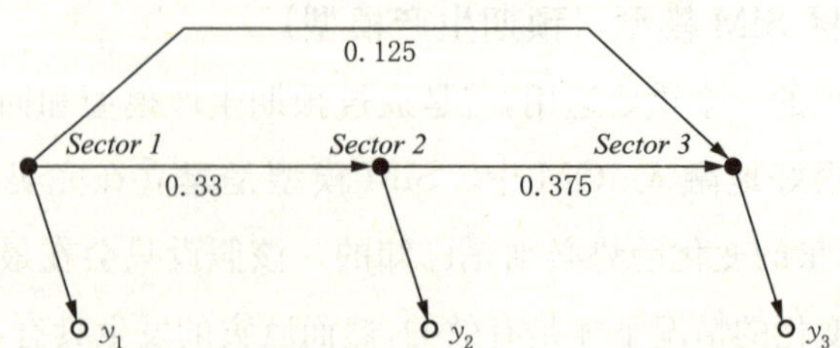

根据式(4.2)可以计算出以后各期的产出量。在此,我们以第5期为例来计算该期的产出量。

由递推公式 $x_t = \sum_{r=0}^{\infty} A^r f_{t+r}$ 可以得出:

$$x_5 = \sum_{r=0}^{\infty} A^r f_{5+r} = \sum_{r=0}^{\infty} A^r f_5 (1+3\%)^r = \sum_{r=0}^{\infty} (1.03A)^r f_5$$

$$= (\sum_{r=0}^{\infty} (1.03A)^r) f_5$$

$$= (I - 1.03A)^{-1} f_5$$

已知:$A = \begin{bmatrix} 0/8 & 4/12 & 2/16 \\ 0/8 & 0/12 & 6/16 \\ 0/8 & 0/12 & 0/16 \end{bmatrix} = \begin{bmatrix} 0 & 0.33 & 0.125 \\ 0 & 0 & 0.375 \\ 0 & 0 & 0 \end{bmatrix}$, $f_5 = \begin{bmatrix} 1.6 \\ 4.8 \\ 12.8 \end{bmatrix}$

得到:$(I - 1.03A)^{-1} = \begin{bmatrix} 1 & 0.343\,3 & 0.261\,4 \\ 0 & 1 & 0.386\,3 \\ 0 & 0 & 1 \end{bmatrix}$

因此,$X_5 = (I - 1.03A)^{-1} f_5 = \begin{bmatrix} 1 & 0.343\,3 & 0.261\,4 \\ 0 & 1 & 0.386\,3 \\ 0 & 0 & 1 \end{bmatrix} \begin{bmatrix} 1.6 \\ 4.8 \\ 12.8 \end{bmatrix} =$

$$\begin{bmatrix} 6.59 \\ 9.74 \\ 12.80 \end{bmatrix}$$

(三) 双区 SIM 模型(预期生产模型)

奥山(Okuyama)曾用双区的跨区投入产出模型对阪神大地震进行了评估,发现阪神大地震对日本的其他地区产生了明显的溢出效应。这种溢出效应主要通过跨区贸易而发生作用,并且对其他区域的影响会随着时间的推移而变得比地震发生的近畿地区还要大。虽然这种巨灾发生频率很低,但是研究巨灾的跨区影响却是非常重要的。在此,我们继续沿用第二部分的思路,并在 SIM 的框架下将之扩展为双区的区域关联模型。

考虑下面的简单双区投入产出模型:

$$\begin{pmatrix} x_{1,t} \\ x_{2,t} \end{pmatrix} = \begin{pmatrix} A_{11} & A_{12} \\ A_{21} & A_{22} \end{pmatrix} \cdot \begin{pmatrix} x_{1,t+1} \\ x_{2,t+1} \end{pmatrix} + \begin{pmatrix} f_{1,t} \\ f_{2,t} \end{pmatrix} \tag{4.9}$$

其中，$X_{i,t}$表示第i区第t期的产出向量，$f_{i,t}$表示第i区第t期的最终需求向量，$A_{i,j}$表示直接消耗系数矩阵的分块矩阵。在此，我们假定区域间贸易需要一定的运输时间，并假设这个运输时间刚好为一期。这样式(4.9)将被修正为：

$$\begin{pmatrix} x_{1,t} \\ x_{2,t} \end{pmatrix} = \begin{pmatrix} A_{11} & 0 \\ 0 & A_{22} \end{pmatrix} \cdot \begin{pmatrix} x_{1,t+1} \\ x_{2,t+1} \end{pmatrix} + \begin{pmatrix} 0 & A_{12} \\ A_{21} & 0 \end{pmatrix} \cdot \begin{pmatrix} x_{1,t+2} \\ x_{2,t+2} \end{pmatrix} + \begin{pmatrix} f_{1,t} \\ f_{2,t} \end{pmatrix} \tag{4.10}$$

将系数矩阵简化，式(4.10)可以表示为：

$$x_t = \widehat{A} x_{t+1} + \breve{A} x_{t+2} + f_t \tag{4.11}$$

其中，$\widehat{A} = \begin{pmatrix} A_{11} & 0 \\ 0 & A_{22} \end{pmatrix}$，$\breve{A} = \begin{pmatrix} 0 & A_{12} \\ A_{21} & 0 \end{pmatrix}$。

若引入延迟矩阵 Φ，并设 $\Phi x_{t+1} = x_{t+2}$，则式(4.11)可以变为：

$$x_t = \widehat{A} x_{t+1} + \breve{A} \Phi x_{t+1} + f_t = (\widehat{A} + \breve{A}\Phi) x_{t+1} + f_t \tag{4.12}$$

假设 $(\widehat{A} + \breve{A}\Phi) = \overline{A}$，则式(4.12)又变换为：

$$x_t = \overline{A} x_{t+1} + f_t \tag{4.13}$$

根据式(4.13)的递推关系，可以得到 x_t 与各期最终需求之间的关系式：

$$x_t = \sum_{r=0}^{\infty} \overline{A}^r f_{t+r} \tag{4.14}$$

可以看到，式(4.14)是式(4.2)的一个简单扩展，所不同的是式(4.14)引入了延迟矩阵 Φ(即运输延迟矩阵)。

下面的例子展示了两区的投入产出数据，我们将通过这些数据来具体说明双区 SIM 模型分析的基本框架。

	A-1	A-2	A-3	B-1	B-2	B-3	w_i	f_i	x_i
A-1	0	3	2	0	2	1	8	2	10
A-2	0	0	5	0	0	2	7	5	12
A-3	0	0	0	0	0	0	0	16	16
B-1	0	0	0	0	2	1	4	2	6
B-2	0	0	1	0	0	4	5	7	12
B-3	0	0	0	0	0	0	0	16	16
u_j	0	4	8	0	4	8	24	48	72
v_j	10	8	8	6	8	8	48		
x_j	10	12	16	6	12	16	72		

由表中数据可以计算出直接消耗系数矩阵 A 和$(I-A)^{-1}$。

$$A=\begin{bmatrix}0 & 0.25 & 0.125 & 0 & 0.167 & 0.063\\0 & 0 & 0.313 & 0 & 0 & 0.125\\0 & 0 & 0 & 0 & 0 & 0\\0 & 0.083 & 0 & 0 & 0.167 & 0.063\\0 & 0 & 0.063 & 0 & 0 & 0.25\\0 & 0 & 0 & 0 & 0 & 0\end{bmatrix}$$

$$(I-A)^{-1}=\begin{bmatrix}1 & 0.25 & 0.214 & 0 & 0.167 & 0.135\\0 & 1 & 0.313 & 0 & 0 & 0.125\\0 & 0 & 1 & 0 & 0 & 0\\0 & 0.83 & 0.36 & 1 & 0.167 & 0.115\\0 & 0 & 0.63 & 0 & 1 & 0.25\\0 & 0 & 0 & 0 & 0 & 1\end{bmatrix}$$

为了能与单区的 SIM 模型比较，我们假设最终需求没有变化，巨灾在第 5 期发生于区域 A，区域 B 没有发生灾害。灾害发生后的每个部门的最终需求减少 20%，然后从第 6 期开始每年增加 3%，两区域的最终需求的时间序列如下所示：

	1	2	3	4	5	6	7	8	9	10	11	12	13	14
f_{A1}	2	2	2	2	1.6	1.65	1.7	1.75	1.8	1.85	1.91	1.97	2.03	2.09
f_{A2}	5	5	5	5	4	4.12	4.24	4.37	4.5	4.64	4.78	4.92	5.07	5.22
f_{A3}	16	16	16	16	12.8	13.18	13.58	13.99	14.41	14.84	15.28	15.74	16.21	16.7
f_{B1}	2	2	2	2	2	2	2	2	2	2	2	2	2	2
f_{B2}	7	7	7	7	7	7	7	7	7	7	7	7	7	7
f_{B3}	16	16	16	16	16	16	16	16	16	16	16	16	16	16
total	48	48	48	48	43.4	43.95	44.52	45.11	45.71	46.33	46.97	47.68	48.31	49.01

$$x_5=\sum_{r=0}^{\infty}A^r f_{5+r}=\sum_{r=0}^{\infty}A^r f_5(1+3\%)^r=\sum_{r=0}^{\infty}(1.03A)^r f_5$$
$$=(\sum_{r=0}^{\infty}(1.03A)^r)f_5$$
$$=(I-1.03A)^{-1}f_5$$

在此，我们同样以第 5 期为例来计算该期的产出量。与单区 SIM 相同的推导过程可以得出$(I-1.03A)$等于：

$$\begin{matrix} 1 & -0.26 & -0.13 & 0 & -0.172 & -0.06 \\ 0 & 1 & -0.32 & 0 & 0 & -0.13 \\ 0 & 0 & 1 & 0 & 0 & 0 \\ 0 & -0.09 & 0 & 1 & -0.172 & -0.06 \\ 0 & 0 & -0.06 & 0 & 1 & -0.26 \\ 0 & 0 & 0 & 0 & 0 & 1 \end{matrix}$$

进而$(I-1.03A)^{-1}$等于：

$$\begin{matrix} 1 & 0.26 & 0.22 & 0 & 0.17 & 0.1 \\ 0 & 1 & 0.32 & 0 & 0 & 0.1 \\ 0 & 0 & 1 & 0 & 0 & 0 \\ 0 & 0.09 & 0.04 & 1 & 0.17 & 0.1 \\ 0 & 0 & 0.06 & 0 & 1 & 0.3 \\ 0 & 0 & 0 & 0 & 0 & 1 \end{matrix}$$

所以 X_5 等于：

$$(I-1.03A)^{-1}*f_5=\begin{pmatrix}23.36\\10.19\\12.80\\5.97\\11.95\\16.00\end{pmatrix}$$

(四) 双区 SIM 模型的回应生产模型

回应生产模型与预期生产模型最大的差异就是，预期生产模型是向前预期，而回应生产模型是向后回应，即第 t 期的产量是取决于 $t-1$，$t-2$…各期的产量。单区 SIM 模型的回应生产模型已经有式(4.3)、式(4.4)、式(4.7)和式(4.8)给出，双区 SIM 模型的回应生产模型类似于双区 SIM 模型的预期生产模型。通过相同的推导过程可以得到双区 SIM 模型的回应生产模型方程如下：

$$x_t=\sum_{r=0}^{\infty}\overline{A}^r f_{t-r} \tag{4.15}$$

考虑技术进步和技术替代的回应生产模型可以用下式表示：

$$x_t=\sum_{r=1}^{\infty}(\prod_{k=1}^{r}A_{t-k+1})\cdot f_{t-r}+f_t \tag{4.16}$$

(五) 小结

与静态投入产出模型相比，SIM 模型通过将生产年表加入静态 IO 模型框架中，从而能够更好地对灾害的损失作出动态的评估。通过本部分对单区 SIM 模型和双区 SIM 模型的分析可以看出，对不确定性事件的影响评估需要对未来的信息作出更为审慎的评估，这些未来需求信息对现阶段和以后各阶段的产出量有着重要的影响，各阶段的产出量对未来信息非常敏感。但是，要求厂商能够在灾害发生之前就对灾害发生的时期和灾后的恢复计划进行准确的预测是不切合实际的。

近年来，奥山、休因斯和索尼斯(Yasuhide Okuyama，Geoffrey J.D, Hewings and Michael Sonis)等人在这方面做了深入的研究，主要的贡献

有：(1)在 SIM 模型中加入了库存变量，通过库存变量调节由于非完美信息预期所产生的供给与需求之间的不匹配；(2)通过有限预期来修正灾害发生之前、灾害发生当年以及灾害发生后第一年的产出量；(3)通过将生产过程离散化，即不是将生产看作是同步进行的，而是在一段时间内连续进行的，引入投入时间间隔、产出时间间隔，生产期间等变量，更为详细地对灾害进行更为切合实际的评估；(4)通过产出时间间隔这个或有变量，将预期生产模型和回应生产模型进行了整合，以此说明两种模型在本质上的联系性；(5)放松了原有的 SIM 假设，充分考虑了不确定性、技术转移等对评估的影响；(6)在实现与一般工程技术模型的兼容性方面做出了巨大努力。

通过对 SIM 模型的深入研究，为灾害发生国的政府提供了许多有益的灾后重建建议，诸如灾后经济的恢复与重建需要有良好的规划，否则会出现阶段性的建设物资匮乏的问题(supply constraints)。另外，由于重建是分阶段进行的，通过对暂时关键部门的分析可以知道在重建的特定阶段哪些部门是最为重要的部门，政府可以将更多的资源配置到这些部门，以保证灾后重建的有序进行；通过对不同部门的分析，可以使社会资源实现最优化配置。显然，这些建议对政府能够在灾害发生后迅速采取正确的对策以保证灾后重建的顺利进行是非常重要的。

七、其他常用的灾害经济损失评估模型

(一) 投入产出模型 (I-O Model)

基本的 I-O 模型由经济学家里昂惕夫在 1936 年提出，是基于一般均衡理论，把经济体系中各部门的相互依存关系通过线性方程组(矩阵)进行描述，以此揭示国民经济各部门的技术经济联系，研究一国经济结构变动的内在机理。I-O 模型要以投入产出表(见表 4.6)为基础，我国自 1987 年开始编制 33 部门投入产出表，目前开始多次编制投入产出表，披露的部门数量也逐渐增多。

表 4.6　投入产出表

产出→ ↓投入		中间使用					最终产品	总产值
		部门 1	部门 2	…	部门 n	小计		
物质消耗	部门 1	x_{11}	x_{12}	…	x_{1n}	E_1	y_1	x_1
	部门 2	x_{21}	x_{22}	…	x_{2n}	E_2	y_2	x_2
	⋮	⋮	⋮		⋮	⋮	⋮	⋮
	部门 n	x_{n1}	x_{n2}	…	x_{nn}	E_n	y_n	x_n
	小计	C_1	C_2		C_n	C	y	x
新创造价值	劳动报酬	V_1	V_2	…	V_n	V		
	纯收入	m_1	m_2	…	m_n	m		
	小计	N_1	N_2	…	N_n	N_0		
总产值		x_1	x_2	…	x_n	x		

根据投入产出表，可计算各部门的直接消耗系数 R_{ij}，即在生产经营过程中，单位总产出直接消耗的各中间投入的比例，计算方法为 $R_{ij}=X_{ij}/X_j$。由全部直接消耗系数构成的矩阵称为直接消耗系数矩阵 A。再根据投入产出表总投入等于总产出的平衡关系，可得：

$$Ax+y=x\Rightarrow x=(I-A)^{-1}y$$

其中，$\bar{B}=(I-A)^{-1}$ 称为里昂惕夫逆矩阵，反映了生产一单位最终产品直接和间接消耗各部门产品的需求。将该逆矩阵系数进行列合计 a_j，反映的是 j 部门最终产品产出变化对于国民经济所有部门产出水平的影响，当 $a_j>1$，说明 j 部门对其他部门产出影响程度超过社会平均影响力水平。当在灾害损失评估中，该系数是确定高阶损失的关键。

由于 I-O 模型立足于国民经济各部门的产出关系进行分析，在灾害损失评估中具有一定优越性，其可根据各部门的损失数据，估算整个社会的经济损失。其模型构造简单，计算方便。此外，根据投入产出表的框架，损失数据采集更具针对性，易于实行。投入产出表提供了清晰的经济体系结构，有助于一国决策者在短时间内作出高效的灾害救助决策。

但基本的 I-O 模型自身存在诸多前提假设和限制，使得其在损失估算中，与实际状况相悖。第一，I-O 模型作为静态分析方法，假定各部门产出为线性关系,即一部门的产出变化将以固定比例影响其他部门,考虑到各部门自我市场调节能力,这一假定显然不合理。第二,I-O 模型假定一国经济为封闭体系,不存在国际贸易,对于投入亦不存在进口替代效应,这在 I-O 模型推行初期或许可行,而在如今全球化的时代背景下业已过时。第三,也是最重要的一点,I-O 模型作为瓦尔拉斯一般均衡的简化,忽略了价格对国民经济各部门的调节作用,专注于研究数量对于经济结构的影响。虽然投入产出表分为实物型和价值型两种表,但由于其静态分析的手段,不能反映价格变动对实际损失的影响。投入产出分析方法适用于实行计划经济,而非以市场经济为中心,以价格调节机制为主体的国家。

为了解决以上问题,不少学者对 I-O 模型进行了改进,研究方法论上得到长足发展。例如,庞塔纳科伦和汉密尔顿(Pongtanakron and Hamilton, 1983)尝试构建了非线性的投入产出模型;布瓦韦尔(Boisvert, 1992)和科克伦(Cochrane, 1997)分别研究了国际贸易的进口替代效应对于灾后损失的影响;奥山在 I-O 模型中加入了时间以及市场调节能力的考量。这些虽然加强了 I-O 模型的适用性,却使得投入产出分析的计算复杂化,因而这些改进并没有促成 I-O 模型在国际范围内的广泛使用。在 I-O 模型的基础上建立的可计算一般均衡模型获得了更多关注。

(二) 可计算一般均衡模型 (CGE Model)

CGE 模型最初由乔纳森在 1960 年提出,70 年代该理论模型得到迅速发展。CGE 同样以一般均衡模型为基础,通过小国经济的前提假定,将出口价格视为外生变量,作为所有商品价格的衡量标准。通过分析供需函数、研究供需关系,在所有经济主体都最大化其效用的前提下,根据市场出清原则了解市场各微观主体的相互经济关系。在此理论下,通过衡量灾害对于经济外部冲击所导致的市场价格和产出变化,即可得到灾害的损失数据。可计算一般均衡模型(Computable General Equilibrium, CGE)(Cochrane, 1984; Rose and Liao, 2005; Tirasirichai and Enke, 2007)通过诊断灾害发生前后两个均衡状态下就业、生产力水平、福利和相对价格等经济变量的变化来估算灾害造成的经济损失。

CGE 模型的优越性在于其将价格变量引入模型中，以灵活的非线性关系描述各部门的生产关系，并考虑到了国际贸易的进口替代效应，同时还继承了 I-O 模型原有的优点，强调“一般”及“均衡”的特点，运用 CGE 模型进行灾害损失评估更具现实意义。

在供给方面，CGE 模型将厂商设定为在技术条件既定情况下追求利润最大化的生产者。其生产函数可以用一个三阶段的里昂惕夫/CES 生产函数来表示。假设一国经济有 n 个产业部门，由于受技术水平限制，第一阶段的生产函数可以用里昂惕夫生产函数来表示：

$$Y_j = Lim(X_{ij}, \cdots, X_{nj}, I_j);$$

其中，X_{ij} 是 j 部门向 i 部门投入的中间产品数量，I_j 是 j 部门启动生产的原始要素投入。利用里昂惕夫生产函数既符合生产者追求利润最大化的假定，也直接避免了部门之间线性生产关系的假设。

第二阶段考虑国际贸易的影响，部门之间中间投入的商品存在进口替代效应，因而需将部门间中间产品投入细化为用 CES 表示的函数：

$$X_{ij} = CES(X_{ij}^D, X_{ij}^F);$$

第三阶段原始投入还需进一步细分资本(K)、劳动力(L)和土地(T)的构成，由于三要素存在不完全替代关系，同样需用 CES 函数进行表示：

$$I_j = CES(K_j, L_j, T_j)$$

从需求方面而言，CGE 模型将社会总需求划分为最终消费需求、中间产品需求和投资需求三部分，总需求函数即是这三种需求总和。同时，从微观层面又将消费者分为居民、企业和政府三类。居民和企业类消费者在既定的预算约束下追求效用最大化，可根据预算约束线和无差异曲线的切点求出两者的消费需求。同时，也要注意进口商品对消费者带来的替代效用，以 CES 函数表示为：$D_c = CES(D_c^D, L_c^F)$。而政府作为公共产品提供者，不能以效用最大化来描述其需求函数，因此在 CGE 模型中，政府的需求被视为一个外生变量。

市场的供需关系由一系列市场出清及宏观均衡条件所决定，包括商品市场出清、劳动力市场出清、资本市场出清以及投资储蓄平衡、政府预算平衡以及国际收支平衡等条件。在理论上,一般均衡要求所有市场同时达到出清,但在实际操作中并不可行,因而需要对出清条件进行取舍,从模型中剔除一些次要的约束条件,这一构造在CGE模型中被称为宏观闭合。

根据鲁滨逊(Robinson, 1991)的定义,封闭CGE模型可分为新古典主义CGE模型和结构主义CGE模型。新古典主义模型主要以商品市场和劳动力市场出清为约束条件,分析国民经济各部门间的生产技术关系;结构主义模型关注一国经济结构特征,以制度经济分析和政治经济学为基础,着重分析各微观主体间的相互作用。对于灾害损失评估而言,在构造出市场整体的需求供给函数后,可根据新古典主义CGE模型的一般均衡分析,掌握国民经济各部门的相互关系,以此测算灾害造成的总体损失。

除灾害损失评估外,CGE模型被广泛地用于税收政策评价、国际贸易分析等领域。通过构建多层次的供需函数,引入以价格为主导的市场调节机制。CGE模型有效克服了I-O模型的弊端。进一步,若将CGE模型中供给及消费的进口替代弹性设为零,出口替代弹性为竞争性,劳动力、资本、土地供给完全弹性,CGE模型可退化为一个I-O模型(Mcgregor, 1996)。因此,I-O模型是CGE模型的一种特殊情况。

但该模型也存在着自身弊端:第一,CGE模型强调小国经济,在分析过程中将各经济主体视为价格接受者,因而不适用于大国情况;第二,CGE模型考虑了进口替代效应,但替代弹性难以测量,需要前期数据的大量积累和模型的精准运用,否则测算数据容易与实际损失背离;第三,大部分CGE模型以某单一年度数据为基准进行数据采集,若运用CGE模型对灾害进行事前预估,则模型对于基准年度的数据非常敏感。

(三) 小结与评论

除I-O模型和CGE模型外,另有其他。其他一切其他用来评估经济损失的模型也被学界广泛关注,包括存流量分析模型(Parker et al., 1987)、投入产出与需求函数模型(Peskin, 1965; Rose et al., 1997;

Okuyama，2004)、投入产出与生产函数模型(Wetzler，1970)、线性规划模型(Cochrane，1974)等等。

不同的灾害经济损失评估模型都存在优点和缺点。真是因为常用的经济损失评估模型的缺陷，所以不同的评估方法均有所使用，同时也期待进一步的创新。比如，以投入产出为理论基础的各种模型建立在静态评估的基础上，缺乏对经济弹性的考虑；一般均衡模型和计量经济模型对基础数据和校准水平要求较高；存流量分析模型、宏微观尺度分析法等应用经济模型更多关注灾害造成的有形物质毁损的直接经济价值，但是忽视了投资环境恶化、消费投资抑制等间接无形损失。由于各种模型都是对灾害损失的一种抽象，导致计算结果与事实损失之间存在误差。

基于对灾害损失评估基本原理、核心问题介绍及主要模型分析而言，无论使用何种损失评估模型都有其一定的局限性。比如我国并非每年都对投入产出表进行编制，运用 I-O 模型进行灾害损失评估已不太适用。而作为一个资源大国，我国往往是商品市场价格的影响者而非接受者，因而若在我国运用 CGE 模型进行灾害损失评估，仍需对模型进行改进，从理论和实证角度更契合我国的宏观经济环境。

此外，如何建立一套标准的损失数据采集流程，如何准确量化市场调节能力和政府决策能力，如何有效克服市场失灵都是灾害损失评估发展所关注的问题。灾害损失评估的作用不仅在于对灾害损失进行全盘估计，一个更为重要的研究方向是确定灾害损失的分布影响，基于灾害的作用影响实行区域划分，实施具有针对性的风险管理方法，进行有效的风险预防及灾后救助，使得灾后救助效应最大化，实现区域乃至社会整体的公平。

注　释

[1] 世界减灾大会是联合国重要的会议，本次大会共有世界各国 2 800 名政府代表参加，是迄今为止在日本召开的规模最大的联合国会议。

[2] 由于工作量的问题，收集汇报每一场灾害中的每一个受损物件的尺寸是不现实的，联

合国建议各国用平均尺寸来替代每一个单个物件的尺寸。通常这些数据可以从官方统计数据或其他各部门编制的统计数据中找到，比如，房屋的平均尺寸数据可以从房屋统计数据中找到。一些情况下，使用中位数或者众数则更为合适，有时数据更齐全的话，也可以选用加权平均数。当有的国家本身无法提供这些统计数据时，联合国减灾署（UNISDR）也发布了一些全球性数据供使用。

[3] 陶正如和陶夏新(2004)提出了通过工程地震风险评估得出超概率曲线，进而实现地震保险费率厘定；刘欢等(2012)借助地理信息系统分析了中国地震灾害造成人员伤亡的风险，并得出了地震灾害人口灾损曲线。

[4] 实际上，随着经济社会的发展，一个地区的财富积累会越来越多。在其他条件不变的情况下，同样破坏程度的地震造成的损失应该是越来越大的。再加上通货膨胀因素的影响，严格来说，在长时间跨度中，地震损失的分布会有一定变化。

[5] 目前对地震的形成机理及不同地震事件之间的相互作用科学界仍然没有明确结论，现实中不同地震事件之间的确可能会有一定的因果关系，并不一定是完全独立的。

[6] 财富积累也对地震有放大效应。有文献（Banks，2005）使用 GDP 作为衡量财富积累的指标，但是财富积累是存量，而 GDP 是增量，因此将 GDP 作为衡量财富积累的指标并不合适。本节因此仅考虑通货膨胀的影响。

[7] 在上千年的时间段上，汶川地震级别的地震损失事件是很有可能多次发生的，并不能被忽略。但是从本节所采用的 22 年 247 起地震损失数据来看，若根据贝努里大数定律而赋予汶川地震 1/247 的发生概率，则未免过高。由于汶川地震的直接经济损失远大于其他地震之和，任何对其发生概率的猜测，如千分之一或千分之二，在模拟中都会对总期望损失造成非常显著的影响。在无法确切确定汶川地震级别极端地震损失事件发生概率情况下，本节在计算机模拟中剔除了汶川地震。

第五章
自然灾害灾前防御的经济学分析

一、灾前防御与灾后救助

随着各种灾害所带来的经济损失愈增愈大，各国政府都采取不同的措施进行有效的管理。在这些管理措施中，既包括提高民众的风险预防措施、修筑灾害预防工事、引导和参与保险公司提供各种灾害保险产品和调动企业参与各项灾害防治计划等等灾前的预防措施，也包括在灾害发生后对受灾地区的民众给予灾后恢复生产生活的救济、修复受灾地区基础设施和帮助灾区进行灾后重建等灾后救济措施。

灾前防御与灾后救济都是灾害管理中必要的手段和方法。但是当我们思考哪一种方法和手段更加有效率、更能够减少灾害所带来的损失和迅速消除灾害对社会所带来的消极影响的时候，我们不得不对各种救济手段作相应的划分，探讨它们之间的替代或者互补关系。

灾前防御是目前世界上绝大多数国家政府进行灾害管理的主要措施。这些措施的共性在于它们首先致力于避免或者减少灾害发生的概率，谋求灾害发生时充足的灾后补偿款项和重建资金。常见的方法包括：风险意识的普及、预先警报系统的构建、紧急情况下的人员撤离与疏散训练、高危地区灾害救济工具的配备、高危地区房屋建造的许可证审批等等。此外，通过政府构建灾害保险保障基金、政策性再保险制度安排、巨债风险证券化等等融资安排也归属到灾前防御的措施中。

2010年新西兰地震所创造的零死亡奇迹便是灾前防御的成功案例。2010年9月4日凌晨4时35分，在南半球的新西兰南部爆发7.1级强震，地震造成了广泛破坏。这次地震是新西兰近80年来最为严重的地震，但是在地震中却无人死亡。称本次事件为奇迹的原因还在于与同年爆发的海地地震相比，新西兰本次地震震级与海地地震震级相当，但遭破坏程度却远远小于后者。新西兰地震之所以创造了零死亡率的奇迹，主要归功于政府对灾前防御的重视，首先是政府对房屋建造与管理上充分考虑了地震风险发生的可能性并采取相应的建筑防御措施，其次新西兰政府重视灾害防御工作，灾害防御机制行之有效。政府对自然灾害实行综合管理，专门设立政府民防部，从中央政府到州府、地方三级政府均设有防灾减灾机构。一旦发生全国性重大自然灾害，国家便进入紧急状态。此外，保险公司在新西兰地震管理中也发挥了积极的作用，根据风险评估公司报告显示，新西兰在本次强震中整体保险理赔额度将高达45亿美元，这一部分资金将对新西兰地震受灾地区的灾后重建工作发挥着重大的作用。

众所周知，采用安全预防措施、设立有效的应急机制和制定突发事件计划可以有效地减少巨大的自然灾害或者人造灾害所带来的巨大经济损失，但是它们却不能绝对地消除这些经济损失。发达国家的政府重视对这些潜在的经济损失进行灾前的防御和减少可能发生的损失额度，其动机来源于多个层面：首先，当各种灾害发生的时候，政府的资产比如建筑物或者基础设施等等首先面临的被破坏的风险。其次，在一些国家中政府在灾害管理中的效率和过失很容易成为其他政党，尤其是反对党攻击的题材，使执政党面临着巨大的舆论压力。在法治国家中，政府还往往需要对受灾地区进行灾害救济、对灾害中遇难者家属进行抚恤、承担相应的社会责任。这些措施无疑增大了政府的财政压力，使得他们不得不在灾害发生前进行必要的规划和预防，从而降低潜在的经济损失。

各国政府管理灾害的资金来源各不相同。有的国家通过设立特殊灾害救济基金、提升保险公司在灾害救济体系中赔付的覆盖面等等灾前资金安排，有的国家和政府则重点关注灾害发生后的紧急救助，对灾害发生的损失直接给予民众补偿等灾后的资金安排。

灾前防御和事先的资金安排之所以被大多数国家所采纳，其主要原因在于灾后救济和灾后的救济补偿具有很大的局限性。灾害发生后的灾害救济和补偿往往效率低下并且目标不明：救济款项层层划拨影响了救灾的及时有效、极端灾害损失惨重加大了政府的财政压力、有限公共财政资源的赈灾利用损害了其他利益集团的既得利益、灾后救济势必伴随不平等与不合理等等。而且，关键的局限性还在于灾后救济会降低民众对于灾前采取预防措施的动机，使他们容易过分地依赖于灾后的救济和补偿。从这个层面上看，灾前预防与灾后救济存在着一定的替代关系。

经济学上探讨的慈善的两难困境(Samaritan's Dilemma)，实际上非常适合于应用在灾前防御与灾后救济到底是替代关系还是互补关系的探讨中。慈善的两难困境是指对低收入者的普遍援助减少了引起贫困选择的机会成本，因此向穷人提供收入转移和消除贫困的激励性行为之间存在冲突。也就是说，如果政府向受灾地区的民众提供灾后的补偿与援助的话，这部分地区的民众就会缺少灾前采用相应的防御措施的动机，比如灾前购买保险或者采用其他预防性措施等等。这种慈善的两难困境造成了灾前防御与灾后救济的互相替代性，影响了灾前防御措施的执行效率与实施效果。

土耳其的地震保险是一个可以用来佐证慈善的两难困境的例子。2000年土耳其政府在世界银行的帮助下，由土耳其政府、保险公司和世界银行共同建立了土耳其巨灾保险联合体(TCIP)，作为直接保险人专门承保地震造成的损失。政府制定法律将地震保险确立为强制性保险，政府负责巨灾保险基金运作机制的设计、运行和监管等事宜，主导开发强制性地震保险条款。此外，土耳其政府还作为巨灾保险联合体的再保险人，以政府信用为地震保险实行担保。然而在土耳其巨灾保险联合体成立以后，政府依然在地震灾害发生或对那些虽然具有投保义务，但是实际上并没有投保的受灾群体给予补偿和援助，从而大大地降低了土耳其民众参保巨灾保险联合体的热情和动机，给灾前防御措施的实施带来负面的影响。

世界各国政府对灾前防御与灾后救助的替代或者互补关系认知程度各不相同。有的国家认为这是一种替代的关系，比如意大利政府对灾害的管理仅仅采用灾后救助这一方式，在发生灾害以后对受灾地区的民众和企业给予灾害损失的相关补偿，辅以非常有限的保险赔付；瑞士政府选择灾前防御作为唯一的一种灾害管理方法，该国的财产保险合同中往往包括对灾害的赔付条款，而且地震保险从2008年开始被确认为该国的强制性保险险种，借助保险公司进行灾前的防御工作。有的国家认为灾前防御与灾后救助是一种互补关系，政府将部分灾害损失的赔偿责任转移到保险公司，而自己也同时承担了部分的灾害损失补偿。比如捷克共和国在2002年洪水所造成的经济损失中，50％的经济损失通过保险公司的赔付对受灾地区民众进行补偿，50％的经济损失则由政府承担进行受灾补助；2005年美国因为飓风所造成的经济损失高达2 000亿美元，其中保险公司的赔付为600亿美元，剩下的经济损失则通过政府补助和社会慈善等方式予以承担。

事实上，很难将灾前防御和灾后救济做非常明晰的互补或替代的切割。针对不同的灾害应该选择不同的管理方式，这样才能使灾害管理本身更具效率。比如我们普遍认为灾前防御可以比灾后救济更加合理和有效，但是对于类似“9・11”这样的特大灾害，很难对其进行有效的灾前防御；又如偏僻地区的自然灾害管理，灾前防御的成本可能非常之高。类似这样的灾害，灾后救济会比灾前防御来得更有效率，成本也相较更低。政府部门和保险公司在设计相应的灾害管理机制时，应当充分考虑灾害的属性，结合灾害管理方法的互补性或者替代性选择合适的管理方法，提高灾害管理的效率和水平。

无论是灾前防御还是灾后管理，都和我们的日常生活息息相关。灾害管理的主体涉及个人、社区、政府、国际机构和非政府组织等，手段包括预防、自保、保险和互助等多种形式。表5.1分析了灾害管理的主要手段。

表 5.1　灾害管理的主要手段与方法

措施	个人/家庭	社　　区	政府和国际组织
预防	持有多样化资产、拥有多种收入来源	群体转移到安全区域	建立好的分析和系统传递风险信息（灾害风险资料、提高公众意识、早期预警系统）
	在保护和维护资产上投资（定期维修）	社区培训项目	公共工程
	永久性移民	本地公共品的服务（以社区为基础的信息系统，小规模的灌溉以及基础设施建设）	明晰界定并加强产权，同时，可预测的政策以及政治体系
自我保护措施	持有金融和非金融产品（家畜、储粮、耐用品）	本地借贷和存款机制	为不同资产（包括家庭资产）提供便利市场
		公共财产资源介入	随时能够获得即时的市场价格
			充足的物质和社会基础设施
保险市场	财产以及巨灾保险	小微金融（半正式）	主权预算保险和巨灾债券
	农业保险	储蓄及信贷协会	
		谷物银行	
应对（救济和恢复）	临时的迁移加剧或家庭劳动力的大量投入	临时性储蓄及信贷协会	安全网络（现金转移支付和公共工程）
	利用社会资源（信贷、食物、慈善/施舍）	家庭间转移和私人间汇款	社会投资项目（社会基金）
	消耗人力资本和物质资本存量	公共就业保障体系	灾害援助基金或食物捐赠资助（或有负债）
	减少或最小化家庭支出		

二、灾前防御的理论分析

本节同样借助上一章节的分析工具超概率损失曲线来对灾前防御措施进行经济学的分析，表达灾前防御的作用。大部分自然灾害的风险评估需要考虑四个主要模块:(1)危险模块刻画了危险概率特征,描述了会影响风险的特质:估计发生地、灾害级别和其他相关特质的年度概率。(2)风险暴露模块描述可能会被损害的一个或多个结构。描述结构脆弱性的关键特征也被定义。(3)易损性模块估计在给定灾害程度下的风险敞口。(4)财务损失模块借鉴了这前三个模块来进行超出给定的概率损失估计。在综合这几个模块的基础上,可以用超概率损失曲线来表达一个地区的灾害风险和减灾投入的作用。

图 5.1 反映了灾前防御的经济效用。纵轴表示某一地区灾害发生的超概率,以超概率曲线 EP_0 为例,A 点表示自然灾害发生造成损失超过 $L1$ 的概率,即 $1/A$ 年发生一次的自然灾害。横轴表示灾害的损失,比如损失超过 $L1$、$L2$ 等等。EP_0 表示在没有采用灾前防御措施前的灾害损失超概率曲线,EP_1 表示采用了灾前防御措施以后的灾害损失超高率曲线。由图 5.1 可以看出,当采用了灾前防御措施以后,灾害损失将相应减少,超概率曲线也随之下移,由原来的 EP_0 下移至 EP_1。举例而言,假设 $C=0.5\%$,表示此类灾害为两百年一遇。在没有采用灾前防御措施时,灾害发生造成的损失为 $L2$,如果采用了灾前防御措施,则损失可以减少至 $L1$,灾前防御的经济效用为($L2-L1$)。

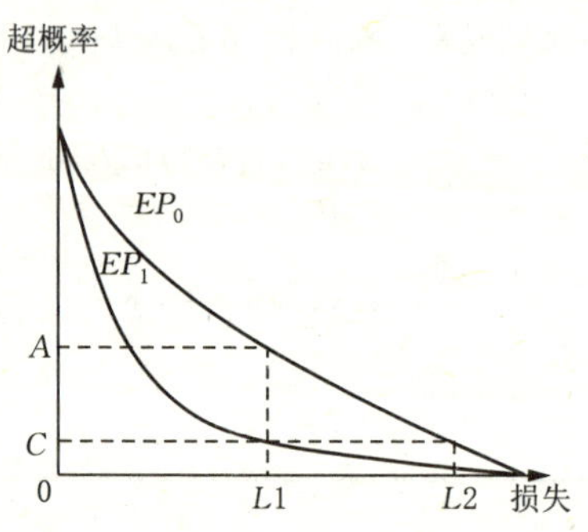

图 5.1　灾前防御的经济效用分析

灾前防御的经济效用还表现在灾害损失概率的下降上。假设 $A=1\%$,表示当没有采用灾前防御措施时,该地区发生损失 $L1$ 的自然灾害的概率为 1%,即一百年一遇的自然灾害。在采用了灾前防御的措施以后，同样是损失为 $L1$ 的灾害，发生概率下降为 0.4%，即灾害由原来的一百年一遇变成两百年一遇。

在进行灾前防御的经济效用分析以后，接下来需要重点考虑灾前防御的成本—收益分析。因为并非所有的灾害投入防灾的成本都能够带来相应的收益的，也就是说防灾减灾投入存在最优化选择的问题。为了更好分析这个问题，本节同样采用图形分析法来解释灾前防御的成本—收益问题。

图 5.2 中，纵轴表示灾害造成的损失，横轴表示灾害防御能力。曲线 L 表示灾害损失曲线。L 曲线是一条向下倾斜的曲线，表示灾害的损失和灾害防御能力存在着反向的关系，灾害防御能力愈强，灾害损失将变得越小。从 L 曲线斜率的变化可以看出，在灾害防御的前期，灾害防御能力的微小提高都能带来灾害损失的大幅度减少，但是随着灾害复杂性的加剧、灾害严重程度的增加，对灾前防御的要求也变得更高。因此，L 曲线的后半段表现为灾害防御能力每一单位的增加所能够带来的灾害损失的减少也相应的变小。

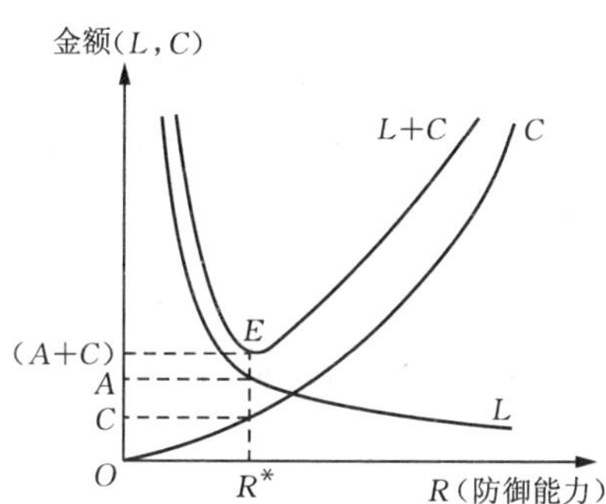

图 5.2　灾前防御的成本—收益分析

C 曲线表示灾害防御投入的成本，它是一条向上倾斜的曲线，灾害防御成本与灾害防御能力存在着正向的关系，表示随着灾害防御投入成本的增加，灾害防御也相应的增强。同样，从 C 曲线的斜率可以看出，在灾前防御的前期，灾前防御成本的投入会带来很高的防灾效应，表示为同样金额的投入能够带来灾害防御能力的显著提高，但是随着 C 曲线的上移，后期同样单位的金额投入所带来的灾害防御能力 R 的增加将进一步减少。

$L+C$ 曲线为灾害损失与灾害防御成本之和，它表现为一条先下降后上升的曲线，经济含义为灾害防御所带来的经济效果，也就是说当 $L+C$ 最小时，表示减灾投入最优(成本最小化，图 5.2 中的拐点 E)。当灾害防御成本收益最优时，灾害防御的总损失(支出)为 E，并且 $E=A+C$。其中，自然灾害所造成的损失为 A，灾害防御所需要的成本支出为 C。

在 E 的左侧，表示为 $L+C$ 曲线是下滑的曲线，灾害防御成本收益并没有达到最优，这个时候增加灾害防御支出是有效的，即灾害防御的支出可以带来总损失的减少。在 E 点达到最小化以后，E 的右侧的 $L+C$ 曲线是向上的曲线，这个时候增加灾害防御支出是无效的，即灾害防御的支出并不能带来总损失的减少，反而增加了总的支出。理性的经济人也会为此减少灾害防御的投入。

值得一提的是，我们在提倡灾前防御的同时也必须清楚地认识到，并不是所有自然灾害都可以通过灾前防御来降低损失，举一个比较极端的例子，比如当发生某个具有“摧毁性”自然灾害的发生概率为 100%时，灾前防御便显得效用不大。所以，灾前防御是灾害管理中一种常用的方法，但是表 5.1 所列示的保险、自我保护等其他手段和方法同样重要，有时候还需要不同的方法同时使用才能够应对重大的自然灾害损失。

三、个体的灾前防御

个体在日常生活中常常会面对灾前防御进行选择，而且每个人的选择都可能不同。有人买了昂贵的车来降低致命事故的风险，有人选择便宜但脆弱的汽车再加上保险。同样，一些农民通过在分散的地块种植不同的作物，牺牲了一些收成，但降低了风险。非正式的安排(与邻居的互惠互助)也能够减少断腿伤残或家中牛死亡的损失，但这样不能完全处理同时影响的整个社区的灾难所带来的风险。

个体的灾前防御的选择，实际上和个人的风险认知密切相关。这里需要强调的是,个体面对灾害所呈现的风险态度已经被学界所证明有异于其他的风险,这种风险被学界称为“小概率高损失”(LPHC, low-probability-high-consequence)风险(Ganderton et al., 2000; McClelland et al., 1993; Schoemaker and Kunreuther, 1979)。

早在20世纪70年代,经济学界便开始用实验经济学的研究方法来检验个体对灾前防御的风险认知。起初实证方法的研究条件比较简单,大部分研究均采用在布袋里放置不同颜色的球,比如在一个布袋里放置99个黄球和1个红球,代表巨灾发生的概率为1%(抓取到红球的概率)。红球的数量可以增加,表示巨灾发生概率的增加。休梅克和昆鲁士(Schoemaker and Kunreuther, 1979)和斯洛维奇等人(Slovic et al., 1977)就是采用这种方法进行实验研究,他们的实验控制了巨灾发生的预期损失 $E(X)=\text{Probability} * \text{Loss}$,在不变的预期损失下通过P与L观测实验者的反应。两个研究均发现了相同的结论,即随着风险概率的降低,实验者购买保险的意愿也相应的降低,甚至在“小概率高损失”的情况下会发生保险需求为零的情况。这一研究证明了巨灾风险的特殊属性是影响着人们灾前防御的态度。

格兰顿等人(Granderton et al., 2000)改变了休梅克和昆鲁士(Schoemaker and Kunreuther, 1979)和斯洛维奇等人(Slovic et al., 1977)控制预期损失的方法,在不同的实验回合中通过调整预期损失 $E(X)$ 和灾害发生概率 P 来观测实验者的反应。其研究同样发现随着灾害发生概率与民众采取灾前防御措施的需求成正向关系,即当灾害发生的概率降低时,灾前防御需求也降低。这一研究同样表明巨灾的“小概率高损失”是影响需求的重要因素,即人们往往因为这种小概率事件而予以低估和忽略。

二阶段累积前景理论可以用来很好的解释民众对于灾前防御所采取的态度。相比较于累计前景理论而言,二阶段累积前景理论能够将主观概率代入到累积前景理论的权重方程中,因此更加能够反映出个体面向自然灾害是寻求防御措施的主观性和经验认知的影响。当个体在决定是否增加灾害防御的投入,减少灾害造成的损失视为博弈 j 时,其总价值函数为 $V(x_i, p_i)=\sum_i \pi(p_i)v(w_i)=\sum_i \pi(p_i j_i)v(x_i j_i)$。

对于单个博弈 j，代表概率的决策权重函数为：

$$\pi(pj)=\begin{cases}\dfrac{pj^{\gamma}}{[pj^{\gamma}+(1-pj)^{\gamma}]^{\frac{1}{\gamma}}},\ xj\geqslant 0\\ \dfrac{pj^{\delta}}{[pj^{\delta}+(1-pj)^{\delta}]^{\frac{1}{\delta}}},\ xj<0\end{cases}$$

其中，γ 和 δ 分别代表收益（表现为采取灾害防御所带来的总损失的下降）和损失（表现为没有采取灾害防御手段下的灾害损失）的参数。价值函数为：

$$v(xj)=\begin{cases}xj^{\alpha},\ xj\geqslant 0\\ -\mu(|xj|)^{\beta},\ xj<0\end{cases}$$

其中，α 和 β 分别代表收益（表现为采取灾害防御所带来的总损失的下降）和损失（表现为没有采取灾害防御手段下的灾害损失）的参数。这个价值函数体现了个体在面对收益和损失时候风险选择凹凸性的差异，进而反映出个体在面对巨灾损失时的心理状态，从理论上说明个体在灾害防御上可能存在的侥幸现象（最后能采用图形分析法，使得更加直观，后续研究考虑补充）。

四、政府的灾前防御

尽管灾前防御的重要性不言而喻，但是对于政府而言灾前防御还是存在着问题，因为预防很难使一个具体的预算科目，政府预防既包括基础设施的建设、维护，同样也包括民众灾害风险意识的科普和其他开支等等。政府的灾前防御的支出，包括识别风险（灾害风险地图的制作、危害风险评估）的支出、减少风险（物质或建筑产品能够承受的损害、修筑防洪堤坝等等）、风险转移（购买巨灾保险）和灾害防备（早期预警系统与公共培训及风险和预防的认识）。以后章节还将重点对利用保险工具进行风险转移进行论述。

（一）风险识别

灾害风险地图的编制、风险的评估，能够有效地帮助人们对灾害进行提前的防御。然而由于这项工作具有准公共产品特征，因此需要政府进行必要的投入。德国在这方面具有很好的经验值得中国借鉴。

洪水是德国常见的自然灾害之一。仅过去10年，德国便经历多次洪涝灾害，比如2002年、2005年和2010年德国都发生大规模的洪涝灾害。强暴雨和强降水给德国造成了巨大的经济损失，2002年德国易北河洪水造成农业损失超过10亿欧元。位于德国东部的萨克森州是德国境内水灾风险暴露较为严重的地区之一，比如2010年由于强暴雨所造成的萨克森州一个州的经济损失高达4.34亿欧元。2010年德国水灾所暴露出的问题是德国洪水风险有效管理存在薄弱环节，主要受灾地区萨克森州80%的企业都没有针对洪水、冰雹等自然灾害相应的保障措施。

为了降低洪涝灾害给德国带来的不稳定和经济损失，帮助民众和企业更好地理解自己或者个人财产所可能面临的风险，运用保险工具有效管理财产损失，合理转移和规避民众与企业的自身风险，德国萨克森州政府联合德国保险同业协会共同开发并且向公众开放网络ZÜRS平台，个人或者企业只要登录相应的网站并且输入自己所居住的地址，便能清楚地知道自身所面临的自然灾害风险，并且可以据此做出风险管理的相关选择。

德国ZÜRS系统的全称为德国洪水、回流与暴雨分区系统，这是一个基于保险学与地理学所建立起的公众信息平台，目的在于计算德国不同地区洪水风险的大小，并且将这一风险通过通俗易懂的结论向公众解释相关的风险。ZÜRS系统的开发由德国保险业所倡导与推动，目前的ZÜRS系统收录了2 000万地址作为系统坐标，包括了20万公里的河流，涵盖了从德国两百多个水资源管理部门所搜集到的水灾数据，并且据此作出相应的灾害评估与风险预测。

ZÜRS系统的使用非常简便，民众、企业主和相关的风险相关者只要登陆相应的网站，输入其所关心的地址，通过几个鼠标的点击就可以获得相关信息，了解所关心区域的风险程度。目前，ZÜRS系统采用街道和航拍等不同模式，只要在相关的系统上输入德国某地的街道地址，便可以出现相关地区的风险状况。德国ZÜRS系统提供水灾、暴雨、风暴和冰雹、闪电共四种不同类型的风险展现，并且风险采用渐进式的色彩进行标志，相关的风险越高，所展示的颜色也越深。此外，针对相关的风险提醒，公众可以点击相关的风险，详细了解进一步的信息。ZÜRS系统还提供打印功能，让公众可以随时掌握自身面临的风险，以便充分应对。

ZÜRS系统提供了一个简易的平台，帮助民众可以快速、简便和免费地了解自己所关心区域的风险分布情况，并且强调地址的精确性和操作的简便性，公众可以不经注册便使用这一平台。这一举措可以让公众更加直观地理解风险，从而提高其风险管理的意愿。公众和企业可以根据所了解到的风险状况选择或者通过加强自身的风险管理水平或者通过购买保险来转移自身风险，提高风险管理的效率和降低灾害可能造成的经济损失。

（二）减少风险

政府可以通过提高建筑标注、加强防灾基础设施建设来减少灾害风险和造成的损失。所有的基础设施应该被良好地设计、建造和维护。在灾害威胁地区大的地区，政府减少风险的举措将更有成效。比如，一座连接着住宅区与医院的桥和一座连着去工业园区的桥，这两座桥都具有足够高的经济回报率。但如果这个地区是地震多发区域，那么连着去医院的那座桥就比较关键，在灾难之后所发挥的作用更大。经济学上通常是人们为失去的服务所愿意支付的金额这种方法对于判断哪个资产更加关键，俗称机会成本。在进行相应的评估之后，“边缘安全”（工程师建造设计成额外强度）应比平时高。设计更高标准的桥梁可能会提高成本从而减少其经济的回报率，但这样的决策对于政府的灾害防御而言是明智和有效的。

减少风险除了防洪设施和建筑物的建设以外，维护也是必不可少的：在冬季前路或雨中固定坑洼、在桥梁钢索腐蚀之前进行刷漆、检查和修复混凝土桥梁的裂缝。尽管公共金融理论表明支出应该通过项目列表中的回报率进行降序排列，但政府的灾前防御却往往需要政府打破惯例，动态最大化可以把一些低回报的支出项目放在前面，而推迟高回报的支出项目。

(三) 灾前预警

政府进行灾害防备对减少灾害的损失起着至关重要的作用。几分钟的警告给了人们逃离洪水、龙卷风或火山的时间。地方政府使用热带气旋预警将大量的群众疏散到安全的地方、灾害事件发生前的预警也使人们能够保护一些财产和基础设施、水库运营者有时间去逐渐容纳传入的洪水、地方当局可以调用设备进行应急反应、人们听到预警时可以关窗或者加固阳台,这些都说明了灾害预警的重要作用。

灾害预警已经在国际上被广泛证明对发展中国家和发达国家都是有效的。比如孟加拉国和古巴,这些国家通过制定有效的预警系统降低死亡率(Golnaraghi, 2010)。古巴的热带气旋预警系统减少了与天气有关如热带气旋、风暴潮和相关水浸的死亡:2008 年的连续五个飓风仅造成七人死亡。法国不断更新在 1999 年 12 月冬季风暴后开发的警戒系统,2003 年的热浪造成 15 000 人死亡之后,系统进行了升级,升级后的系统包括热浪和健康警告,2007 年的洪水灾害后又增加了洪水警告。美国的死亡率这些年急剧下降,因为包括雷电、洪水、风暴和热浪的早期预警系统进行了不断地改善:1986 年至 1999 年的 15 000 个龙卷风中,死亡率下降了 45%,受伤率下降了 40%。

有效的早期预警系统需要上至国家下至社区层面的机构的四个部分的协调:危险的检测、监测、预测和分析;发出及时的警告,由政府执行,推动社区对警告做出应急计划。这里的重点主要是第一部分,这涉及最复杂的技术,因为检测、监测和预测灾害的经济学分析在全国范围并不存在太大区别,而分析风险的经济学则不同,何时发出警告、何时对灾害受威胁地区人员进行紧急疏散,很大程度上取决于地方、社会、经济和文化的情况。值得强调的是,以上四个部分的协调环环相扣,任何一个部分在有效的早期预警系统中都是极其重要的。

政府在进行灾前预警时,也需要对灾害进行区别对待。因为有的灾害是可以提前预测的,有的灾害则只能在危险发生后被检测和监测。许多地质灾害可以检测到并监视但不能被预测,所以地震和山体滑坡很大程度上是不可预测,虽然它们在各区的风险可以被估计。因为检测水下地震、山体滑坡或使用复杂的海洋火山爆发监测网络和建模技术允许发出的海啸警告以及沿海地区的疏散等等所需要的时间从几分钟到几个小时各不相同。

相比之下，气象灾害比较容易被预测到并且进行预警。气象灾害的预警从几分钟(足以拯救生命)到几天(足够拯救生命和保护财产)不等。对于政府气象灾害预警而言，需要具备以下要素：以及时而系统的方式收集和共享数据、允许交换信息的电信系统、模拟空气物理的数值天气预测模型、通过数据和模型的处理得到在不同空间和时间范围内生成预测的计算设施和超级计算机。

当然，政府进行灾害的预警需要必要的投入，往往收集气候数据和预测的形成价格不菲，但潜在的好处可能是巨大的。与天气相关的信息预测告诉农民和农业企业何时植物、播种、施肥和收获；电力设施如何迎合需求；航空公司和船务公司计划路线。政府灾害预警的好处因此也是成本的十倍以上，比如有研究发现，1994—1996 年我国在气象数据预测的投出产出比，成本—效益比率在 35 和 40 之间(Guocai and Wang，2013)。可见政府在灾前预警的投入，比如改进全国水文气象服务方面的支出具有潜在的经济价值。不过，由于灾害经济学这种“负经济学”的特征，使得服务的能见度低以及公共机构的资金不足，容易使政府对本国的灾害预警的投入资金支持有所不足。当然，这种资金不足的原因另一方面也源自灾前预警成本的昂贵，比如水文气象服务的灾前预警需要完整的气象预报系统，这些系统本身需要昂贵的技术投入：多普勒雷达，它每单位的运行需要 100 万至 200 万美元，这种雷达需要若干个。一颗卫星系统成本约为 3.8 亿美元，运行费用约为 5 000 万美元。

第六章
自然灾害灾后救助的经济学分析

一、我国灾害救助体系的构成

我国目前的灾害救济体系主要包括四个渠道，最为重要的是以国家财政为背景的政府救助，其次是由民间慈善机构和广大国民自发的慈善捐助，再次是商业保险公司的灾后保险赔付，最后是受灾民众之间的自救与互助。

（一）政府救助

政府救助是指政府通过财政预算拨出一笔后备资金，以应付各种巨大的自然灾害，对受灾地区给予财力和物力上的援助。政府救助按照国家财政关系的划分可以分为中央政府财政救助和地方政府财政救助。中央政府财政救助主要包括两个部分内容，即用于灾民生活救济的民政救济款和用于灾后重建基础设施及抗灾抢险施救的必要开支。县级以上地方人民政府将自然灾害救助工作纳入国民经济和社会发展规划，对自然灾害救助资金和自然灾害救助工作经费纳入地方财政预算（《自然灾害救助条例》第4条）。

在过去的13年间，我国政府自然灾害救助款项呈逐年递增的趋势，财政救灾支出由2000年的35.2亿元递增到2012年的132.6亿元，平均每年国家财政用于灾害救济的支出为142.5亿元（见表6.1）。财政救灾支出的逐年递增，一方面体现了国家对灾区发展和灾民家园重建的重视，另一方面是自然灾害频发和受灾程度不确定性使然。政府救助虽然是我国目前灾害救济体系的主体，但是从表 6.1 所计算出来的政府救助占自然灾害总损失的比率却非常低。尽管政府的救助比率在过去 13 年间以平均每年 42.02% 的增速发展，但是救助比率区间仅仅由 1.72% 到 3.17%，相对于自然灾害平均每年 3 309.4 亿元的总损失而言，政府救助所发挥的作用相当有限，自然灾害损失补偿的缺口巨大。

表 6.1　2000—2012 年间政府救助与自然灾害损失比较

年　份	自然灾害总损失(亿元)	财政救灾支出(亿元)	财政救灾投入增速	救助比率
2000	2 045.3	35.2		1.72%
2001	1 942.2	41.0	16.5%	2.11%
2002	1 717	40.0	−2.4%	2.33%
2003	1 884.2	52.9	32.3%	2.81%
2004	1 602.3	51.1	−3.4%	3.19%
2005	2 042.1	62.6	22.5%	3.07%
2006	2 528.1	79.0	26.2%	3.12%
2007	2 363	79.8	1.0%	3.38%
2008	11 752.4	609.8	664.2%	5.19%
2009	2 523.7	199.2	−226.7%	7.89%
2010	5 339.9	237.2	19.1%	4.44%
2011	3 096.4	231.65	−2.34%	·7.48%
2012	4 185.5	132.6	−42.76%	3.17%
平均值	3 309.4	142.5	42.02%	3.84%

资料来源：《中国社会统计年鉴 2012》、《中国民政统计年鉴》(2001—2012 年)、《2012 年社会服务发展统计报告》。

(二) 社会慈善捐助

中华民族历来有着“一方有难，八方相助”的优良美德。在每次的巨灾大灾之后，社会各方都群策群力，通过社会慈善捐助支持灾区重建。因此，社会慈善捐助成为我国灾害救济体系的另一个重要渠道。表 6.2 列举了我国近三年来慈善捐赠的总量和用于救灾的支出。为了更好地反映社会慈善捐助对灾害救济体系的重要意义，表 6.2 对相关年份的自然灾害总损失也作罗列与比较。

表 6.2　2007—2012 年间社会慈善捐助与灾害救济

年份	慈善捐赠总量[1]（亿元）	救灾支出（亿元）	救灾慈善捐赠比率	自然灾害总损失（亿元）	救助比率
2007	309.25	37.11	12.00%	2 363	1.57%
2008	1 070	769.59	71.92%	11 752.4	6.55%
2009	332.78	22.99	6.91%	2 523.7	0.91%
2010	601.7	113.44	18.85%	5 339.9	2.12%
2011	845.00	104.30	12.34%	3 096.40	3.37%
2012	700.00	132.60	18.94%	4 185.50	3.17%
平均值	643.12	196.67	23.49%	4 876.82	2.95%

注：2008 年 1 月 31 日，民政部慈善协调办公室和中民慈善捐助信息中心发布了《2007 年度中国慈善捐赠情况分析报告》。这是中国第一份关于慈善捐赠的年度报告，也是中国首个关于慈善捐赠的官方报告。在《2009 年度中国慈善捐赠情况分析报告》中，民政部对于以往年份的比较，也仅仅援引到 2007 年度报告的内容。因此，本节并没有对 2007 年度之前的社会慈善捐助资料作相关收集。

资料来源：《中国慈善捐助报告》（2008—2011 年）和《2010—2012 年社会服务发展统计报告》。

表 6.2 的数据显示，目前我国慈善捐赠总量中救灾支出占比较重要的比重，过去 6 年平均用于救灾的慈善捐助占总慈善捐助总量的 23.49%。因此，社会慈善捐助成为我国灾害救济体系中的另一股重要力量。由于 2008 年我国相继出现年初的南方雪灾和 5 月份的汶川地震，国内外救灾热情高涨，这一年份救灾慈善捐赠占总慈善捐赠的比例为 71.92%。这一部分慈善捐助很好的服务于灾后重建，慈善捐助占自然灾害总损失的比例（救助比率）高达 6.55%，超过了来源于政府财政的救助比率 5.19%。不过，在巨灾较少的普通年份，社会慈善捐助的救助比率仍然低于政府财政对灾害的救助比率，过去 6 年社会慈善捐助的平均救助比率为 2.95%。

(三) 商业保险赔付

商业保险通过保险赔付补偿人们因为各类灾害事故带来的财产损失，维护经济社会稳定，同时通过保险企业行为促进投保人积极做好灾前防御行为。商业保险赔付一直是发达国家重要的灾后救济渠道和主要资金来源。目前世界各国巨灾保险赔付率的平均水平为36%(王杰秀，2008)。2010年全球的巨灾经济损失约为2 180亿美元，总损失的约18.35%(400亿美元)[2]通过保险赔付由保险公司予以承担(Swiss Re, 2011, p.1)。2011年与2012年，全球由巨灾造成的经济损失分别约为3 708.87亿美元和1 857亿美元，其中保险公司相应承担了31.23%和41.57%(Swiss Re, 2012, p.2; 2013, p.2)。可见，国际上商业保险赔付在灾害救济体系中发挥着十分重要的作用，但是这种现象在我国恰恰相反。

2008年1月初，发生在我国的低温冰雪灾害造成了直接经济损失1 516.5亿元人民币，其中保险公司的保险赔付仅为60.39亿元，救灾比率仅为3.98%。而且保险赔付的构成中，仅机动车险、企业财产险(包括企业财产一切险和火灾险)、建筑工程团体意外伤害险占总体赔付的80%以上(侯秀丽、冯百侠，2008)。2008年的汶川地震中，相对于8 451亿元的巨大直接经济损失，保险公司的赔付额度仅为7.13亿元，救灾比率仅为0.08%。2010年玉树地震保险业承担的救灾比率为0.02%，2010年舟曲特大泥石流保险业承担的救灾比率为0.35%，远远低于国际上30%的水平(见表6.3)。

表6.3 近年来我国自然灾害保险赔付

	发生时间	保险赔付(亿元)	直接经济损失(亿元)	救灾比率
雨雪冰冻灾害	2008年	60.39	1 516.5	3.98%
汶川地震	2008年	7.13	8 451	0.08%
玉树地震	2010年	0.039	228.47	0.02%
舟曲泥石流	2010年	0.18	51.84	0.35%
芦山地震	2013年	1.43(预计)	585.71(预计)	0.24%

资料来源：根据各公开渠道政府信息收集整理。

(四) 灾民自救与互助

自古以来我国受灾地区的民众都依靠原有的经济积累和现存的经济能力,辅以借贷、接受捐助等必要辅助进行自救。因此,灾民间的自救与互助成为我国灾害救济体系中的另一个重要途径,而且不管是过去、现在或者未来,这种救济渠道仍然是灾后救济的主要形式。

从上文的分析可以看出,在灾害发生以后,受灾地区除了接受政府救助、社会慈善捐助和商业保险赔付外,剩下的便是灾民的自救与互助。由于我国目前的政府财政救济、社会慈善捐助和商业保险赔付占自然灾害损失的比率相当小(大部分年份的比率小于10%),因此灾害发生后灾区的经济秩序和生活都受到了很大程度的影响,灾民承受了自然灾害所造成的大部分经济损失。我国目前来源于政府、社会和保险公司的灾害救济资金与物资仅仅在稳定灾后秩序,保证民众必要生活和基础设施建设上发挥重要作用,实际上灾民除了自救与互助外,他们自身承担了绝大部分的经济损失。受灾地区的个人和集体,在灾后还需要一定的时间和经营,才能恢复到灾前的财富状况。

二、灾害救济的效率与效益

(一) 政府救助

尽管政府救助是发展中国家灾害救济体系的最重要渠道,但是仅仅依靠政府来管理灾害具有很大的局限性,具体体现为政府救助的预算低效性、补偿低效性、消极应灾性和风险性。

首先,政府救助预算体系未能发挥效益的最优化。因为我国目前的政府救助资金一般不是根据以往危险损失经验予以测算,而是根据财政部每年的收支计划予以划拨。由于政府预算一般都是在年初便完成的,预先划拨会造成灾害频发年份的救灾财政吃紧,灾害较少的年份出现救灾专款盈余。[3]尽管财政部在巨灾的年份会根据实际需要调整年初预算,追加救灾预算,但是这种事后追加的方法可能影响了救灾的及时性,不利于巨灾风险的前期预防和预先统筹。此外,我国正处在经济增长的上升期,教育和基础设施建设等宏观经济建设资金需求量大,由于灾害发生的不确定性导致政府对救灾支出预算容易出现误差,救灾款盈余的年份造成国家财政投资收益非最优化,而救助预算偏低的时候可能造成救灾成本过高等不利现象。

其次,政府救助体系降低了救助补偿效率。由于我国缺少灾害救济的相关配套规范,对于灾害发生后是否通过政府救助渠道对受灾地区予以补助,具体补助程度的确定等问题往往没有明晰的界定,造成实践中真正需要救助的主体无法获得及时的补偿,或者补偿程度无法真正帮助受灾主体克服困难重建家园。出现这种现象的主要原因是政府救助属于公共财政支出,其侧重点在于体现社会公平,未能很好地兼顾补偿效率,加之救灾物资发放和救灾款的使用往往由基层单位予以实施,政府难以进行有效的监督和管理,滋生了政府救助体系的腐败现象,降低了政府救助的补偿效率。

再次,政府救助关注的是灾害发生以后的事后补救,使得灾害救济体系具有滞后性。为了有效地减少灾害损失,灾害预警、风险管理和灾前防范的意义十分重大。由于政府救助的使用用途主要在于灾害过程的应急处理、紧急救援和灾后的家园重建,使得我国目前的灾害救济体系成为消极的财政政策。长期以来,政府救助进行灾害救济,容易形成灾民对政府的依赖心理,容易受灾地区民众缺少使用类似购买保险产品,消除危险隐患或加强风险预警等相关的积极抗灾措施,不仅容易造成受灾损失扩大,而且救灾体系的滞后性也延缓了灾后重建的速度和效率。

另外,过分依赖政府救助的灾害救济方式增加了国民经济发展的不安全隐患。随着近年来大灾巨灾的频发,过度依赖政府救助容易造成国库紧张和财政赤字。在巨灾面前,政府救助体系客观要求政府财政充足。尽管目前还没有国家因为遭受巨灾重创和依靠政府财政救灾而出现财政破产现象,但是 2008 年国际金融危机中冰岛政府的破产、希腊政府的信用危机等情况充分说明了国家财政脆弱性的一面(薛昭顺,2010)。当灾害损失足够大时,过分依赖政府救助的灾害救济方式将出现执行风险,严重时会导致国家财政的崩盘。

(二) 社会慈善捐助

社会慈善捐助是国际上灾后救济体系通行的一种救济方式。然而由于慈善救济具有单向性、不确定性、短期性和信息不确定性等特点，决定了社会慈善捐助并非最好的救济渠道。

社会慈善捐助具有单向性，一方为无偿的捐助单位，另一方为无义务的接受单位，彼此双方都不对对方造成约束，捐助方不会因为慈善捐助而获得被救济方的利益回报或者义务履行。这种单向性造成了社会慈善捐助的不确定性，社会慈善捐助取决于捐赠人的意愿、能力、社会责任和其他认知因素，使得社会慈善捐助的时间、地区、额度和次数等都受到限制。汶川地震、舟曲泥石流之后社会慈善捐助所募得的资金十分可观，但是与政府救助相比这种救济方式具有短期性，受到各种条件的限制，慈善捐助资金的使用也缺乏合理的规划和统筹的安排，使用效率有限。因此，社会慈善捐助不能成为灾害救济体系的主要形式，它只能充当巨灾救济体系的必要补充。

同时，社会慈善捐助与灾害救济之间的信息不对称性影响了救灾的效率。社会慈善捐助的规模和救济水平并不取决于被救济方的实际损失，而是由捐赠方决定的。一方面，由于捐赠方只能通过媒体或者其他管道获得灾区的相关信息，破坏程度比较小的灾害往往不被捐赠方所获知，社会慈善捐助可能造成捐赠资金与灾害损失程度的比例不对称；另一方面，接受捐赠方所获得的救济程度并不取决于自身的实际损失，而是完全由捐赠方决定的，由此造成的结果是被救济方无法获得充分的保障，无法实现受灾程度与救济规模的配比，可能出现无法恢复灾前的生产规模和无法达到消费者灾前的效用函数水平，从而造成社会福利水平的退化。

(三) 商业保险赔付

商业保险赔付是一种风险管理的制度安排，它通过集中和转移风险，减低人们面临的不确定风险，增强社会整体抵御风险的能力。保险是灾后恢复的一个关键组成部分。灾害保险为个人、企业和政府提供资金，以在资源匮乏的情况下应对灾害并从中恢复。如果没有这类灾害保险，社会发展可能停滞并落后数年(Swiss Re, 2010, p.13)。商业保险赔付因为其经济补偿性和社会管理性而日益成为国际社会中最为重要的灾害救济渠道。

经济补偿是现代保险的基本功能之一,它通过保险公司在灾害事故发生后给予投保人的经济补偿而减轻了被保险人因为损失发生带来的经济负担。作为一种制度安排,商业保险赔付以保险契约的存在为要件,以投保人履行保险合同义务缴纳保费为前提,保险赔付按照对价有偿的原则实施理赔,它与政府救助和社会慈善捐助有着本质的区别。保险公司作为专业的风险运营主体,其对灾害保险费率厘定是建立在科学测算的精算基础上,通过大数原理将固定的小额保费收入积累用于应对灾害索赔的商业保险赔付,为投保人提供了可靠、及时和充分的经济保障。而且随着灾害保险产品保费收入的增加,保险公司可以运用这一部分保险资金进行再投资,有效提高巨灾损失的赔付率,同时利用再保险制度安排或者巨灾证券化等手段分散和转移风险,从而增加了商业保险赔付救济渠道的效率与效益(赵苑达,2009)。

商业保险的社会管理性体现在保险公司积极参与到承保标的的风险管理中,通过预先采用科学手段防灾、灾情发生后积极参与救灾和灾后的保险赔付,最低程度地降低灾害引起的损失,发挥社会管理的功能。在保险合同签署前,保险公司需要对现场的保险标的进行风险评估,通过防灾防损建议的提出、对被保险的风险讲座和培训、风险管理成功经验推介、类似项目现场观摩和学习等手段帮助投保人积极做好灾前预防(吴小平,2008);在灾害发生后保险公司通过理赔现场勘查,运用先进的防灾减灾技术及时减少损失范围的扩大,帮助投保人将灾后损失降到最低;此后保险公司通过商业保险赔付对投保人在灾害中的损失予以补偿,从而帮助投保人积极进行灾后重建,迅速摆脱灾害所带来的负面影响。

(四) 灾民自救与互助

灾民自救与互助是一种必然的灾害救济方式,但是伴随着灾害的发生个人和集体的财富必然会受到摧毁性的打击,导致这一种灾害救济方式受积累速度和规模的制约，应急救济资金十分有限。从风险管理的角度看，灾民自救与互助是一种非常消极的应灾方式，因为这种方式并不能实现风险的避免、风险的转移或风险减少，属于消极性的风险自留。由于风险无法转嫁，客观上要求灾民自救与互助需要依赖充足的应急资金，用于弥补不确定的损失，而这和我国目前受灾地区民众的资本实力和风险意识显然是不相符的。

此外，用于灾民自救与互助的资金需要经过一定时间的积累，从技术层面上资金的积累需要一定时间的累积，如果在积敛的时间里发生巨额灾害损失，这一救济渠道将被堵塞，补偿无从进行。如果灾民通过长时间的积累而形成了一定量的自救基金，那么如何管理和运用这部分资金也是一个难题，闲置这部分资金将会影响资金本身的增值，而因为这种基金一般规模较小，对资金流动性的要求又比较高，可进行投资组合的选择十分有限。

三、重构我国灾害救济体系的若干思考

(一) 提高政府救助资金运用效率，变被动抗灾为主动避灾

上文分析了国家财政通过每年的财政预算预提应对灾害的救灾款项，这些款项主要用于灾害发生时候的抗灾支出和灾后重建，属于被动的抗灾支出。实际上国家用于应对灾害的财政支出应该更多地投入到灾害预测、防灾减灾的研究和建设中(张俊岭和王浩，2013)。舟曲泥石流事件反映出我国地方的防灾减灾能力较差，城镇建设对地震、洪水意外的设防考虑太少。[4]有效的灾前防御，可以最大程度的减少灾害的发生或者对于无法规避的灾害采取必要的灾前转移和疏散等措施，减少灾害所带来的经济损失。我国目前财政支出中对主动避灾的相关配套相当薄弱，比如我国目前缺少针对不同灾害特点的灾害风险图[5]和通过官方机构发行地区风险评估报告等等，政府财政救助资金在积极避灾上大有可为。

政府也可以运用救助资金购买保险产品，从而实现巨灾风险的转移。

比如墨西哥政府运用本国的国家财政向瑞士再保险购买保险产品，通过自然灾害基金（FONDEN）保障财政稳定性，同时确保救援资金，将保险赔付主要用于为无保险保障的基础设施修复提供灾害救济金和为那些无力投保而在地震中受灾穷人的灾后重建（Swiss Re，2009，p.14）。根据墨西哥政府购买的保险协议，当墨西哥境内发生里氏6.5级以上地震时，保险公司将根据保险合同向墨西哥政府赔付4.5亿美元的保险赔偿款，这些理赔款项将用于地震后的紧急救助，从而为墨西哥政府在本国发生大地震时提供了可靠的救援资金。

（二）建立政府、保险业和民众应对灾害的共同风险体

自然灾害的突发性和频发性客观上要求灾害救济体系必须是多方面和全方位的。根据发达国家的经验看，发挥国家财政、保险公司和投保人各方的积极性，是对巨灾风险管理的一种有效手段。政府必须以灾害保险为目的加快综合灾害风险管理体系的建设，把灾害保险的政策、法规和基本框架以法律的形式确定下来，同时界定灾害保险业务过程中利益相关方的权利和义务，确定不同利益主体之间的灾害风险分担机制（鲍文，2010）。

以德国为例，德国的自然灾害保险体系从无到有，从简单到完善已经历了150余年。德国的自然灾害保险由商业保险公司承担并自负盈亏，在应付自然灾害包括洪涝灾害中由国家、投保人、保险公司和再保险公司结成共同风险伙伴关系：国家负责制定政策，实行宏观管理，创造良好的经营环境，但不干预具体的保险业务。国家的宏观管理并非是独立的，为了兼顾保险行业的运营特点和保证保险业在共同风险伙伴关系中的高效运营，国家相关政策是在保险公司参与听证、提供建议和讨论的基础上制定的，比如德国法律规定参与火灾消防立法的委员中必须保证有保险公司的防灾防损人员参与立法（吴小平，2008），从而保证了共同风险体的共同利益。此外，被保险人根据保险合同承担一定的风险自留，换取保险公司一定程度的保费折让，用以调动被保险人防灾减灾的积极性；保险公司根据被保险人缴纳的保费进行有效的风险管理，通过风险平衡和再保险安排等手段管理巨灾风险，保证巨灾发生时保险义务的履行和保险赔付

的及时行使。

共同风险体的构建还包括政策性保险和商业性保险的结合使用。保险业的运行机制建立有赖于风险个体的积敛，以达到多个个体风险在群体风险内部的风险弱化和中和。而对于发生概率小和受灾损失大的巨灾保险产品，仅仅靠消费者的自发保险需求很难达到一定的量，从而限制了保险公司相关险种的开发和供给(李旭峰，2013)。对此，很多国家对本国风险比较大的灾害都采用了政策性保险这一措施。比如在美国的部分地区对洪水和恐怖活动采用政策性保险的方式来分散风险，同时美国联邦政府建立了完善的政策性保险体系，积极介入风险大、微利或无利而商业保险不愿经营的领域，联邦保险局负责联邦洪水保险、联邦农作物保险、联邦犯罪保险等特定险种。政策性保险的优点在于国家通过政策性手段将所有社会公众面临的共同风险纳入统一的保险管理中，既通过规模效应保证了风险管理的效率，又同时保证了民众在受灾时可靠的保险赔付。

(三) 提升商业保险赔付在灾害救济体系中的地位和作用

我国目前的灾害救济体系中商业保险赔付所发挥的作用微乎其微。以 2008 年度为例，我国商业保险赔付在灾害直接损失的分摊比例仅仅为 0.59%，远远低于国际上的平均水平 36%。商业保险赔付占灾害救济总额比率的低下是由多方面原因造成的：理性经济人的趋利性使得保险人缺少开发相关保险险种的动力、因为缺少相关历史数据而造成的费率厘定难题、巨灾损失的累积性和集中赔付对保险公司承保能力提出的挑战、投保人保险意识薄弱导致保险需求减少和费率增加等等因素，限制了我国目前商业保险赔付作用的发挥。

我国商业保险应该借鉴国外的先进经验，克服各种困难积极开发和提供相关的商业保险产品，参与巨灾风险的管理，发挥在灾害救济体系的生力军作用。商业保险赔付作为发达国家重要的灾后救济渠道和主要资金来源，有赖于通过自然灾害超额分保等再保险制度安排(Xu, 2005, p.32)、风险证券化等风险融资方式联结保险市场与资本市场，通过全球的金融市场分散巨灾风险。比如上文所提及的墨西哥政府为 FONDEN

所购买的保险产品，对于发生里氏6.5级以上地震时保险公司需要赔付4.5亿美元。实际上保险公司已经对这一部分赔付作了很好的风险转移，其中的1.6亿美元将由巨灾证券承担，剩下的部分由指数性再保险(Xu, 2005, p.44)承担，所以保险公司对这一类的巨额赔付，实际上所发挥的作用更多在于风险分摊和资产管理。我国应该进行相关产品的设计和制度的研究，进一步完善巨灾保险制度的建设，发挥商业保险赔付在灾害救济中的重要作用。

为了发展应对巨灾风险的商业保险，政府应该对保险公司有所政策倾斜，通过保险计划、税收优惠和共享赔偿等方法促进商业保险的发展。目前我国机动车交通事故责任强制保险是针对交通事故的一种强制性保险，类似的强制性保险可以推广到巨灾保险中。比如，俄罗斯主要依靠采用自愿和强制保险相结合的方式管理火灾风险；瑞士在2009年开始在全国范围内推行强制性地震保险制度(许闲，2008)；等等。政府通过税收优惠引导民众的保险需求，促进巨灾保险产品的发展。由于巨灾保险往往容易触发保险公司的偿付能力风险，严重时甚至导致保险公司破产，所以政府在赔偿机制上应该对保险公司有所扶持，比如美国2002年11月通过的《恐怖风险保险法案》规定，联邦政府将支持保险公司对未来恐怖事件造成的损失进行赔付，减少恐怖事件对保险业带来的过重负担(吴小平，2008)，政府为商业保险设定最高的损失额，用以消除风险中最难以量化和承保的风险。这些举措为保险市场带来了稳定，使得保险公司能够继续为飞机和建筑提供保障(Swiss Re, 2010, p.14)。

(四) 引导民众的风险管理观念，提高社会公众保险意识

灾害救济体系的重构，还有赖于引导民众的风险管理观念，变消极避灾为积极抗灾。2008年度我国灾害造成的经济损失中83.26%的损失由受灾群众自己分担。这个比例之高，实质上已经严重影响了灾民灾后正常的经济生活。有效地降低这一部分的比重，有赖于民众树立风险意识，通过房屋防震设计与建筑、科学选址等方式降低风险可能造成的损失，通过购买保险产品转移风险和通过集体风险自救基金等方式提高灾民自救与互助的效率和规模，在风险自留的基础上达到损失

的最小化。

我国当前民众的保险意识淡薄，这一方面是由于大部分企业和个人投保处于惯性思维，并没有真正形成风险和灾害意识；另一方面保险公司在出险理赔时出现责任推诿和效率低下的状况，也是民众购买保险产品动机较小的原因，因此保险公司应该加强宣传，帮助有意愿投保或者有风险意识的人们做相应的风险企划和保险计划，同时加强保险赔付的效率和保险公司形象的提升，确确实实地确立民众对于商业保险在灾害救济体系中重要地位的认识。群策群力，实现我国灾害救济体系的有效运转和可持续发展。

四、灾害救助对经济增长影响

(一) 理论模型

本部分受巴里(Barry, 2000)和麦克德莫特(McDermott, 2011)的启发，建立简单的两期模型，代表性消费者也是生产者。本节假定第一阶段受到自然灾害的冲击，导致物质资本禀赋或者劳动时间禀赋受损，即经济损失或者人员伤亡，同时假设第二时期消费者获得一次性的转移支付作为灾后的生活补助。基本模型如下：

代表性消费者最大化效用：

$$\max_{C_1, C_2, L_1, L_2, I} U=[\alpha\ln C_1+(1-\alpha)\ln(H-L_1)]+B[\alpha\ln(C_2+Tr)+(1-\alpha)\ln(H-L_2)]$$

效用取决于两时期的消费 C_1, C_2，以及两时期的闲暇 $(H-L_1)$, $(H-L_2)$，这里 H 是可用于工作的时间总量，假设短期内两时期的 H 是相同的，H 的大小会受到灾害的影响而下降。L_1、L_2 是两时期的劳动供给时间。同时假定消费者在第二时期获得转移支付 Tr(Transfer Payment)。值得注意的是，这里的 Tr 是直接用于生活消费的，对 C_2 有替代作用，是本部分讨论的重点。$B<1$ 是贴现因子(Discount Factor)，$0<\alpha<1$。

跨期预算约束：

$$C_1 + RC_2 = F(K_1, L_1) - I + RF(K_1 + I, L_2)$$

其中，$R < 1$是折现因子(Interest Factor)。[6] $F(K, L)$是给定的生产函数，K_1是经济体的初始资本存量，I是第一时期的投资额，这里沿用巴里(Barry, 2000)的假定，即新增的资本必须在前一期准备好，同时不考虑折旧。这里I的设定表明资本通过放弃第一时期消费进行累积，因此I可以反映经济增长的状况，而下文讨论灾害对经济增长的影响，主要是通过讨论灾害对灾后再投资I的影响进行阐述。

上述最大化问题的一阶条件[7]：

$$C_1 = (C_2 + Tr)R/B \tag{6.1}$$

$$C_1 = F_{L1}(H - L_1)\alpha/(1-\alpha) \tag{6.2}$$

$$C_2 + Tr = F_{L2}(H - L_2)\alpha/(1-\alpha) \tag{6.3}$$

$$RF_{K2} = 1 \tag{6.4}$$

其中等式(1)和(4)分别是消费与投资决策的跨期效率条件(Intratemporal Efficiency Conditions)。等式(2)和(3)是关于闲暇与消费关系的跨期效率条件。FLi和FKi分别代表劳动和资本的边际产出，$K_2 = K_1 + I$。

商品市场每期出清的条件：

$$C_1 + I = F(K_1, L_1) \tag{6.5}$$

$$C_2 = F(K_1 + I, L_2) \tag{6.6}$$

下面关注自然灾害对灾后再投资的影响。

现在假设经济体在第一时期遭受自然灾害，而自然灾害对经济体的影响主要有两方面：一是物质资本受损，即初始资本存量下降，$dK_1 < 0$；二是劳动供给能力受损，这里主要认为是对劳动时间禀赋 H 的影响，即总的可劳动时间下降，$dH < 0$。

为了更直观地分析资本存量受损和劳动时间禀赋减少对灾后再投资

I 的影响，本节假设生产函数为柯布-道格拉斯的规模报酬不变形式（$0<\beta<1$），且不考虑技术进步因素[8]，即：

$$F(K, L)=K^{\beta}L^{1-\beta} \tag{6.7}$$

将具体化的 CD 函数（6.7）代入等式（6.1）—（6.6）中，联合求解可得到[9]：

$$I=-K_1+A_1H-A_2Tr \tag{6.8}$$

其中，$A_1=\alpha(1-\beta)(\beta R)^{1/(1-\beta)}/(1-\alpha\beta)$，$A_2=(1-\alpha)\beta R/(1-\alpha\beta)$

命题 1　在其他条件不变的情况下：

（1）初始物质资本禀赋下降，则投资增多。特别地，物质资本下降一单位，则投资增加一单位，即 $\partial I/(-\partial K_1)=1$。

（2）劳动供给禀赋的减少将带来投资的下降，即 $\partial I/\partial H=A_1>0(A_1>0,\ 0<\alpha\beta<1)$。

（3）转移支付的增多将导致投资的下降，即 $\partial I/\partial Tr=-A_2<0$ $(A_2>0,\ 0<\alpha\beta<1)$。

在其他条件不变的情况下，（1）当物质资本存量下降，同时市场利率因素 R 不变的情况下，为了使投资的边际回报重新达到市场利率的水平，损失多少单位 K，就必须补充多少单位的 I。[10]（2）当劳动时间禀赋下降，则有效的劳动供给下降，由于缺乏相应的劳动供给量的配合，产能下降，导致资本的边际产出下降，继而实业投资的边际收益下降，实业投资减少；（3）当转移支付增多，由于对消费有直接的替代作用，因而导致购买意愿下降，所需的预期收入减少，继而劳动供给下降，最后根据（2）的结果，间接导致投资下降。

到目前为止我们假设转移支付 Tr 与受灾程度无关。然而，当我们放松这个假设，即灾后转移支付与灾害影响程度成一定比例（δ）时，得到命题 2：

命题 2　基于物质资本受损程度和劳动力供给禀赋下降程度的转移支付（即 $\Delta Tr=-\delta\Delta K_1$ 或者 $\Delta Tr=-\delta\Delta H$，$\delta$ 代表支出比例），会抑制灾后投资的增加，阻碍灾后经济体的自我恢复。

灾后再投资I不能完全弥补资本K和劳动禀赋H的损失，灾后的投资意愿比没有转移支付时的要低。其背后的经济含义是，这种按照资本损失量大小确定的转移支付，根据模型的基本假定，本质上还是对生活的直接补贴，对消费有替代作用，因而会减少劳动供给意愿。然而，当我们假设转移支付是劳动供给的一定比例时，将起到“授人以渔”的积极效果，即命题3。

命题3　基于灾后实际劳动供给的转移支付(即 $Tr=\delta L_2$)能够减轻自然灾害对灾后投资的抑制效果。

其背后的经济含义是，虽然灾后转移支付补贴会对消费有替代作用，但是如果补贴的金额取决于灾后实际劳动供给时，这种补贴能够增加工作意愿，有利于灾后的劳动供给恢复并提高灾后再投资水平。

(二) 实证检验

本部分的实证部分主要检验上述的命题2。由于本部分主要使用中国的数据作检验，且假定中国的居民转移性收入的波动主要来源于政府和社会的救灾补助，故检验的命题实质是中国居民的转移性收入会加剧灾害对经济增速的负影响。本节的实证模型主要是基于诺伊(Noy，2009)使用的框架：

$$y_{i,t}=\beta_0+\beta_1 y_{i,t-1}+\beta_2 DM_{i,t}+\beta_3 DM_{i,t}*tr_{i,t}+\beta_4 tr_{i,t}+\theta_i+t+\varepsilon_{i,t} \tag{6.9}$$

实证模型(9)使用的是动态面板的固定效应模型，$y(i,t)$是i地区t期的实际GDP增长速度，模型引入一期滞后的因变量$y(i,t-1)$是参照伊萨拉姆(Islam，1995)以及之后的一些关于短期GDP增速的实证模型，同时最近的研究也支持了滞后期数为一期是恰当的(e.g.，Raddatz，2007)。

DM(damage)是自然灾害的损害程度，分别用受灾人口(AFF，万人次)和直接经济损失(LOSS，亿元)作为对劳动时间禀赋影响和对物质资本影响的替代变量。同时用受灾人口除以上一期该地区的常住人口，即人均的受灾次数（AFFP，次），以及用直接经济损失除以上一期的实际GDP，即直接经济损失的比重（LOSSP，%）。[11]

tr代表农村居民的转移性收入的增长速度。需要说明的是：(1)这里不使用所有居民或者城镇居民的转移性收入，主要是考虑到城镇居民的转移性收入60%—70%是“离退休金”[12]，其波动主要取决于社会福利的增长，而不是灾害的补贴，而农村居民[13]的这一部分占比相对较少，而灾害救助收入占比相对较大；(2)这里不使用绝对的水平值，而使用相对的增长值，主要是考虑到转移性收入中包含离退休金等，使用增长值才能体现出灾害救助收入的波动性质；(3)这里没有直接使用政府财政支出中的救灾支出，主要是因为该项指标是近两年才开始统计并公布，不能获得长时间序列数据。[14]

图6.1以四川省的2008年汶川地震和上海2005年的强烈台风麦莎的影响为例，可以明显看出四川地震中，农村(rural)居民的转移性收入的增速与灾害损失相关性远远大于城镇(urban)居民的；而在上海的案例中，城市居民对灾害的敏感度更高，这与上海农业份额较小的产业结构相吻合。考虑到中国大部分自然灾害主要发生在农业份额较大的地区（见图6.2），对农业有显著影响，因而对农村居民的转移支付与实际灾害程度更相关。

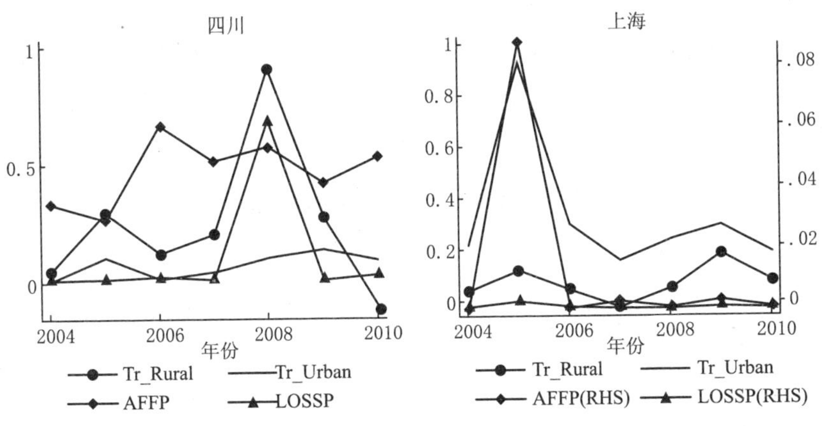

图6.1　四川省和上海市自然灾害损失与转移支付增速

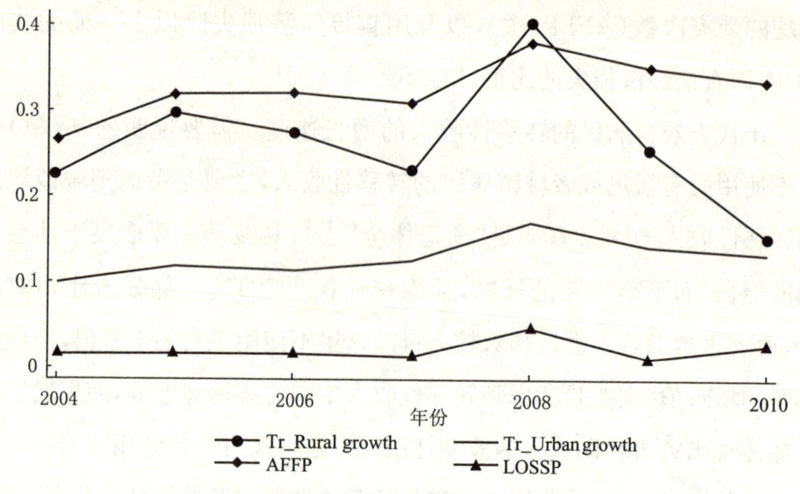

图 6.2 中国自然灾害损失与转移支付增速

交叉项 DM * tr 是用于检验转移性收入是否加重灾害对经济增速的影响[诺伊(Noy, 2009)、麦克德莫特(McDermott, 2011)也是用交叉项作检验];t 是时间趋势项,θ 代表地区 i 的固定效应,ε 是随机误差项,假定与各个自变量均不相关。

根据理论模型,预期 DM 的系数项 β_2 的符号为负,交叉项的系数 β_3 的符号为负。

为了解决由于引进因变量的滞后项可能导致的内生性问题,本部分采用 Blundell-Bond 系统 GMM(System GMM)方法进行估计。布伦德尔和邦德(Blundell & Bond, 1998)将阿雷拉诺和邦德(Arellano & Bond, 1991)的差分 GMM(Difference GMM)与阿雷拉诺和博韦尔(Arellano & Bover, 1995)的水平 GMM(Level GMM)相结合,把差分方程和水平方程作为一个系统作 GMM 估计,其优点是可以显著的提高估计的效率,并且可以估计不随时间变化的变量的系数,但必须满足的前提条件是{Δyi, $t-1$, Δyi, $t-2$ …}与随机误差项 ui 不相关(陈强,2010)。估计时使用稳健标准误,即允许残差项存在异方差。

另外,考虑到本章使用的数据跨度是 2004—2010 年,其中 2008 年的次贷危机存在一个系统性的经济影响,故在实际的估计中引入一个 2008 年的哑变量,即 2008 年为 1,其余为零。同时,加入时间趋势项控制整体宏观趋势的影响。本节使用的软件是 STATA 10.0。

表 6.4 和表 6.5 是本节基准模型的回归结果，分别使用人均受灾次数(AFFP)和自然灾害经济损失比重(LOSSP)作为自然灾害的度量变量。首先，一阶滞后的实际经济增长与当期增长显著正相关表明，各个省份灾后平均需要 1.64 到 1.79 年恢复到正常经济增长水平。其次，自然灾害变量本身与经济增长显著负相关表明，短期自然灾害是阻碍经济产出。第三，自然灾害与农村居民转移支付的交叉项系数显著为负表明，对农村居

表 6.4　经济增长与受灾人口、转移支付的关系(系统 GMM 估计)

回归变量	(1)	(2)	(3)	(4)
	No Tr	*Rual_Tr*	*Urban_Tr*	*All*
被解释变量(y)：*Real GDP growth*				
y(t−1)	0.395 5***	0.444 3***	0.399 6***	0.405 7***
	(5.1)	(5.5)	(5.1)	(5.2)
AFFP	−0.034 3***	−0.012 4	−0.031 8***	−0.029 2***
	(−6.4)	(−1.3)	(−6.1)	(−5.0)
AFFP_Tr_Rural		−0.068 5***		
		(−3.4)		
Tr_Rural		0.006 3		
		(1.2)		
AFFP_Tr_Urban			−0.037 1*	
			(−1.8)	
Tr_Urban			0.001 9*	
			(1.9)	
AFFP_Tr_All				−0.064 4**
				(−2.6)
Tr_All				0.002 3***
				(3.1)
Time Trend	−0.000 6	−0.000 6	−0.000 4	−0.000 4
	(−0.8)	(−0.8)	(−0.6)	(−0.5)
Constant	0.092 5***	0.083 2***	0.091 7***	0.090 8***
	(11.4)	(9.2)	(11.2)	(10.9)
Observations	217	216	217	216

注：括号是基于稳健异方差的 *t* 值。
***，**，* 分别代表 1%、5%和 10%显著性水平。

表 6.5 经济增长与自然灾害经济损失、转移支付的关系(系统 GMM 估计)

回归变量	(1) *No Tr*	(2) *Rual_Tr*	(3) *Urban_Tr*	(4) *All*
被解释变量(y): *Real GDP growth*				
y(t−1)	0.309 1*** (4.0)	0.316 3*** (4.4)	0.326 0*** (4.3)	0.332 0*** (4.5)
LOSSP	−0.075 5*** (−3.6)	0.166 9* (1.8)	−0.004 0 (−0.1)	0.061 4 (0.6)
LOSSP_Tr_Rural		−0.292 3*** (−2.7)		
Tr_Rural		−0.002 3 (−0.5)		
LOSSP_Tr_Urban			−0.731 4 (−1.4)	
Tr_Urban			0.005 1* (1.9)	
LOSSP_Tr_All				−0.968 8 (−1.4)
Tr_All				0.006 0* (1.7)
Time Trend	−0.000 9 (−1.2)	−0.001 3 (−1.5)	−0.000 8 (−1.1)	−0.000 9 (−1.1)
Constant	0.095 3*** (11.9)	0.093 6*** (11.8)	0.092 1*** (11.4)	0.090 8*** (11.4)
Observations	217	216	217	216

注:括号是基于稳健异方差的 t 值。
***, **, * 分别代表 1%、5%和 10%显著性水平。

民的灾害救助加重了自然灾害对经济增长的负向影响。城市居民转移支付的不显著印证了前文分析(见图 6.1),即城镇居民的转移支付不能反映灾害救助水平。

表 6.6 是稳健性检验,添加多个控制变量,如区域(东中西部)、时间趋势、资本(Capital)、贸易开发度(Openness)、外商直接投资(FDI)等可能对经济增长产生影响的控制变量,同时在回归模型上使用固定效应模型。稳健性检验的回归结果仍然支持本节的理论模型的结论,即自然灾

害与灾后转移支付的交叉项的系数显著为负。

表 6.6 稳健性检验:经济增长与灾害救助(固定效应)

回归变量	(1)	(2)	(3)	(4)	(5)	(6)
	AFFP	AFFP	AFFP	LOSSP	LOSSP	LOSSP
被解释变量(*y*): *Real GDP growth*						
DM	−0.014 8**	−0.006 7	−0.005 0	−0.039 7*	0.124 8*	0.169 1***
	(−2.0)	(−0.8)	(−0.6)	(−1.8)	(1.8)	(2.9)
DM * Tr_Rural		−0.031 7**	−0.031 8*		−0.216 7***	−0.261 6***
		(−2.0)	(−2.0)		(−2.8)	(−4.0)
Tr_Rural		−0.015 0*	−0.014 8*		−0.018 7**	−0.019 3**
		(−1.7)	(−1.8)		(−2.0)	(−2.4)
Tr_Rural * West		0.020 3**	0.020 2**		0.025 3**	0.026 4***
		(2.0)	(2.2)		(2.4)	(2.9)
Tr_Rural * Central		0.019 5**	0.021 0**		0.020 9**	0.023 9***
		(2.0)	(2.5)		(2.1)	(2.8)
Capital(t−1)	0.051 2***		0.047 1**	0.050 0***		0.041 5**
	(3.0)		(2.5)	(2.8)		(2.1)
Openess(t−1)	−0.012 5		−0.006 6	−0.014 5		−0.009 6
	(−1.3)		(−0.6)	(−1.6)		(−0.9)
FDI(t−1)	1.104 9		1.614 8	1.147 8		2.608 0**
	(1.0)		(1.4)	(1.0)		(2.1)
Time Trend	−0.001 3*	−0.000 2	−0.001 3*	−0.001 4**	−0.000 4	−0.001 7***
	(−1.9)	(−0.3)	(−1.9)	(−2.1)	(−0.8)	(−2.7)
Constant	0.112 6***	0.134 8***	0.110 4***	0.110 2***	0.130 6***	0.107 6***
	(13.6)	(39.5)	(11.6)	(13.4)	(48.4)	(11.4)
Observations	217	216	216	217	216	216

注:括号是基于稳健异方差的 *t* 值。
***, **, * 分别代表 1%、5%和 10%显著性水平。

总体而言,本章的实证结果支持命题 1 和命题 2 的推断,即:(1)受灾人口和经济损失都会显著的阻碍短期的经济增长;(2)灾后转移支付加重了灾害的负面影响,间接影响经济增长。

(三) 小结

本小节通过构建简单的两时期模型,发现灾后的转移支付会对消费有较强的替代作用,继而收入效应使得劳动供给减少,缺乏相应的劳动供给，资本的预期回报下降，进一步使得企业投资意愿下降，最终阻碍了经济的恢复。实证分析的结果也支持了这一观点，即在中国，灾害的转移性收入使得灾害对经济增长的负面影响加重。

因此，本部分的结论认为，在中国，目前的灾害救助仍然是以直接发放救济金和社会捐赠为主，在一定程度上会加剧灾害对劳动供给的负面影响，阻碍经济的快速恢复。故本节提出，灾害救助，应该更多地关注就业创造，即“授人以渔”，而这也是“以工代赈”背后的经济逻辑。对灾害频发地区的救助，一方面可以通过政府投资和基础设施建设工程，创造当地就业；另一方面，可以引导社会捐助转变形式，可以是帮助受灾人群在其他地区再就业，也可以是社会企业在受灾地区的公益性工程投资，如希望小学、防灾建设等，创造就业，也有效避免了直接捐赠的中间监督和资金不到位等问题。

当然，本小结仍存在许多不足之处，例如实证部分，受限于数据可获得性，时间序列不够长，同时作为衡量灾后直接转移支付的变量仍值得商榷。本部分的进一步研究方向，可以对世界各国作实证分析，以比较各国实践中的灾害救助差异和灾后经济增长不同的原因。

注　释

[1] 该数据不包括彩票公益金和捐赠性社会投资。

[2] 由于2010年度出现多个全球性巨灾导致灾害损失增大，从而降低了这一比率。2009年保险公司大约承担了全球40%的巨灾损失。

[3] 根据我国现行法律，用于抗灾救灾的专项基金只限于当年使用，不得将剩余资金结转下年使用(陈少平，2010，第9页)。

[4] 另一个例子是2008年汶川地震后的灾后重建中没有做足够的地质风险评估，导致2010年8月14日四川汶川地区因为暴雨而引发泥石流，造成多人死亡和受伤。

[5] 美国在20世纪便有了针对各种自然灾害的风险分布图。我国在这方面才处在探索阶段，目前已经由中科院已经立项绘制泥石流灾害风险图(鲍文，2010)。

[6] 不同于巴里(Barry，2000)和麦克德莫特(McDermott，2011)讨论的封闭经济与开放经济两种情况，本节假定一国内的资本自由流通，因而利率因素 R 可看作不变的

参数。

[7] 具体计算方法参见数学附录。

[8] 由于本节主要关注的是灾害对经济短期恢复的影响,故可认为短期的技术不变,新增投资没有明显的提升技术,以及劳动者素质没有明显的提高。

[9] 具体计算方法参见数学附录。

[10] 麦克德莫特(McDermott, 2011)认为在封闭经济体中,当 K 下降时,会导致 R 的下降,即市场利率的上升,故投资 I 会比 K 损失的量要小,即市场利率的上升会导致灾后再投资意愿下降。

[11] 这里除以上一期主要是为了避免当期的灾害的影响。诺伊(Noy, 2009)使用的也是相同的衡量办法。

[12] 城镇居民家庭转移性收入包括离退休金、价格补贴、赡养收入、赠送收入、亲友搭伙费、记账补贴、出售财物收入、其他(抚恤和社会福利救济)等。其中,离退休金是居民转移性收入中的主要组成部分,从若干年份的统计年鉴来看,其所占份额在 60%—70%之间。

[13] 农村居民家庭转移性收入包括在外人口寄回和带回、农村以外亲友赠送的收入、调查补贴、保险赔款、救济金、救灾款、退休金、抚恤金、五保户的供给、奖励收入、土地征用补偿收入和其他转移性收入。

[14] 笔者也尝试用政府总支出作为变量进行回归,但结果不显著。

第七章
自然灾害的政治经济学分析

一、文献综述与分析

自然灾害与政治互为因果，互相影响。不同的政治体制和要素通过灾害防御与救灾体制影响自然灾害造成损失的大小，自然灾害也影响了政局的稳定和政府财政的收支。自然灾害和政治选举与官员的任免升迁有着密切的联系与影响。

（一）政治要素影响自然灾害损失

相对稳定、民主的政治体制和财产所有权的保证等好的政治制度会减少自然灾害造成的负面影响（Kahn，2005；Skidmore and Toya，2007；Plumper and Neumayer，2009）。拉斯基（Raschky，2008）利用政府稳定性和国内投资环境作为国家组织结构的代理变量，以来衡量一个国家面对自然灾害的脆弱性，他发现稳定的政府和良好的投资环境能够显著地减少一个国家自然灾害的人员伤亡和经济损失。

戴维斯和赛茨（Davis and Seitz，1982）通过构建结构模型，表明政府稳定性和工作效率能够解释为何相同的自然灾害对不同国家产生不同的影响。埃斯卡勒斯等人（Escaleras et al.，2007）却从“政治腐败”的视角来阐述政治对于地震中人员伤亡的影响，他们发现地震中伤亡的人数大多由于质量问题产生的房屋倒塌引起。如果公共部门腐败程度提升，导致房屋建筑质量的下降，进而引起地震中伤亡人数上升。

同时，政府防灾政策的制定和效果也影响着自然灾害造成的损失。通过降低人口集中度、减少灾害频发区的基础设施建设和增加灾害预防投入等公共政策不仅能减少灾害短期损失，更能减少灾害造成的长期经济影响(Perrow，2007)。由此可见政府灾害管理政策的重要性，因此研究有效的灾害管理制度的构建，必须关注自然灾害造成的政治影响。

(二) 自然灾害影响政局稳定

自然灾害作为一种影响和损失巨大的冲击性事件，不仅给地方带来经济财产损失，同时还可能通过不同的机制影响一个地区的政局稳定。布朗凯提(Brancati，2007)通过对从1975—2002年间全球185个国家在地震之后的国际冲突的研究发现，由于地震导致了地区间基础资源的稀缺，增加了国际间为了资源争夺而发生冲突的可能性；这种冲突在地震等级更高、人口密度更大、经济发展水平越低、以及以往就有过冲突的地区来说更有可能发生。

除此之外，也有学者认为灾害对于政治不稳定的影响是边际的，奥梅利切瓦(Omelicheva，2011)的研究发现一个国家的政治制度和应对危机的能力是解释政治冲突的主要原因，而自然灾害的发生成为了这种制度环境下可能冲突发生的催化剂。或许一些具体的案例分析能够从另一个角度来说明灾害对政局稳定性的影响，奥尔森和加罗斯基(Olson and Gawronski，2010)对过去一百多年来的各国发生的主要自然灾害和政治影响进行案例比较分析：他通过建立“5C＋A”的框架，从政府在灾害中的“能力、参与、信任、正确性”等角度来解释为何一些国家政府在灾害后变得更加受欢迎，而一些国家却失去了合法性和民众的支持。

因此，如何提高我国灾前防御和灾后安全管理的制度建设，进而防御灾害对国家政局稳定性的冲击，不仅有着翔实的学术研究支撑，对于我国的经济社会转型也有重要的现实意义。

(三) 自然灾害对政府财政的影响

自然灾害影响着政府的财政收入与支出。诺伊和纽尔斯瑞(Noy and Nualsri，2008)尝试估测每个灾害平均而言对财政的影响，但是他们发现灾害对财政收入和支出的影响取决于每个国家自身特殊的宏观经济特点,例如收入结构、所得税、消费税、关税和一些重大项目支出。

自然灾害的发生往往会使得政府用于灾后重建的公共财政支出增加和财政收入减少,但是具体的影响却难以计算(Fengler, 2008),而且由于自然灾害后受灾国对国际援助的接受会造成财政收入增加(Yang, 2008),使得自然灾害对政府财政影响这一问题更加复杂。

因此,许多学者转而研究政府如何防止自然灾害可能造成财政波动。波连斯坦等人(Borensztein et al., 2009)根据伯利兹城(拉丁美洲国家)的数据,应用标准化模型估测国家基于稳定财政的保险需求,即怎样通过保险来防范巨灾对国家财政波动性影响;巴尼乔(Barnichon, 2008)运用和波连斯坦相似的方法,计算出一个国家应对灾害的最佳风险自留额。因此,保险机制能用来降低自然灾害造成的负面影响,在灾害管理中发挥经济补偿和稳定社会的功能。

(四) 自然灾害与政治选举

自然灾害对政治选举的影响一直以来是国外学者关注的重要话题之一。比较具有代表性的研究可以追溯到阿贝尼和希尔(Abney and Hill, 1966)。近年来的研究表明,自然灾害对选举的影响可以通过几个不同的机制实现:一方面,自然灾害可能通过影响选民的收入来改变选民对政府的态度,从而减少其对政府的投票(Healy, 2008);另一方面,雷(Lay, 2009)认为灾害可能通过改变选民结构来影响选举,他在对2005年卡特尼娜飓风后新奥尔良市长选举的研究发现,灾害导致了收入较低的黑人返乡速度慢于较为富裕的白人,这提高了白人选民的比重,因此提升了白人候选人的得票率。弗洛雷斯和史密斯(Flores and Smith, 2007)的研究表明在民主国家灾害死亡率的上升会对领导人的政治生命产生威胁,而这在集权国家中却不明显。

除此之外,灾害救助对于选举也有巨大的影响:在救灾和重建中投入越多的政府越能够获得选民的青睐(Healy and Malhotra, 2009),这种影响在灾害更为严重的情况下更为显著(Cole et al., 2012)。同时在美国,尽管选民在巨灾之后会同时惩罚在位的总统和州长,但是选民对于总统和州长的救灾行为反应不同:如果州长向联邦政府求助遭到拒绝之后,那么民众对总统的支持度会下降，而对州长的支持度则会相应提升(Gasper and Reeves, 2011)。相比较于救灾，选民却很难意识到防灾性支出的重要性，那些重视防灾的政府却得不到选民的青睐，尽管防灾支出能够成倍地减少灾害损失。这导致政府更多的投入到减灾支出而非防灾支出中去，因此希利和马尔霍特拉(Healy and Malhotra, 2009)宣称投票制度对于预防灾害无效率。

灾害对政治选举的影响反过来影响了政府的灾害政策，然而在中国，灾害救助对官员的政治考核影响的研究却尚属空白。因此通过建立灾害和地方领导人的数据库来实证检验灾害和官员救灾行为对官员政治绩效考核的影响，具有重要的意义和现实迫切性。本章将研究自然灾害与官员考核的关系，以此为视角探讨自然灾害的政治经济学影响。

二、自然灾害与官员绩效考核

(一) 背景分析

已有的文献表明，自然灾害的发生会对当地领导人的政治仕途产生影响。较早的研究可以追溯到阿巴尼和希尔(Abney & Hill, 1966)，他们通过对美国灾区选民的问卷调查发现，尽管自然灾害的发生会对当地人民的生活造成影响，但自然灾害不一定会减少在位领导人的得票率，因为选民普遍认为自然灾害发生与官员无关，同时本地官员的救灾行为会缓和他们形象受到的冲击。近年来，越来越多的研究对这一问题进行了更加系统的讨论。阿肯(CH Achen, 2004)发现旱灾和鲨鱼袭击会对官员的选举得票率产生负面的影响。科尔等人(Cole et al., 2012)、希利(Healy, 2008)分别研究了印度和美国天气变化对选举的影响，二者都发现降雨过多或者过少都会导致选民通过减少对其投票的方式来惩罚在任领导人；作者还进一步地指出导致负面影响的原因是因为极端天气降低了人们的实际收入，尽管本地官员的救灾行为能够部分抵消由于收入降低和生活条件恶化带来的负面影响，但总体来说极端天气对在任官员的支持率会有负面的作用。

中国作为世界上遭受自然灾害最严重和最频繁的国家之一，鲜有研究关注自然灾害对中国地方官员政治仕途的影响。根据《中国环境年鉴》的数据，从 2003—2012 年，中国十年间自然灾害经济损失总和高达 37 317 亿元，平均每年经济损失占 GDP 的 1.6%，并且每年有将近 4.18 亿人次受灾，每个省份都遭受到不同程度的灾害影响。国内对于自然灾害影响的研究主要集中在经济方面，比如(山立威等，2008)研究了汶川地震发生后上市公司的捐款行为，陆铭等(2010)、卢晶亮等(2014)讨论了自然灾害发生后中国农村居民的消费行为；山立威(2011)、赵静梅等(2014)探究了自然灾害对于股市股价波动的影响。但这并不意味着在我国自然灾害对于本地官员的政治仕途没有影响或者这种影响不重要。事实上，地方官员在灾害发生之后获得升迁的现象屡有发生，比如汶川地震发生时为灾区婴儿哺乳而被誉为“警察妈妈”的江油市公安局普通民警蒋晓娟，灾后被提拔为江油市公安局副政委[1]；彭州市交通局局长李彬因为在抗震救灾中表现突出，被破格提拔为彭州市副市长[2]。当然，也有官员因为灾害事件而影响其政治前途的，比如原北京市市长和山西省省长孟学农，2003 年因为非典疫情和 2008 年因为重大溃坝事件分别辞去北京市市长和山西省省长职务；我国多个省份政府文件规定，关于救灾不力者将予以免职。可以说，在中国，自然灾害的发生也会对当地官员的政治仕途产生影响，但是如何影响、作用机制等等并不明朗。受制于我国自然灾害数据和官员晋升数据的可得性[3]，国内外尚未有文献对这一问题进行探究。

另外，人事管理制度作为一项重要的国家治理制度，成为解释中国改革开放三十多年来经济发展和社会转型的重要视角。地方官员在中国社会经济发展中扮演着重要的角色，他们在推动地方经济体制改革、改善地方基础设施、招商引资等方面发挥了巨大的作用(李维安、钱先航，2012；徐现祥等，2007；张军、高远，2007；范子英、李欣，2014；张莉等，2013)，为了激励官员努力促进地方社会经济的发展，中央政府通过掌握人事权而设计的人事任命制度对地方官员产生了巨大的激励作用，形成了中国特色的官员晋升锦标赛(周黎安，2007)，而这种晋升激励作用进一步对官员的地方治理行为产生了深远的影响(Piotroski & Zhang, 2014;钱先航等,2011;周黎安,2004)。因此,研究对中国人事制度背后的晋升逻辑、影响因素,对理解我国社会经济发展中的特点、问题,以及地方官员治理行为等具有重大意义。现有的文献主要讨论了经济绩效(Li & Zhou, 2004;杨其静、郑楠,2013)、政治关系(Jia et al., 2013; SHIH et al., 2012)、以及官员的工作经历(杜兴强等,2012)等因素对地方官员政治仕途的影响。这些因素都具有长期性的特征,然而那些具有短期、即时性特征的突发性事件对于官员晋升具有什么影响,到目前还没有被讨论过。自然灾害事件为这一问题的研究提供了独特的窗口,因为自然灾害兼具突发性和外生性的特征(Abney & Hill, 1966; Reeves, 2011),同时会对社会生产、民众生活产生巨大甚至毁灭性的影响,有利于用来考验官员的综合能力与处理重大突发事件能力。

(二) 文献回顾

自然灾害是否会对政治选举和官员考核产生影响被许多学者所关注。作为一种影响巨大的自然冲击,自然灾害不仅会破坏人们的日常生活和生产活动,同时会对社会政治等方面产生广泛的影响,比如官员选举与考核。然而由于人们普遍认为政治活动更多受到社会因素而非物理因素影响,并且社会因素更容易接触和比较,而非物理因素少见且难以预测,揭示自然灾害能否影响官员绩效考核并非易事(Abney & Hill, 1966)。阿巴尼和希尔(Abney & Hill, 1966)通过比较美国两个地区遭受灾害前后的选举得票率以及对当地人们进行采访后发现,自然灾害对官员选举的影响取决于两个因素:当地政府对自然灾害的反应和当地的政治文化比如对在任领导人的偏好程度,但总的来说自然灾害并没有显著的减少在任领导人的得票率。近年来随着相关的实证研究越来越多,自然灾害并不影响在任领导人得票率的结论越来越受到挑战。阿肯(CH Achen, 2004)分别检验了鲨鱼袭击、旱灾、流感对美国地方领导人选举得票率的影响,发现这三种非人为的灾害都会导致在任领导人的得票率下降。除这些旱灾和流感等灾害以外,异常降雨(包括降雨过多、降雨过少)(Gasper & Reeves, 2011; Cole et al., 2012; Healy, 2008)、飓风(Lay, 2009)等灾害也都会对在任领导人的选举得票率产生负面影响。而且不仅美国如此,针对印度的研究也得出了相似的结果(Cole et al., 2012)。

为什么自然灾害会对政治选举产生影响?现有的研究主要通过以下的机制来解释。一方面,自然灾害会对当地民众的经济情况产生负面的影响,而选民会将自身情况的恶化归咎于现任政府身上,从而减少对现任政府的投票(Healy, 2008; Cole et al., 2012);另一方面,自然灾害发生后,在任政府会对灾害发生反应,开展救灾活动,这种救灾行为会得到选民的认可进而提升其得票率,淡化了选民对自然灾害造成的负面影响的认知(Healy & Malhotra, 2009; Cole et al., 2012)。除了这两种主要的机制之外,雷(Lay, 2009)发现灾害还有可能通过改变当地选民的结构来影响在任领导人的得票率。[4]可见,总体来说自然灾害会对在任官员的得票率产生负面的影响。这说明,自然灾害发生后,由于当地居民经济状况恶化给选举带来的负面影响大过于本地官员救灾行为带来的正面影响。尽管自然灾害的发生是一种与在位官员无关的外生自然活动,但选民依旧会将自身境况的恶化归咎于在任领导人身上,现有的文献(CH Achen, 2004; Cole et al., 2012)将这种现象称之为选民不理性,这种选民不理性甚至会使得选民更多地投票给反对党(Cole et al., 2012),严重违背了民主制度本身的重要特点——问责制。总结已有的文献,我们不难发现现有研究的两点不足:首先,已有的研究主要是针对灾害对选举制下地方领导人政治仕途的影响,并没有探讨其对任命制下地方领导人政治仕途的影响;其次,现有的研究主要讨论的某一特定自然灾害事件的影响,而没有对总体灾害的影响进行探讨。

与自下而上的民众投票选举制不同,中国政府实行的是一种自上而下的官员任命制度。上级党委和政府根据一定的标准,按照一定的程序对下一级的政府官员做出晋升、平调、降职等人事调整。[5]现有文献对中国的人事制度和影响官员晋升的因素进行了大量深入的讨论,其中一个重要因素即官员在其任内的经济绩效:(Bo, 1996)最早发现辖区经济、人口规模而非经济增长率对省级领导人的晋升有正向作用,但该文并没有得到足够的关注。真正引起学界对中国人事晋升制度讨论的是(Li & Zhou, 2004; 周黎安等, 2005),他们发现当年经济增长、任内平均增长率以及相对经济增长率都会提升省级官员的晋升概率,并提出了以经济绩效为核心的"官员晋升竞赛"(周黎安, 2007)。之后大量的文献对此进行了进一步的讨论(杜兴强等, 2012; 王贤彬等, 2011),讨论也从省级拓展到了地级市层级(杨其静、郑楠, 2013),尽管得出的结论有差别,但总体来说肯定了经济绩效对官员晋升的正向作用。与此同时,现有的文献还从官员的个体特质进行了讨论,(杜兴强等, 2012)发现任职经历越丰富的省级官员晋升概率越高,(姚洋、张牧扬, 2013)通过识别地级市官员的个人效应后发现个人效应对市长晋升有显著影响。此外,由于党委书记和行政长官(省长、市长)分工和地位的不同,上述的经济因素、个人效应等对他们具有不同的影响(王贤彬等, 2011; 姚洋、张牧扬, 2013)。

虽然关于中国官员晋升制度的文献丰富而又细致,但已有的文献主要讨论的都是具有长期性,累积性的因素对晋升的影响,并没有文献研究外生突发事件比如自然灾害的发生对中国地方官员政治仕途的影响。实际上自然灾害的突发性和对整个社会经济造成巨大冲击,更加能够真实地反映官员施政过程对防灾减灾等民生工程的重视程度和救灾过程的综合管理能力。与此同时,由于中国实行的是与选举制不同的任命制,在任命制下自然灾害对于地方官员政治仕途的影响有什么不同,以及为什么是这样的,值得探究。事实上,自然灾害的发生后短期内往往会对当地的生产(Charvériat, 2000; Noy, 2009)、居民的生活(Felbermayr & Gröschl, 2014)以及地方政局稳定(Omelicheva, 2011; Brancati, 2007)等造成负面影响,自然灾害很有可能会通过降低短期内经济发展速度来对官员的考核产生负面的影响。但另一方面,自然灾害发生后的救灾行动考验并锻炼了地方官员的领导能力、管理能力以及自身政治信念,而这些特质却是现有及以往人事考评文件中所明确强调的(中共中央组织部, 2006; 中共中央组织部, 2002)。特别是在2006年中组部发布的《体现科学发展观要求的地方党政领导班子和领导干部综合考核评价试行办法》中,更直接将地方官员"驾驭全局……处置突发事件的能力"纳入了现行的官员考核指标中。不过究竟自然灾害对中国地方官员的政治仕途是否有影响、如何影响，均有待进一步的实证研究。

三、自然灾害政治影响的中间作用机制

自然灾害对中国地级市官员考核总体来说有显著的促进作用，特别是对市委书记。然而灾害本身并不是用来衡量官员能力和奖惩的主要依据，而更多是提供了一个检验我国中央任命制下如何提拔官员的事件窗口。实际上自然灾害发生后可能会通过影响经济发展、官员救灾、上级救灾视察等机制对官员的考核产生可能正向也可能负向的影响，其机制和分析如下：

（一）自然灾害和经济增长

自然灾害可能通过减缓城市经济增速来降低地方官员的晋升概率。经济因素在中国地方官员人事考评和调整中起到了重要的作用。现有对省级、地级市层级官员政治晋升的研究发现，经济因素可能会通过经济规模（Bo，1996；杨其静、郑楠，2013）、经济增速（Li & Zhou，2004；王贤彬等，2011）、经济增速排名（杨其静、郑楠，2013）等不同形式来提升地方官员的晋升概率。另一方面，大量的文献表明，自然灾害会对一个地区的经济发展产生重要的影响。查韦亚特（Charvériat，2000）选取拉美28个国家1980年到1996年的自然灾害数据发现，自然灾害会导致当年的经济增长率下降，诺伊和武（Noy & Vu，2010）对越南的研究发现，当年的自然灾害对于当年的经济增长产生负面影响，但滞后一期的自然灾害会促进经济的增长；另外，斯特罗布（Strobl，2011）对飓风单灾种的研究也表明，飓风在当年会对美国沿海城市的经济发展产生负面影响，在第二年会促进经济增长，但促进的作用明显小于破坏的作用。因此，我们可以合理的认为，自然灾害可能会通过降低地方经济发展速度而对官员的政治考核产生负面影响。然而，虽然近年来越来越多的文献开始关注自然灾害对中国的影响（赵静梅等，2014；陈国进等，2014；卢晶亮等，2014），但定量探究自然灾害对中国地级市经济发展影响的研究却没有。

(二) 官员救灾和考核

自然灾害影响官员考核的另一条可能的机制是地方官员的救灾行为。针对选举制国家比如美国、印度的研究(Gasper & Reeves, 2011; Cole et al., 2012)发现,选民会因为自然灾害导致自身境况恶化而惩罚现任政府,另一方面选民可以看到和感受到地方领导人在灾害发生后救灾的负责行为而给予其更多的支持(虽然两种情况对得票率的总体效应为负)。事实上,中国地方官员的救灾行为却有可能像选举制中满足选民要求那样,因为符合某些官方人事考评的标准而在考核中得到上级更多的青睐。在2002年中组部发布的《党政领导干部选拔任用工作条例》中提到:“领导干部应……胜任领导工作的组织能力……密切联系群众……,要考察其德、能、勤、绩……注重工作实绩……”,而在2006年《体现科学发展观要求的地方党政领导班子和领导干部综合考核评价试行办法》中更是提到:“群众公认……德才素质评价为中心……驾驭全局……处置突发事件的能力……”。而自然灾害作为一种外生的自然现象,由于其突发性、严重性和复杂性等特点,对地方官员的道德素养、责任感、危机应对能力、领导指挥能力等各方面素质提出了综合考验,因此,灾害发生后,官员的救灾行为很有可能帮助其在考核竞争中加分。而从官员本身的角度讲,灾害发生之后的救灾工作为其展现和锻炼自身能力提供了一个良好的机会;更是为其积累了更为丰富的工作经历,从而可能提升其晋升概率。另外,相对于市长,市委书记承担了更多的领导和驾驭全局的职责,因此市委书记更有可能会因为救灾行为和经历获得更高的晋升可能。当然,具体的机制还需要通过实证研究进一步予以验证。

四、小　　结

已有的研究发现,在选举制国家中,自然灾害的发生会降低在任政府的选举得票率。我国是一个自然灾害频发和损失严重的国家,然而自然灾害的发生是否会影响中国地方官员的政治仕途却尚未有相应的研究。

本章的讨论具有显著的学术价值和现实意义。就灾害经济学领域来说，目前用经济学的方法研究自然灾害对中国地方官员政治仕途的影响较少，而相关领域的研究有助于加深了人们对自然灾害政治影响的认识，同时拓展了中国灾害经济学的研究领域。其次，就中国地方官员人事制度的研究来看，本章为理解突发性事件对官员考核的影响提供了新的思考视角，外生的突发性事件比如自然灾害的发生对官员的政治仕途来说非常重要，地方官员在事件发生后能否积极有效的解决问题会影响其绩效考核，这一结论可以更好鞭策官员认真投入到我国突发事件的危机公关与管理中。另外，本章的讨论还为中国防灾减灾政策的制定提供了一条可能的思路，即从激励理论的视角，通过建立合理的奖惩和问责制度，来提升官员防灾减灾的积极性，降低自然灾害对中国社会稳定和经济发展的负面影响。

注 释

[1] http://news.xinhuanet.com/newscenter/2008-06/21/content_8413525.htm.

[2] http://news.sohu.com/20080827/n259228571.shtml.

[3] 已有的官方出版物比如《中国环境年鉴》只记录了省级总体的年度灾害损失数据，并没有具体的灾害事件统计，而且数据的时间段较短。

[4] 雷(Lay, 2009)研究了卡特尼娜飓风发生后对新奥尔良市长选举的影响，发现在任的黑人市长重新当选后的得票率发生了下降，而这种下降是由于飓风造成该市黑人比重下降导致的，因为相比较于当地白人，黑人抗风险能力较差，灾害发生后大量黑人外迁，同时返回本地的时间也较久。

[5] 详情见《党政领导干部选拔任用工作条例》(2002 年)和《体现科学发展观要求的地方党政领导班子和领导干部综合考核评价试行办法》(2006 年)。

第八章
自然灾害的社会经济学分析

一、文献综述与分析

现有关于自然灾害影响的研究，大多集中在分析自然灾害与经济产出、经济增长和政府财政影响上。实际上，自然灾害也对健康、教育、认知能力、人口结构等社会要素产生影响(The World Bank and United Nations，2010)。

(一) 自然灾害影响教育

自然灾害的发生不仅短期内造成学校停课，长期还造成入学率的下降。詹森(Jensen，2000)发现1986年至1987年受极端降雨影响的科特迪瓦地区相对于没有降雨的地区而言，7岁到15岁儿童的入学率降低了大约20%。桑托斯(Santos，2007)发现萨尔瓦多在2001年由于受到两次地震的影响，重灾区学校的出勤率下降了将近7%。入学率的下降有时是暂时的，但是也存在许多不再复学的情况。德詹弗里等人(De Janvry et al.，2006)发现在墨西哥中部，1998年到2000年许多干旱期间退学的儿童将近30%的人数无法复学。而这种入学率的下将会进而影响到一国人力资本的积累，长久不利于社会的发展(Cuaresma，2009)。

(二) 自然灾害影响生活习惯和行为

杰克逊(Jackson，1981)认为经历过地震的人们防灾意识更强，并会采取更多的预防措施。许闲(2013)的研究发现自然灾害通过个人储蓄行为的变化进而影响国民经济的发展。如果由于捐款或其他社会救济造成居民储蓄增加时,自然灾害在长期会促进投资从而使社会产出达到新的更高水平的经济均衡值;而如果灾害引发个人及时行乐思想而导致消费增加和储蓄减少时,自然灾害对经济具有长期的抑制作用,使国民经济水平因为灾害的爆发而产生倒退。

(三) 自然灾害导致社会冲突

许多学者们对不同自然灾害的研究都发现,自然灾害容易导致社会冲突,造成社会的动荡和不稳定:干旱和地震导致了非洲国家间的冲突,阿富汗的干旱和刚果东部的火山喷发加剧了地区冲突(Wisner et al., 2004)。即便是一个国家,自然灾害也容易引起内战或动乱:地震发生频繁的国家更容易爆发内部战争(Brancati, 2007);年降雨量每降低 20%使内战的概率增加了 3.6%(Hendrix and Glaser, 2007),而年降雨量每增加 1%使得严重冲突的概率降低了大约 6%(Miguel et al., 2004)。由灾害导致的社会冲突又将进一步影响到经济发展与社会进步,比如灾害引起资源稀缺更加严重(Homer-Dixon, 1999),由冲突所引起的收入的减少(Fiala, 2009)和制约法制的进步(Keefer et al., 2009)。

(四) 自然灾害影响人口结构

最先提出灾害可能会影响到人口结构的文献是富士等人(Fukuda et al., 1996)完成的 1995 年日本阪神地震对男性精子活性影响的研究。他们发现,地震发生之后,来自震级大于 6 级地区的样本的精子活性均发生了大幅度下降,且遭受的损失越大,精子活性恢复得越慢。可见,地震会给人带来巨大的心理压力和创伤,影响他们的精子活性,进而会影响出生率。进一步,富士等人(Fukuda et al., 1998)通过比较同期数据,发现 1995 年日本阪神地震之后,新生儿的男婴比例下降,婴儿出生数量也下降,认为地震会降低新生儿性别比和出生数。

亚美尼亚等人(Armenia et al., 1998)发现,1988 年的苏联亚美尼亚地震中,一个人经历的损失会影响到他后来得慢性病或心脏病的概率以及死亡率;常等人(Chan et al., 2003)通过研究 1999 年中国台湾地震中丧生人口的人口结构,发现女性和老年人口的死亡人数较高,在地震之后，各个年龄段的自然死亡率都有所下降，但是作者并没有给出相应的解释。

以上研究可以看出，自然灾害造成了广泛的社会影响，并且这些影响又将进一步影响到经济增长、政治稳定和社会发展等其他因素。自然灾害的经济、政治和社会影响是密切相连的。本章将研究自然灾害造成的社会影响。考虑到社会影响的复杂性，本章拟选取结婚率和离婚率为重要视角，研究自然灾害对中国婚姻关系的社会影响。

二、自然灾害与婚姻关系

(一) 背景分析

尽管学界对自然灾害的经济影响展开了深入的研究，但是，自然灾害对社会产生的影响，经济学界的研究却显得非常单薄。特别是在中国人口结构可能发生拐点的背景下(蔡昉，2010；刘钧，2011)，婚姻结构成为提高人口质量、促进未来经济增长、化解社会矛盾的关键因素(苏玫瑰、张必春，2008；傅红梅、李湘妹，2008)。从某种程度来讲，合理的婚姻结构决定了中国社会结构的稳定。自然灾害不仅造成了家庭人员的伤害，更重要的是，灾害影响了人民的心理，心理情绪的变化对婚姻行为的选择具有决定性影响。因此，本节拟以地震为切入点，研究灾害对婚姻行为的影响，为灾后心理健康的恢复、社会的稳定提供有意义的经验证据。

根据 2010 年 11 月 8 日成都晚报报道，“5.12”汶川地震之后，四川离婚数量节节攀升，一直位于全国榜首。数据显示，2009 年至 2011 年的离婚数量分别为 19.97 万对、22.1 万对和 23.15 万对，离婚率也从 2007 年的 2.054 5‰逐年上升至 2011 年的 2.8758‰。由此一些社会学家提出了“地震促进离婚”的假说。虽然离婚数量及离婚率的上升背后包含很多复杂的社会因素，如价值观的变化、离婚程序的简化、物质条件的丰富等等，但是汶川地震与四川快速上升的离婚率的关系，折射出地震灾害对人们深刻的社会心理冲击。

自然灾害会对人们的心理产生冲击(Sijmen A Reijneveld et al.,

2003；Mike Ahern et al.，2005；Eun-Hee Chae et al.，2005）。灾害影响婚姻稳定性的作用机制通过以下几个方面实现：首先，突发自然灾害会导致创伤后应激障碍（PTSD），即因目睹死亡或遭遇死亡威胁所产生的延迟出现和持续存在的精神障碍，主要体现为回避、过度警觉、创伤性再体验等（Y.Neria et al.，2008），导致夫妻沟通减少。其次，灾难会重构人们对事物价值的认识，促使人们对亲密关系重新审视（Cohan，Catherine L. et al.，2002），感情不和谐的夫妻会意识到生命的脆弱和宝贵，进而果断分手，重新追寻各自的幸福。第三，灾难会成为感情的"试金石"。据富士电视台报道，被日本人视为世纪浩劫的2011年"3·11"大地震对日本国民，尤其是年轻一代的婚姻观产生了颠覆式的深远影响，大地震后日本的离婚咨询量增加了20%—30%；朝日新闻社出版的《AERA》周刊登载的类似调查结果显示，"地震后考虑过离婚"的日本主妇达到15%。有媒体分析，夫妻失和主要归因于女方对男方在地震时的表现感到失望，因此对对方失去了信任，在离婚理由中，"丈夫在地震发生时抛下妻儿自己逃命"位居榜首。此外，突如其来的地震让一些婚外情暴露端倪，也导致了婚姻的破裂。针对"地震促进离婚率"假说，学界也有反对的声音，例如"四川的人口基数大，所以离婚数量高也是正常的"。但是，这并不能解释2007年之后四川离婚数量及离婚率激增的现象。还有学者提出质疑，"1976年唐山大地震之后，河北的离婚率并没有显著性地发生变化"，因此"地震促进离婚"可能并不成立。但是，20世纪70年代到现在，社会环境和人们的价值观都发生了巨大的变化，尤其是对"离婚"的看法，两个年代存在明显的差异。在没有控制社会、经济、价值观念的前提下，简单地比较唐山地震与汶川地震对婚姻结构的影响，则显得论证不充分。

自然灾害对婚姻结构的影响是一个值得深入挖掘的问题，它所折射出来的是突发性灾难对人们心理的冲击和生活态度的改变。灾害会促使人们更加关注婚姻幸福，提高人们对婚姻质量的要求。一方面，灾害会使原先打算忍受不和谐婚姻的人果断选择离婚，提高离婚率；另一方面，灾害也会使原先打算离婚的人改变自己，更加珍视已有的幸福，降低离婚率。本节的研究发现，地震的发生会导致离婚率上升，而且地震导致的损失越大,离婚率越高。有意思的是,在出现离婚潮的同时,相伴相生的还有震后结婚率的大幅上升。本节的研究证实,地震对部分省份的结婚率也有促进作用,但是其影响没有地震对离婚率的影响显著。

本节使用1999年至2011年中国省级及部分地级市、自治州面板数据进行实证研究,探讨地震灾害对地震发生地区的离婚率和结婚率的影响。本节的主要贡献在于填补了学界关于自然灾害对人们婚姻结构影响的实证研究空白,也是少有的关于自然灾害与人类社会活动的研究,是如何预防地震可能产生的社会问题的重要参考。除此之外,现有文献主要选择个别大地震作为研究对象,本节摒弃了这一做法,实证分析了我国13年间所有地震灾害对离婚率和结婚率的影响,而且采用更细致的地级市、自治州等地区的数据,在尽可能多地控制经济、社会因素解释变量的基础上,探讨地震这一外界冲击对离婚率、结婚率的影响。

(二) 文献回顾

1. 离婚率的决定因素

早在20世纪70年代初,西方学术界对离婚率的研究便已开始活跃起来。近年来,我国也有很多学科都对影响离婚率的因素做出了解释,并逐步形成几种比较有代表性的解释。

首先是人口结构论,认为离婚率主要取决于人口结构的一系列指标,如性别比与离婚率之间存在着负相关关系(Katherine et al., 1989);但也有研究表明,人口的性别结构与婚姻发展之间的关系及地区特征相关,如在美国性别比与离婚水平呈正相关关系,而在瑞士二者之间却是负相关关系(Lester, 1999)。除性别比以外,我国离婚现象的增多与人口结构的其他指标(如年龄结构、教育程度结构等)、人口流动、劳动力市场妇女参工率等人口指标也高度相关(张敏杰,1997;罗萍,1999;张翼,2008等)。

其次是经济社会结构论,认为离婚率主要取决于经济社会的结构特征,如就业压力比较大的地区,离婚率也比较高(South, 1985);经济不景气时离婚率下降,经济复苏繁荣时离婚率上升(Glick et al., 1986);一个价值观念趋同、人际互动良好以及社会联结强固的社会环境会起到稳定婚姻关系、降低离婚水平的作用(Breault and Kposowa, 1987)。我国学者还提出了很多其他经济社会影响因素,如社会关系、社会转型、社会结构、社会阶层、社会聚合力、两性关系,认为初级社会关系日益淡化、传统家庭功能外移、公权合理定位、社会流动增强、社会舆论变化、女性受教育水平与就业率提高、人口城市化、社会阶层的标准从政治中轴向经济收入中轴转变等变化导致了近年中国离婚现象的大量增加(叶文振、林擎国,1998;张学见,2007;付红梅、李湘妹,2008;苏玫瑰、张必春,2008;夏吟兰,2008;陈雯,2009;李雨潼、杨竹,2011 等)。

第三是成本收益论。一方面,我国部分学者从经济学视角出发,通过运用经济学中的成本—效益分析法,发现近年离婚成本的增加可以抑制离婚现象;另一方面,市场经济的开放和竞争打破了过去婚后异性交往的单一性,中国离婚现象增多与离婚成本显著下降、已婚人口潜在婚姻替代资源显著上升关系密切(叶文振,1997;向月波,2011 等)。

最后是婚姻司法影响论。通过对美国 50 个州的离婚水平分析,认为 20 世纪六七十年代美国离婚率的州际差异在一定程度上归因于各州对无过错离婚法不同的执行力度(Nakonezny et al., 1995);还有研究认为,我国各地区在离婚的法定条件方面并无不同规定(少数民族的地方性法规只是对结婚的法定年龄有特殊规定),但各地的司法实践则可能在把握离婚标准方面有所区别,法官的主观判断具有决定作用(徐安琪、叶文振,2002)。

但是以上研究,尤其是国内的研究,均局限于定性分析,侧重于本学科内的理论和经验层面对离婚现象产生的原因进行逻辑的演绎和推理,缺少学科之间的融合。

现有的关于离婚率影响因素的实证分析,也对离婚率定量分析进行了初步尝试。孟秋丽(2000)利用中国的离婚率与社会结构变化的时间序列数据,发现离婚率分别与非农产业人口比重和人口城市化程度显著相关,但并没有同时控制这两个因素;刘嘉殷(2000)运用多因素回归分析模型分析离婚率与各经济指标之间的数量关系,认为引起离婚率变化的主要因素有人们的经济状况、人们选择配偶的自由度(如人口流动,第三产业发展程度等)和人们对婚姻的态度(如文化水平);徐安琪、叶文振(2002)提出包括社会聚合力和家庭结构等五个变量在内的理论模型,以解释我国离婚率的地区差异,发现家庭结构尤其是子女对父母婚姻关系的稳定作用最大,由城市化水平、人口流动系数等指标组成的反映社会聚合力的复合变量也与离婚率呈显著相关;高梦滔(2011)基于中国2003年至2009年的村级微观面板数据,发现农户外出就业人员增多,是近年来农村离婚率上升的一个主要影响因素,村庄的耕地资源、性别比、家庭的未成年子女数量等也均对离婚率有显著影响。

2. 地震对人口结构的影响

科汉等人(Cohan et al., 2002)采用时间序列分析1989年"雨果"飓风后南加利福尼亚州1975年至1997年的人口结构指标,发现在1990年,相比于未受飓风影响的22个国家,受飓风影响的24个国家的结婚数、婴儿出生数和离婚数均有所上升,以此得出结论,认为威胁到生命的重大事件会促使人们对可能影响自己人生轨迹的亲密关系做重大决定。

遗憾的是,目前我国尚没有关于地震对离婚率影响的研究,而国外的研究进展也大多暂时停留在地震对人口结构的影响上。考虑到诸如出生率、死亡率等人口结构指标会对离婚率产生影响,本节也对地震对人口结构影响的文献进行梳理。

最先提出灾害可能会影响到人口结构的文献是福田等人(Fukuda et al., 1996)完成的1995年日本阪神地震对男性精子活性影响的研究。福田等人发现,地震发生之后,来自震级大于6级的地区的样本的精子活性均发生了大幅度下降,并且遭受的损失越大,精子活性恢复得越慢。可见,地震会给人带来巨大的心理压力和创伤,影响他们的精子活性,进而会影响出生率。进一步,他们(Fukuda et al., 1998)通过比较同期数据,发现1995年日本阪神地震之后,新生儿的男婴比例下降,婴儿出生数量也下降,认为地震会降低新生儿性别比和出生数。

学界还有关于地震与死亡人口的研究。亚美尼亚等人(Armenia et al., 1998)发现,1988年的苏联亚美尼亚地震中,一个人经历的损失会影响到他后来得慢性病或心脏病的概率以及死亡率;常等人(Chan et al.,

2003)通过研究 1999 年中国台湾地震中丧生人口的人口结构,发现女性和老年人口的死亡人数较高,在地震之后,各个年龄段的自然死亡率都有所下降,但是作者并没有给出相应的解释。

综上所述,目前学界对自然灾害影响人们婚姻稳定性的研究较少,国外有关地震对人口结构的影响也没有严格的计量分析,仅提供了描述性统计的结果。同时,国内外传统的有关离婚率、结婚率的研究也大多止步于定性分析,而少有的实证文章多采用省级数据,主要探讨经济、社会因素对离婚率、结婚率的影响,在解释变量的选取上有一定的局限性,缺少学科之间的交融。

本章在更全面地控制经济、社会因素解释变量的基础上,采用更细致的地级市、自治州等地区的数据,探讨地震灾害对人们婚姻结构的影响,进而为灾后社会问题的预防与解决提供政策建议。

三、自然灾害社会影响的实证研究

(一) 数据来源与描述分析

1. 数据来源

本节的人口因素、经济因素和社会因素解释变量的数据来自 1999—2011 年《中国统计年鉴》、各地级市、自治州统计年鉴;离婚率、结婚率数据来自 1999—2011 年《中国经济与社会发展统计数据库》;1999—2007 年地震损失数据来自《中国地震年鉴》[1],2008—2011 年地震损失数据来自 2009—2012 年《中国统计年鉴》。

2. 我国地震灾害概况

由于我国幅员辽阔,每个省份受到灾害影响的程度各不相同。表 8.1 描述了 1999—2011 年我国各省份的地震次数、直接经济总损失及因地震导致的伤亡人数。表 8.1 显示,中国地震集中发生在中、西部地区,如四川、云南、甘肃、青海、新疆、西藏等地,导致的经济与人员损失也比其他省份严重。

表 8.1　我国各省地震导致的直接经济、人员损失(1999—2011 年)

省　份	地震发生次数	地震总直接经济损失(万元)	地震总伤亡人数
北　京	0	0	0
天　津	0	0	0
河　北	2	1 607.27	31
山　西	4	14 608.12	81
内蒙古	6	114 800.25	1 134
辽　宁	2	11 500.64	14
吉　林	1	11 068.36	2
黑龙江	1	2 744.68	12
上　海	0	0	0
江　苏	0	0	0
浙　江	1	873.62	0
安　徽	1	23 235.1	0
福　建	1	1 001.73	0
江　西	1	203 759.39	788
山　东	0	0	0
河　南	2	7 125.85	41
湖　北	2	603.12	1
湖　南	0	0	0
广　东	1	2 308.2	0
广　西	1	2 532	4
海　南	1	3 067.92	0
重　庆	4	12 834.85	47
四　川	15	85 769 034	446 347
贵　州	1	0	14
云　南	35	3 387 794	6 716
西　藏	9	183 615.03	237
陕　西	1	1 302	1
甘　肃	11	98 622.489	571
青　海	11	2 344 764.489	13 706
宁　夏	0	0	0
新　疆	31	367 108.49	5 213
总　和	145	92 565 911.6	474 960

资料来源:《中国统计年鉴》、《中国地震年鉴》。

3. 地震频发地级市及自治州的离婚率与结婚率概况

由于甘肃、西藏、新疆和云南大部分地区的数据缺失较为严重，难以形成各自的年份跨度较大的时间序列数据，在描述性统计结果部分，我们主要观察四川和青海的情况。我们选取了年份跨度较长、在1999年至2011年中至少发生一次地震的地级市或自治州。为了方便与地震发生年份的前后年份相比较，我们剔除只在1999年发生地震的地区（如四川省德阳市和绵阳市，青海省果洛藏族自治州和黄南藏族自治州）。各地震频发地级市或自治州的离婚率与结婚率如图8.1至图8.10所示，图中黑色箭头标示地震的冲击，我们发现，在观测的21起地震当中，12起地震当年的结婚率高于前一年，9起地震当年的结婚率低于前一年，而在这9起地震中，有6起地震次年的结婚率有所上升；在观测的19起地震当中

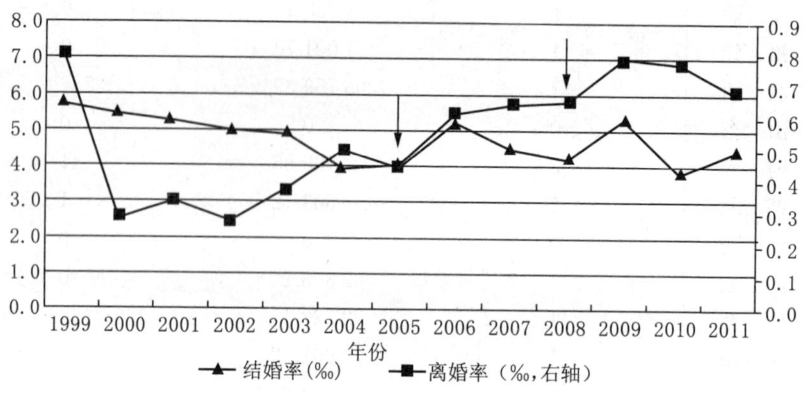

图8.1　四川省阿坝藏族羌族自治州

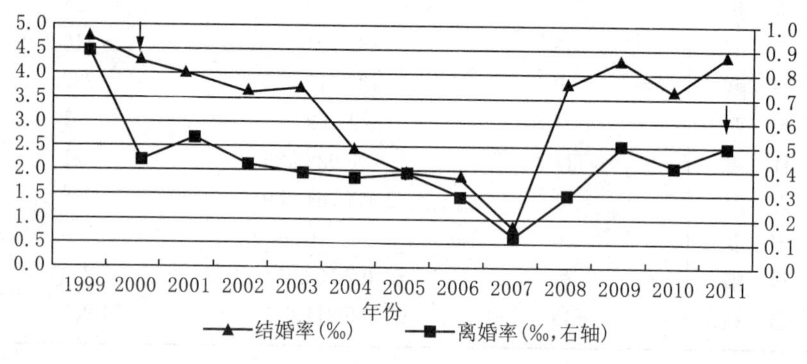

图8.2　四川省甘孜藏族自治州

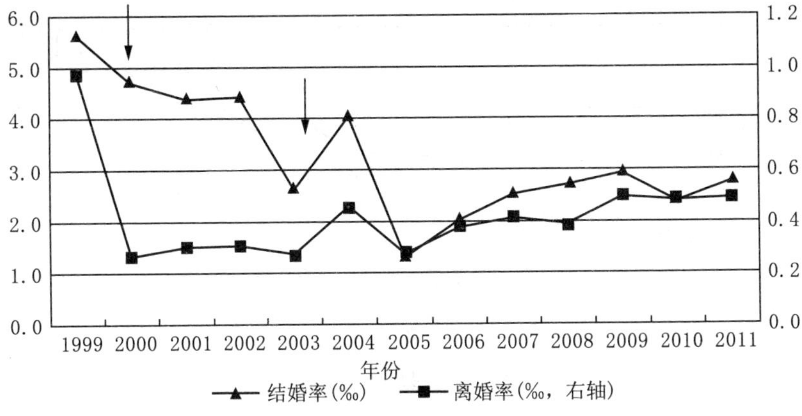

图 8.3　四川省凉山彝族自治州

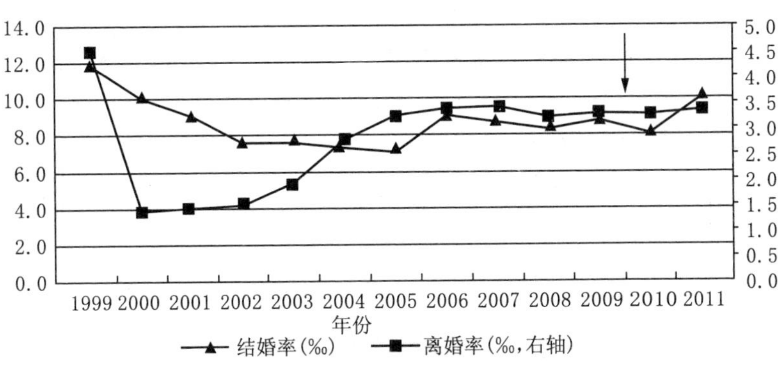

图 8.4　四川省攀枝花市

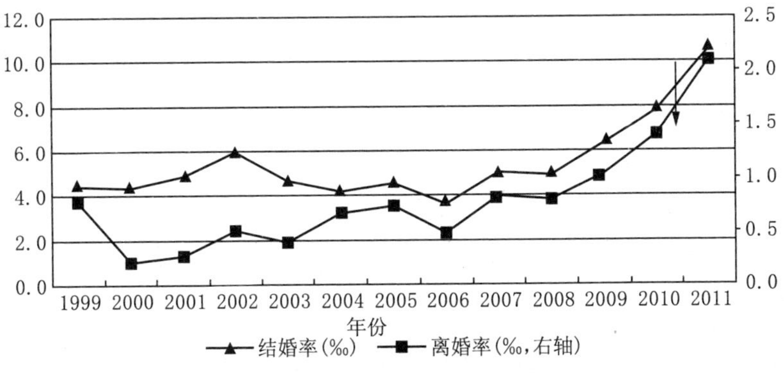

图 8.5　四川省遂宁市

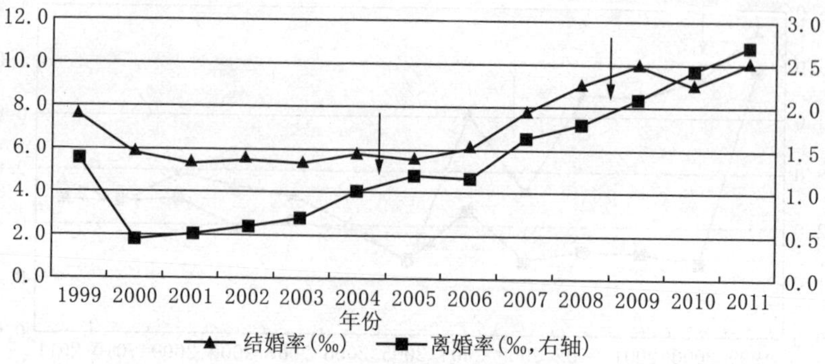

图 8.6 四川省宜宾市

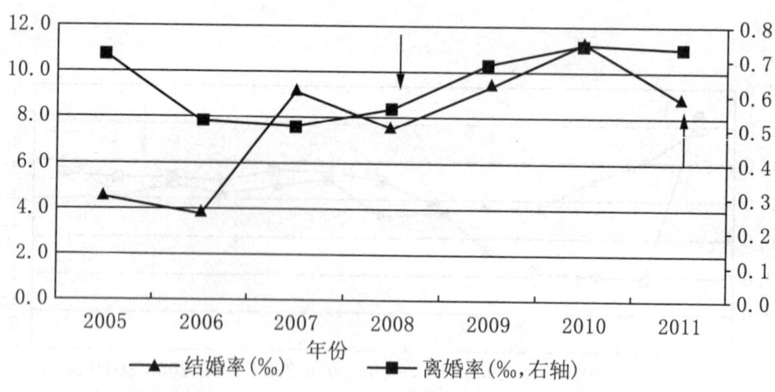

图 8.7 云南省德宏傣族景颇族自治州

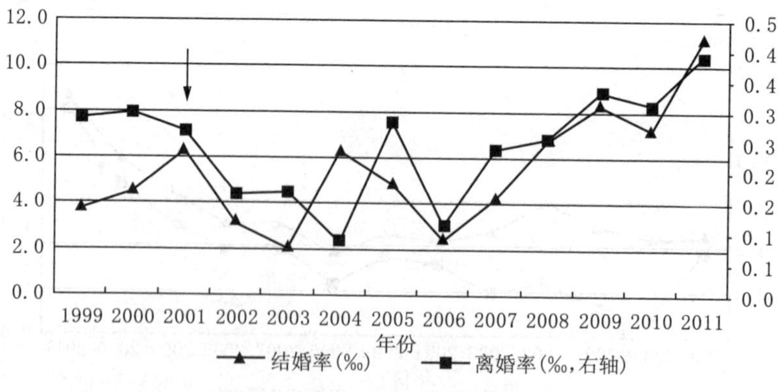

图 8.8 青海省海南藏族自治州

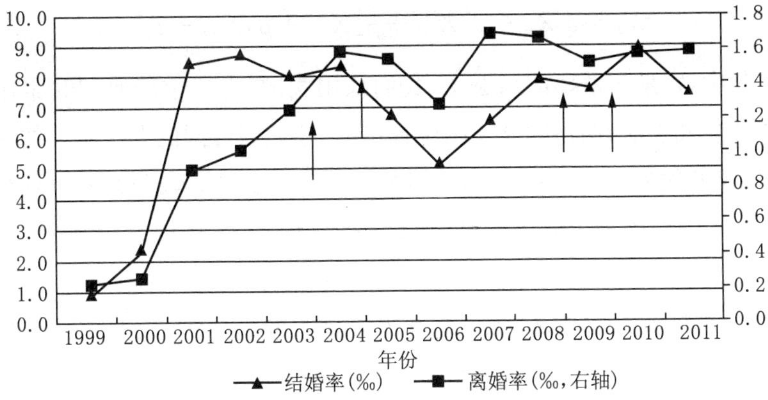

图 8.9　青海省海西蒙古族藏族自治州

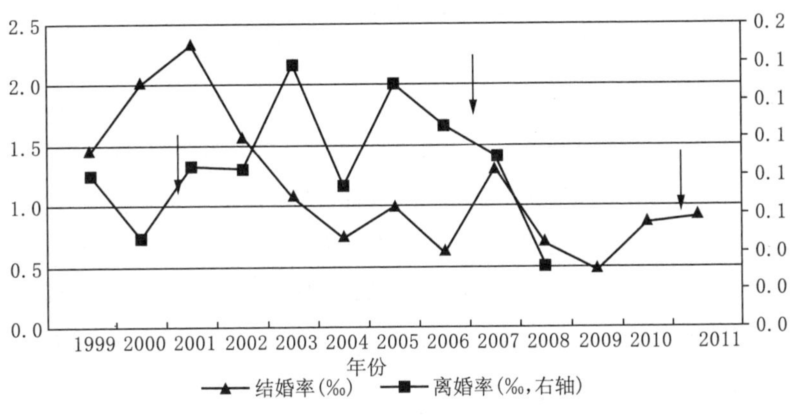

图 8.10　青海省玉树藏族自治州

(由于离婚率缺失,无法观测到另外 2 起地震对离婚率的冲击),8 起地震当年的离婚率高与前一年,11 起地震当年的离婚率低于前一年,而在这 11 起地震中,有 7 起地震次年的离婚率有所上升。所以,我们猜测,地震的冲击会促使结婚率和离婚率上升,这个促进效应可能发生在地震当年,也可能发生在地震次年。

(二) 实证分析

1. 基本模型

通过对文献的梳理,参考刘嘉殷(2000)、徐安琪、叶文振(2002)和高梦滔(2011)等文献,本节控制影响离婚率和结婚率的人口、经济和社会因素,建立以下基本方程:

$$Y_{it} = \alpha' Z_{it} + \beta'_1 X_{1it} + \beta'_2 X_{2it} + \beta'_3 X_{3it} + \varepsilon_{it} \tag{8.1}$$

其中,Y 是离婚率或结婚率,我们采用我国《人口学辞典》和《常用人口统计公式手册》两份权威文献中提出的、参照联合国的办法定义的粗离婚率(或者称为“总离婚率”)和粗结婚率的计算方法,即粗离婚率(或粗结婚率)= 1 000‰×(全年离婚(或结婚)对数/当年平均人口数)(胡卫,2006)。其中,平均人口数=(上一年年末常住人口+本年年末常住人口)/2。Z 是地震变量,包括哑变量当年是否发生地震,以及连续变量当年地震导致的总损失额。X 是解释变量向量,包括三类:X_1 为人口因素,包括影响离婚率或结婚率的人口结构指标,如性别比、出生率、死亡率、大专及以上人口占比、文盲及半文盲人口占比、总负担系数(总负担系数指 0 至 14 岁和 65 岁以上人口与 15 至 64 岁人口的比例)、人口密度、人口净流入比率(由当年人口净流入量除以当年人口总数得到,其中,人口净流入量=当年年末人口-上年年末人口-当年出生人口+当年死亡人口);X_2 为经济因素,包括地震发生地区的城镇化率(即非农户口人口占比)、人均国内生产总值、国内生产总值第三产业占比(可用来衡量该地区信息交流、法律保障、中介服务等方面的便利程度);X_3 为社会因素,包括政府财政支出中社会保障支出占比,用来衡量该地区的社会保障强度,以及城镇单位就业人员中女性占比,该指标可以体现女性的参工率和社会地位。α 和 β 是待估系数。我国省级以及四川、云南、新疆、青海地级市或自治州各变量的描述性统计结果如表 8.2 至表 8.6 所示。

表 8.2 描述性统计结果(省级层面,1999—2011 年)

变 量		平均值	标准差	最小值	最大值	样本数
离婚率(‰)	overall	1.521	0.862	0.309	6.214	N=403
	between		0.702	0.470	3.670	n=31
	within		0.515	0.276	5.640	T=13
结婚率(‰)	overall	7.257	1.992	1.553	15.13	N=403
	between		1.281	2.750	10.37	n=31
	within		1.542	2.224	14.66	T=13
是否发生地震(是=1,否=0)	overall	0.199	0.399	0	1	N=403
	between		0.274	0	0.923	n=31
	within		0.294	−0.725	1.122	T=13

续表

变　量		平均值	标准差	最小值	最大值	样本数
地震损失(万元)	overall	229 407	4.270e+06	0	8.570e+07	N=403
	between		1.183e+06	0	6.598e+06	n=31
	within		4.108e+06	−6.368e+06	7.930e+07	T=13
性别比(女=100)	overall	104.1	3.610	92.25	115.2	N=403
	between		2.662	98.04	110.7	n=31
	within		2.482	96.77	117.7	T=13
出生率(‰)	overall	11.78	3.278	4.850	23.20	N=403
	between		3.077	6.698	17.59	n=31
	within		1.248	8.964	17.83	T=13
死亡率(‰)	overall	6.016	0.669	4.210	7.980	N=403
	between		0.575	4.789	6.952	n=31
	within		0.356	5.080	7.665	T=13
总负担比率(%)	overall	38.36	7.737	19.27	64.49	N=403
	between		6.112	25.96	51.03	n=31
	within		4.860	23.40	57.67	T=13
大专及以上人口占比(%)	overall	0.065 3	0.049 1	0.000 800	0.326	N=403
	between		0.043 9	0.016 2	0.241	n=31
	within		0.023 1	−0.010 3	0.151	T=13
文盲和半文盲人口占比(%)	overall	0.103	0.080 7	0.017 0	0.662	N=403
	between		0.073 0	0.039 3	0.421	n=31
	within		0.036 6	−0.073 8	0.344	T=13
人口密度(人/平方公里)	overall	389.6	419.7	2.010	2 785	N=397
	between		421.3	4.806	2 349	n=31
	within		60.03	119.2	825.3	T=12.81
城镇化率(%)	overall	46.66	15.65	10.66	89.30	N=217
	between		15.09	24.46	88.76	n=31
	within		4.834	15.12	56.41	T=7
人均 GDP(元)	overall	18 940	15 761	2 475	85 213	N=403
	between		11 547	6 571	56 284	n=31
	within		10 912	−8 182	63 084	T=13
第三产业占比(%)	overall	0.394	0.073 0	0.286	0.761	N=403
	between		0.068 3	0.301	0.668	n=31
	within		0.028 3	0.300	0.488	T=13
社会保障支出占比(%)	overall	0.125	0.568	0.007 50	11.24	N=403
	between		0.154	0.036 7	0.918	n=31
	within		0.548	−0.785	10.45	T=13

续表

变　量		平均值	标准差	最小值	最大值	样本数
城镇单位就业人员女性占比(%)	overall		0.186	0.316	3.962	N=384
	between	0.380	0.058 4	0.329	0.659	n=31
	within		0.176	0.086 5	3.683	T－bar=12.39
少数民族人口占比(%)	overall		18.14	0	219.7	N=242
	between	3.482	4.458	0	18.66	n=21
	within		17.60	－14.81	204.5	T－bar=11.52
人口净流入比率(%)	overall		0.025 3	－0.119	0.164	N=372
	between	0.002 69	0.012 2	－0.014 8	0.036 4	n=31
	within		0.022 2	－0.137	0.133	T=12

表 8.3　描述性统计结果(四川地级市/自治州层面,1999—2011 年)

变　量		平均值	标准差	最小值	最大值	样本数
离婚率(‰)	overall		0.872	0.130	4.543	N=265
	between	1.232	0.627	0.380	2.843	n=21
	within		0.621	－0.221	3.134	T－bar=12.62
结婚率(‰)	overall		2.253	0.819	12.58	N=265
	between	6.328	1.308	3.083	8.803	n=21
	within		1.865	2.762	12.69	T－bar=12.62
是否发生地震(是=1,否=0)	overall		0.213	0	1	N=273
	between	0.047 6	0.070 8	0	0.231	n=21
	within		0.202	－0.183	0.971	T=13
地震损失(万元)	overall		5.158e+06	0	8.520e+07	N=273
	between	314 162	1.430e+06	0	6.556e+06	n=21
	within		4.965e+06	－6.242e+06	7.900e+07	T=13

表 8.4　描述性统计结果(云南地级市/自治州层面,2005—2011 年)

变　量		平均值	标准差	最小值	最大值	样本数
离婚率(‰)	overall		0.495	0.135	2.146	N=88
	between	0.870	0.456	0.162	1.692	n=15
	within		0.224	0.500	1.539	T－bar=5.867
结婚率(‰)	overall		3.131	1.036	19.34	N=88
	between	6.949	2.730	1.279	11.68	n=15
	within		2.143	2.245	14.61	T－bar=5.867

续表

变　量		平均值	标准差	最小值	最大值	样本数
是否发生地震(是=1,否=0)	overall	0.125	0.332	0	1	N=112
	between		0.137	0	0.429	n=16
	within		0.304	−0.304	0.982	T=7
地震损失(万元)	overall	24 793	205 086	0	2.154e+06	N=112
	between		77 527	0	312 777	n=16
	within		190 722	−287 984	1.866e+06	T=7

表 8.5　描述性统计结果(新疆地级市/自治州层面,2005—2011 年)

变　量		平均值	标准差	最小值	最大值	样本数
离婚率(‰)	overall	2.198	1.932	0.016 6	10.98	N=53
	between		1.215	0.324	4.498	n=11
	within		1.496	−0.142	10.45	T−bar=4.818
结婚率(‰)	overall	7.008	4.242	0.989	16.77	N=48
	between		3.178	1.151	12.53	n=10
	within		2.922	1.604	18.22	T−bar=4.800
是否发生地震(是=1,否=0)	overall	0.170	0.377	0	1	N=112
	between		0.197	0	0.571	n=16
	within		0.325	−0.402	1.027	T=7
地震损失(万元)	overall	1 713	7 194	0	67 846	N=112
	between		3 079	0	11 949	n=16
	within		6 541	−10 237	57 609	T=7

表 8.6　描述性统计结果(青海地级市/自治州层面,2001—2011 年)

变　量		平均值	标准差	最小值	最大值	样本数
离婚率(‰)	overall	0.606	0.492	0.034 3	2.129	N=93
	between		0.412	0.088 7	1.335	n=8
	within		0.309	−0.474	2.264	T=11.63
结婚率(‰)	overall	5.340	3.125	0.473	12.99	N=96
	between		2.306	1.146	7.371	n=8
	within		2.251	0.379	14.17	T=12
是否发生地震(是=1,否=0)	overall	0.106	0.309	0	1	N=104
	between		0.130	0	0.308	n=8
	within		0.284	−0.202	1.029	T=13
地震损失(万元)	overall	22 546	224 000	0	2.285e+06	N=104
	between		62 261	0	176 602	n=8
	within		216 220	−154 056	2.131e+06	T=13

表 8.7 和表 8.8 是基于省级面板数据的基本模型回归结果。表 8.7、表 8.8 中的模型(1)、(2)、(3)是全部省份的回归结果，我们发现，模型(3)中的地震损失显著为正，如果以平均地震损失 1 亿元为例，离婚率提高 2.57×10^{-5} 个千分点。其他解释变量如文盲和半文盲人口占比、城镇化率、人均 GDP、总负担系数、城镇单位就业人员女性占比等均显著，且系数符号与现有研究相一致；进一步地，我们选取在 1999 年至 2011 年有地震发生的观测值组成非平衡面板数据进行回归，地震损失仍旧显著为正。可见，地震所产生的损失越大，对人们心理的冲击越大，进而导致离婚率有所上升。但是地震损失对结婚率没有显著影响，这可能是因为，一方面，地震虽然促使人们发现爱情、提高恋爱的几率，但是结婚不仅是两个人的选择，还与双方家庭情况密切相关；另一方面，结婚需要长期的考察过程，因此地震对结婚的影响不能够在短期马上显现。

基本模型采用的数据是省级面板数据，可能面临的问题如下：首先，地震的影响可能对地震发生地区的离婚率、结婚率影响更大，所以我们进一步采用地级市和自治州层面的数据进行回归；其次，不同民族的人口具有的婚姻观可能会有所不同，所以我们继续控制少数民族人口占比；第三，地震的影响有可能会对下一年的离婚率和结婚率产生影响，我们通过观测地震的滞后影响，来比较地震滞后一期影响的显著性和对当年离婚率、结婚率影响的显著性。

表 8.7　地震对离婚率的影响(省级层面)

	离婚率(全部省份)			离婚率(地震发生省份)
	(1)	(2)	(3)	(4)
是否发生地震		0.037 2 (0.062 9)		
地震损失			2.57e−09** (1.03e−09)	4.41e−09* (2.48e−09)
性别比	−0.012 2 (0.010 7)	−0.011 5 (0.010 9)	−0.012 3 (0.010 8)	0.162** (0.059 2)

续表

	离婚率(全部省份)			离婚率(地震发生省份)
	(1)	(2)	(3)	(4)
出生率	0.016 0	0.014 4	0.016 9	0.093 4**
	(0.027 1)	(0.027 8)	(0.027 3)	(0.043 7)
死亡率	−0.026 9	−0.027 1	−0.033 6	0.506
	(0.127)	(0.128)	(0.130)	(0.649)
大专及以上人口占比	1.133	1.263	1.129	26.61
	(2.043)	(2.103)	(2.060)	(16.08)
文盲和半文盲人口占比	−1.212	−1.131	−1.232	−1.622
	(1.970)	(1.977)	(1.976)	(7.447)
人口密度	−0.000 545	−0.000 555	−0.000 558	0.000 428
	(0.000 581)	(0.000 568)	(0.000 576)	(0.003 21)
总负担比率	0.021 3	0.021 0	0.022 2	−0.007 08
	(0.013 7)	(0.013 8)	(0.013 8)	(0.074 0)
城镇化率	0.010 8	0.010 8	0.010 8	0.252***
	(0.009 33)	(0.009 33)	(0.009 38)	(0.083 7)
人均 GDP	−2.13e−06	−2.22e−06	−2.16e−06	−0.000 138**
	(6.48e−06)	(6.40e−06)	(6.51e−06)	(5.15e−05)
第三产业占比	−0.816	−0.830	−0.837	−4.920
	(0.937)	(0.942)	(0.944)	(4.727)
社会保障支出占比	−0.005 47	−0.005 36	−0.005 88	−1.155
	(0.008 19)	(0.008 22)	(0.008 23)	(1.165)
城镇单位就业人员女性占比	−2.966**	−2.927**	−2.982**	−5.635
	(1.252)	(1.256)	(1.267)	(17.17)
人口净流入比率	1.343	1.372	1.304	−19.75***
	(1.118)	(1.108)	(1.113)	(6.066)
常数项	3.046**	2.980**	3.086**	−23.85***
	(1.309)	(1.294)	(1.313)	(6.624)
省份固定效应	Yes	Yes	Yes	Yes
时间固定效应	Yes	Yes	Yes	No
样本数	212	212	212	36
R-squared	0.962	0.962	0.962	0.998

注：括号中是省级聚类稳健标准误；***、**、*分别表示在1%、5%、10%水平上显著。

表 8.8　地震对结婚率的影响(省级层面)

	结婚率(全部省份)			结婚率(地震发生省份)
	(1)	(2)	(3)	(4)
是否发生地震		0.288 (0.236)		
地震损失			3.08e−09 (4.37e−09)	−4.14e−10 (6.91e−09)
性别比	−0.030 8 (0.042 8)	−0.025 5 (0.042 9)	−0.031 0 (0.043 0)	0.517*** (0.129)
出生率	0.381** (0.149)	0.368** (0.152)	0.382** (0.149)	0.223* (0.125)
死亡率	0.076 6 (0.330)	0.074 7 (0.326)	0.068 5 (0.334)	3.103** (1.158)
大专及以上人口占比	14.31 (8.798)	15.33* (8.689)	14.31 (8.810)	49.29* (25.63)
文盲和半文盲人口占比	3.602 (7.809)	4.228 (7.899)	3.578 (7.857)	14.98 (17.87)
人口密度	0.000 919 (0.002 76)	0.000 843 (0.002 74)	0.000 904 (0.002 78)	0.009 04 (0.008 00)
总负担比率	−0.024 9 (0.061 0)	−0.027 6 (0.060 8)	−0.023 9 (0.062 3)	−0.410* (0.224)
城镇化率	0.025 6 (0.039 0)	0.025 5 (0.038 9)	0.025 5 (0.039 1)	1.011** (0.354)
人均 GDP	−8.95e−05** (3.58e−05)	−9.02e−05** (3.54e−05)	−8.95e−05** (3.59e−05)	−0.000 497** (0.000 170)
第三产业占比	0.956 (3.304)	0.848 (3.259)	0.931 (3.333)	−24.39* (13.11)
社会保障支出占比	−0.055 3 (0.039 3)	−0.054 4 (0.039 0)	−0.055 8 (0.039 1)	2.717 (1.895)
城镇单位就业人员女性占比	−1.404 (3.654)	−1.109 (3.610)	−1.424 (3.685)	−33.46 (37.74)
人口净流入比率	−1.145 (3.408)	−0.921 (3.432)	−1.192 (3.389)	−85.63*** (18.37)
常数项	4.117 (6.388)	3.610 (6.299)	4.165 (6.429)	−68.46** (25.18)

续表

	结婚率(全部省份)			结婚率(地震发生省份)
	(1)	(2)	(3)	(4)
省份固定效应	Yes	Yes	Yes	Yes
时间固定效应	Yes	Yes	Yes	No
样本数	212	212	212	36
R-squared	0.820	0.821	0.820	0.991

注:括号中是省级聚类稳健标准误;***、**、*分别表示在1%、5%、10%水平上显著。

2. 稳健性检验

(1) 地级市、自治州。

考虑到地震可能对发生地的离婚率、结婚率影响较大,我们选取了地震频发且数据较全的四个省份四川、云南、新疆和青海,由于各个省份可得的变量不一样(四川和云南有地级市层面的社会保障支出占比数据,而青海则有人均床位数,新疆则没有可以衡量社会保障水平的变量),所以我们选择每个省份分别回归,不仅能看到地震在地级市或自治州层面的影响,还能够控制省级层面的、在表8.7和表8.8模型中没有控制的其他影响因素。

表8.9是四川、云南、新疆、青海各地区地震对离婚率影响的回归结果。四川的地震哑变量系数显著为正,青海的地震损失变量系数显著为正,新疆的地震损失变量接近显著,可见,在同省内比较,发生地震会显著提高当地离婚率,而且地震造成的损失越大,离婚率上升得越多,而且地震对云南离婚率的影响相比其他地区较不显著,对青海离婚率的影响最显著。而地震对结婚率的影响在地级市或自治州层面不是很明显,四川的地震损失变量显著为正,其余省份的地震变量均不显著,可见,地震对于结婚率的影响在不同的省份内存在差异,如表8.10所示。徐安琪、叶文振(2002)认为,影响我国离婚率地区差异的因素是一个由经济、社会、家庭结构、民族文化、司法控制和人口结构多元因素交互影响的复合机制。但是由于数据的限制,我们没有办法控制所有可能影响婚姻结构的因素。

表 8.9 地震对离婚率的影响(地级市/自治州层面)

	离婚率(四川各地区)		离婚率(云南各地区)		离婚率(新疆各地区)		离婚率(青海各地区)	
	(1)	(2)	(3)	(4)	(5)	(6)	(7)	(8)
是否发生地震	0.132*		0.037 6		0.879		0.102	
	(0.066 2)		(0.108)		(0.724)		(0.067 6)	
地震损失		1.22e−09		3.19e−08		4.94e−05		9.21e−06**
		(1.59e−09)		(4.08e−08)		(3.47e−05)		(3.38e−06)
常数项	−0.822	−0.731	4.995	4.891	−20.98	−19.82	4.266	4.217
	(1.014)	(0.988)	(3.455)	(3.153)	(25.41)	(26.14)	(2.783)	(2.616)
地级市/自治州固定效应	Yes	Yes	Yes	Yes	Yes	Yes	Yes	Yes
时间固定效应	Yes	Yes	Yes	Yes	Yes	Yes	Yes	Yes
样本数	231	231	72	72	34	34	61	61
R-squared	0.921	0.920	0.923	0.923	0.945	0.940	0.886	0.887

注:括号中是地级市或自治州聚类稳健标准误;***、**、* 分别表示在1%、5%、10%水平上显著。除表中反映的解释变量外,我们还控制了性别比、出生率、死亡率、城镇化率、人均GDP、第三产业占比和人口净流入比率;四川还控制了人口密度、社会保障支出占比、城镇单位就业人员女性占比;云南还控制了人口密度、社会保障支出占比;新疆还控制了人口密度、少数民族人口占比;青海还控制了卫生机构人均床位。

表 8.10　地震对结婚率的影响(地级市/自治州层面)

	结婚率(四川各地区)		结婚率(云南各地区)		结婚率(新疆各地区)		结婚率(青海各地区)	
	(1)	(2)	(3)	(4)	(5)	(6)	(7)	(8)
是否发生地震	0.431**		−0.781		5.546		0.382	
	(0.199)		(0.665)		(5.816)		(0.512)	
地震损失		−6.87e−09		5.02e−07		6.67e−05		2.37e−07
		(7.84e−09)		(4.46e−07)		(0.000 161)		(6.13e−07)
常数项	1.118	1.291	0.892	4.985	9.001	37.66	−17.21	−16.68
	(3.803)	(3.778)	(18.43)	(19.43)	(97.38)	(126.7)	(12.39)	(13.47)
地级市/自治州固定效应	Yes	Yes	Yes	Yes	Yes	Yes	Yes	Yes
时间固定效应	Yes	Yes	Yes	Yes	Yes	Yes	Yes	Yes
样本数	231	231	72	72	31	31	64	64
R-squared	0.836	0.835	0.843	0.841	0.875	0.849	0.817	0.817

注:括号中是地级市或自治州聚类稳健标准误;***、**、*分别表示在1%、5%、10%水平上显著。除表中反映的解释变量外,我们还控制了性别比、出生率、死亡率、城镇化率、人均GDP、第三产业占比和人口净流入比率;四川还控制了人口密度、社会保障支出占比、城镇单位就业人员女性占比;云南还控制了人口密度、社会保障支出占比;新疆还控制了人口密度、少数民族人口占比;青海还控制了卫生机构人均床位。

(2) 少数民族。

地震大多发生在少数民族自治州，少数民族的宗教信仰、文化习俗都可能对整个地区表现出来的婚姻观产生影响，进而影响当地的离婚、结婚行为，具体体现在离婚率和结婚率上。所以，我们在基本模型的基础上引入当地少数民族人口占比。由于四川、云南和青海的少数民族人口数据缺失，新疆的样本太少，我们在表 8.11 中报告了省级层面的回归结果。表 8.11 结果显示，在省级层面，地震损失的系数显著为正，地震产生的损失越大，离婚率越高，可见，控制少数民族人口之后，地震对离婚率的促进作用仍旧存在；但是，地震对结婚率的影响在省级层面不显著。

表 8.11　地震对离婚率的影响(省级层面，加入少数民族人口占比)

	离婚率(全部省份)		结婚率(全部省份)	
	(1)	(2)	(3)	(4)
是否发生地震	0.047 0 (0.082 7)		0.060 0 (0.260)	
地震损失		3.50e−09** (1.36e−09)		−4.13e−10 (6.74e−09)
少数民族人口占比	0.000 580 (0.000 546)	0.000 697 (0.000 438)	−0.001 63 (0.004 03)	−0.001 41 (0.003 63)
常数项	1.397 (1.682)	1.521 (1.679)	−3.579 (7.673)	−3.518 (7.692)
省份固定效应	Yes	Yes	Yes	Yes
时间固定效应	Yes	Yes	Yes	Yes
样本数	136	136	136	136
R-squared	0.972	0.972	0.862	0.862

注：括号中是省级聚类稳健标准误；***、**、*分别表示在1%、5%、10%水平上显著。除表中反映的解释变量外，我们还控制了性别比、出生率、死亡率、大专及以上人口占比、文盲和半文盲人口占比、人口密度、总负担比率、城镇化率、人均GDP、第三产业占比、社会保障支出占比、城镇单位就业人员女性占比、少数民族人口占比和人口净流入比率。

(3) 地震的滞后影响。

我们通过前文的描述性统计结果了解到，地震对离婚率、结婚率的影响可能存在滞后作用，且滞后期数有可能是一期。所以，我们在基本模型的基础上，控制上一年度是否发生地震的哑变量或上一年度地震损失，结果如表 8.12 至表 8.14 所示。表 8.12 显示，在地震发生省份，地震产生的损失对下一年的离婚率、结婚率有显著的促进作用，地震产生的损失越大，下一年离婚率和结婚率越高，但是在全部省份的回归中，地震变量均不显著，这说明地震对地震发生省份婚姻结构的影响更具有持续性。但是如果每个省分别来看，地震对四川省的离婚率和结婚率影响显著为正，其余均不显著，可见，地震对离婚率、结婚率的滞后一期影响并不是很明显，在不同省份的作用效果也有所差异，如表 8.13、8.14 所示。

表 8.12　地震对离婚率、结婚率的影响(省级层面，地震的滞后影响)

	离婚率(全部省份)		离婚率(地震发生省份)	结婚率(全部省份)		结婚率(地震发生省份)
	(1)	(2)	(3)	(4)	(5)	(6)
去年是否发生地震	−0.040 5			−0.203		
	(0.037 6)			(0.157)		
去年地震损失		1.18e−09	1.16e−08***		5.94e−09	4.45e−08**
		(9.73e−10)	(2.33e−09)		(5.32e−09)	(1.51e−08)
性别比	0.000 152	0.000 557	0.134***	0.040 0	0.042 0	0.417**
	(0.013 1)	(0.013 5)	(0.029 0)	(0.057 1)	(0.059 5)	(0.162)
常数项	1.434	1.417	−23.82***	−3.591	−3.677	−67.62**
	(1.657)	(1.709)	(3.046)	(7.322)	(7.686)	(23.15)
省份固定效应	Yes	Yes	Yes	Yes	Yes	Yes
时间固定效应	Yes	Yes	Yes	Yes	Yes	Yes
样本数	136	136	40	136	136	40
R-squared	0.972	0.972	0.999	0.863	0.862	0.995

注：括号中是省级聚类稳健标准误；***、**、*分别表示在 1%、5%、10%水平上显著。除表中反映的解释变量外，我们还控制了性别比、出生率、死亡率、大专及以上人口占比、文盲和半文盲人口占比、人口密度、总负担比率、城镇化率、人均 GDP、第三产业占比、社会保障支出占比、城镇单位就业人员女性占比、少数民族人口占比和人口净流入比率。

表 8.13　地震对离婚率的影响(地级市/自治州层面,地震的滞后影响)

	离婚率(四川各地区)		离婚率(云南各地区)		离婚率(新疆各地区)		离婚率(青海各地区)	
	(1)	(2)	(3)	(4)	(5)	(6)	(7)	(8)
去年是否发生地震	0.283**		−0.157		−0.299		0.024 2	
	(0.103)		(0.121)		(0.316)		(0.056 9)	
去年地震损失		−5.46e−10		−2.21e−08		−1.53e−05		5.15e−06
		(1.06e−09)		(4.56e−08)		(1.62e−05)		(5.35e−06)
常数项	−0.834	−0.740	5.940	4.865	−23.16	−23.16	3.796	4.132
	(0.930)	(0.986)	(3.508)	(3.194)	(23.63)	(23.63)	(2.744)	(2.815)
地级市/自治州固定效应	Yes	Yes	Yes	Yes	Yes	Yes	Yes	Yes
时间固定效应	Yes	Yes	Yes	Yes	Yes	Yes	Yes	Yes
样本数	231	231	72	72	34	34	61	61
R-squared	0.924	0.920	0.928	0.923	0.966	0.966	0.885	0.885

注:括号中是地级市或自治州聚类稳健标准误;***、**、*分别表示在1%、5%、10%水平上显著。除表中反映的解释变量外,我们还控制了性别比、出生率、死亡率、城镇化率、人均GDP、第三产业占比和人口净流入比率;四川还控制了人口密度、社会保障支出占比、城镇单位就业人员女性占比;云南还控制了人口密度、社会保障支出占比;新疆还控制了人口密度、少数民族人口占比;青海还控制了卫生机构人均床位。

表 8.14　地震对结婚率的影响(地级市/自治州层面,地震的滞后影响)

	结婚率(四川各地区)		结婚率(云南各地区)		结婚率(新疆各地区)		结婚率(青海各地区)	
	(1)	(2)	(3)	(4)	(5)	(6)	(7)	(8)
去年是否发生地震	1.550***		−1.454		1.185		0.928	
	(0.520)		(1.016)		(1.554)		(0.769)	
去年地震损失		−6.53e−10		−9.43e−08		6.08e−05		−5.75e−07*
		(5.65e−09)		(4.80e−07)		(7.98e−05)		(2.98e−07)
常数项	0.883	1.376	14.36	4.259	70.18	70.18	−20.40	−14.53
	(3.276)	(3.768)	(22.03)	(20.07)	(69.16)	(69.16)	(12.59)	(15.99)
地级市/自治州固定效应	Yes	Yes	Yes	Yes	Yes	Yes	Yes	Yes
时间固定效应	Yes	Yes	Yes	Yes	Yes	Yes	Yes	Yes
样本数	231	231	72	72	31	31	64	64
R-squared	0.849	0.835	0.851	0.840	0.970	0.970	0.821	0.819

注:括号中是地级市或自治州聚类稳健标准误;***、**、* 分别表示在 1%、5%、10%水平上显著。除表中反映的解释变量外,我们还控制了性别比、出生率、死亡率、城镇化率、人均 GDP、第三产业占比和人口净流入比率;四川还控制了人口密度、社会保障支出占比、城镇单位就业人员女性占比;云南还控制了人口密度、社会保障支出占比;新疆还控制了人口密度、少数民族人口占比;青海还控制了卫生机构人均床位。

四、小　结

自然灾害的发生影响到教育、价值取向、人口结构等多个方面，甚至容易造成社会冲突。为了更清晰地分析自然灾害可能造成的社会损失，本章从婚姻结构的视角进行定量研究，力求通过实证经验说明自然灾害的社会影响和灾后救助中对社会问题予以重视的必要性。本书是少有的关于自然灾害与人类社会活动的研究，是如何预防自然灾害可能产生的社会问题的重要参考。

自然灾害对婚姻结构的影响是一个值得深入挖掘的社会问题。它所折射出来的是突发灾难对人们心理的冲击和生活态度的改变。一方面，自然灾害的发生会促使人们更加关注婚姻幸福，提高人们对婚姻质量的要求；另一方面，自然灾害也会使原先打算忍受不和谐婚姻的人果断选择离婚，提高离婚率。

本章主要考察了地震对地震发生地区的离婚率和结婚率的影响。我们发现，在控制了人口因素、经济因素、社会因素的影响之后，地震在省级层面和几个地震频发省份的地级市或自治州层面对离婚率都有显著正向的作用，即地震的发生会促使离婚率上升，地震导致的损失越大，离婚率上升得也越多，地震损失每提高1亿元，离婚率增加 2.57×10^{-5} 个千分点。相比之下，地震对结婚率的作用没有对离婚率的作用显著。同时，我们发现，地震对离婚率的影响主要发生在地震发生当年，地震的滞后影响在省级层面显著，但是对于地震频发省份，这种效应逐渐弱化。这印证了我们“地震影响心理因素，导致婚姻观念的改变”的猜想，地震在我国历史上发生频率相比其他灾害略低，但是导致的经济损失和人员伤亡较大，这种突如其来的巨大打击强烈冲击人们的心理，从而影响人们对生活和婚姻的看法。从某种程度上，地震会通过促使人们发现真爱，珍惜生命的心理路径，来提高对婚姻质量的要求。在这种心理影响下，对婚姻的不满意，会提高果断离婚的几率，然而相对于离婚，结婚行为的选择，可能会延长彼此“考察”的期限，这也降低了地震对结婚率的影响机制。

可见，自然灾害不仅带来巨大的经济损失，也影响着社会结构和冲击人们的心理，可能引发离婚率上升、家庭破裂等社会问题，成为导致社会不稳定的诱因。所以，除了经济上的救助与补偿，对灾害发生地区的人们进行适当的针对家庭关系、婚姻关系的心理疏导同样重要。

注　释

[1] 因2003年以前《中国统计年鉴》不报告各省地震损失数据，2008年后不再出版《中国地震年鉴》，因此1999—2007年数据采自《中国地震年鉴》、2008—2011年数据采自《中国统计年鉴》。

第九章
自然灾害的保险经济学分析

一、文献综述与分析

研究自然灾害的经济影响目的在于更好地防灾减灾，而保险应对机制是救灾减灾体系中重要的工具，它为个人、企业和政府提供资金，以在资源匮乏的情况下应对自然灾害并从中恢复。如果没有灾害保险，社会发展可能停滞并落后数年(Swiss Re, 2010, p.13)。在国际自然灾害损失中，保险公司一般承担着重要的赔付角色，分担30%左右的灾害损失(郑功成，2010；许闲，2014)，比如2013年全球自然灾害所造成的1 350亿美元损失中，保险赔付覆盖了350亿美元的损失(Munich Re, 2014)。

保险作为应对自然灾害的有效机制在学术界并无争议，事实上不同国家的实践也证明了保险机制的有效性和必要性。但是，对于自然灾害保险的提供方式上，学界却有不同的观点。

一类研究认为商业保险本身可以有效地针对自然灾害提供风险转移。霍夫曼(Hofman, 2006)认为私人保险公司可以提供完全巨灾保险保障，政府不需要干预巨灾保险市场，通过完全市场原则和市场竞争机制来解决巨灾保险产品的供给和需求，从而实现市场的均衡。商业保险公司之所以能够单独提供应对自然灾害的风险转移机制，一方面是他们会采用风险渐进可保的方式(Priest, 1996)，严格遵循保险经营的市场准则来提供产品；另一方面也可以利用各种新型风险管理工具和管理策略，通过再保险或者其他金融创新的方法对巨灾风险进行有效转移(Doherty and Richter, 2002)。

另一类研究认为由于自然灾害的巨额损失和偶发性,使得仅仅依靠商业保险公司提供保险具有局限性。戈勒尔(Gollier, 2005)从政府公共干预与市场效率福利增长的比较分析入手,对巨灾保险产品是否满足林达尔均衡(Lindahl Equilibrium)条件进行分析和论证,并认为巨灾保险市场的某些公共属性完全由商业保险公司提供,必定存在市场失灵的现象。亚历山大(Alexander, 2000)认为巨灾风险面临一系列的社会选择,当涉及多个经济利益主体并且与整体社会福利相关时,巨灾风险的最终损失需要在社会各个群体或者利益集团之间进行分摊。在这种情况下市场是缺乏效率的,为实现社会的公平和兼顾社会集体利益,政府干预是必然的选择,政府对巨灾保险市场的规制以及对巨灾市场失灵的矫正都是基于对公共利益保护的需要。这一观点再次说明了本书探讨自然灾害的经济影响、损失评估和保险应对机制的内在关联性,防灾救灾减灾是一个综合工程。

第三类研究认为有效应对自然灾害的机制是保险公司和政府间的合作。艾米克(Eimicke, 2002)的研究表明,政府干预巨灾保险市场是矫正市场失灵的最优方式,这些方式包括通过执照许可、组织形式设立、所有权限制等手段来解决巨灾保险市场中的垄断现象,通过政策控制、法律法规限制与申述权控制来干预巨灾保险市场中的信息不对称性问题;通过发放补贴、税收优惠等方式来处理外部性和公共属性问题等等。麦克纳布和皮尔逊(Mcnabb and Pearson, 2010)认为,商业保险公司可以在灾害发生后有效地对灾害损失进行赔付,但是如果保险公司需要继续改善风险和风险管理并且提高资本的回报率,还需要政府的相关扶持,具体包括通过发展和完善基础设施和服务来鼓励和支持保险公司承保巨灾保险,通过教育等途径增强人们的风险防范意识,进一步刺激巨灾保险需求等等方式和渠道。昆鲁斯(Kunreuther, 2008)主张建立市场和政府之间的合作伙伴关系(Public-Private Partnership, PPP),政府以管理者和最后投保人的身份参与 PPP,而保险公司以参与者和实施者的角色在 PPP

中发挥作用，政府与保险公司各自承担自己范围内的有限风险责任，通过政府与市场两方优势的合作与互补保证市场效率和社会公平。

实际上，近年来我国许多学者已经开始针对自然灾害保险机制的相关研究，但是尚未取得共识。周延礼(2009)认为要由政府和监管机构牵头建立自然灾害保险基金，构建由保险公司主办、政府支持建立的自然灾害风险分担机制，从普通的财产保险中分离出新型自然灾害保险产品，实施差异化费率和完善保险赔付体系，从而实现多层次的中国自然灾害保险体系。石兴(2011)提倡建立自然灾害风险新型共保体，解决自然灾害风险可保性优化问题。何小伟(2011)通过考察强制保险中社会保险和强制性商业责任保险的两种基本形态，总结出强制保险发展的基本逻辑，以此为依据论证了自然灾害保险并没有满足采用强制性参保方式的相关标准。赵苑达(2009)从风险承担主体、责任限额及其划分、风险分散和自然灾害防损等方面，构建了我国居民家庭财产自然灾害保险制度的基本框架。

国内还有大量的学者对国外巨灾保险的经验进行了介绍，不过鲜有文献针对我国如何利用保险机制进行防灾减灾进行量化的分析，探讨开发自然灾害保险的技术与产品设计。实际上，当前非常有必要结合中国的国情与实际经验，在研究自然灾害经济影响和损失评估的基础上，探讨如何采用保险机制转移自然灾害损失风险，定性与定量分析政府与商业保险机制如何通力合作减少自然灾害造成的损失和对经济的负面影响。本章也将对此作一些尝试。

二、保险业参与灾害管理的国际模式

灾害已然成为影响当前社会稳定发展的重要不稳定因素。仅2010年全球范围内便历经了海地地震、索马里旱灾、巴基斯坦洪灾、俄罗斯森林火灾等百年难遇的重大自然灾害和非洲布基纳法索瘟疫、刚果黄热病、俄罗斯西伯利亚矿难、刚果(金)公路车祸等多起人为灾害，死伤人数数以百计，造成经济损失逾2 000亿美元。由于保险的基本功能在于通过风险分散机制的设计实现风险从个人或者企业到保险公司之间的转移，通过保险公司合理有效的管理降低风险发生概率和损失程度，从而实现社会的稳定发展和为国家经济与人类文明保驾护航，因此全球灾害环境的变化无疑为保险业的发展提供了机遇和挑战。

(一) 灾害环境变化背景下保险业的使命

灾害是社会与自然综合作用的产物。因此，灾害环境是时间和空间动态作用下灾害根源对受灾对象所造成的物理损失。由于物理损失在表述上具有极限性，通常我们将物理损失借助货币予以量化，也就是习惯表述中的直接经济损失或间接经济损失。

对灾害环境的定义，可以帮助我们认识人类所面临的困境。一方面，环境的恶化破坏了生态平衡，导致灾源发生的频率与辐射范围加大。工业社会的发展导致大量二氧化碳排放，全球气候变暖和极端天气增加；过度开采与不可再生资源的破坏导致资源枯竭，环境内生的平衡机制功能紊乱；粗放式的生产在追求效益的同时忽视了安全与有效风险控制，导致大量人为惨剧发生等等。另一方面，经济的发展在增加了社会财富的同时，也导致了灾源所影响到的对象和物理损失加大，从而给人类社会带来更为严重的经济损失。可见，灾害环境的恶化给人类社会的影响是双重的：物理环境的恶化和社会环境损失的加大。因此，灾害管理应该探讨的重点在于如何通过机制设计降低社会环境损失，提高人类抵御灾害的能力，改善和保护物理环境，同时引导人类活动与赖以生存的自然与社会环境之间和谐共处。

灾害环境的变化以及由此产生的灾害管理任务，为保险业的发展提供了有利的发展机遇。保险不仅起源于人们规避灾害的良好愿望，更是当前巨灾频发和损失加大趋势下管理灾害和控制灾害的有效工具。保险业通过保险机制的设计引导民众提高风险防范意识和减少环境破坏行为和实现灾害的灾前防御；借助风险转移机制进行灾后补偿，减少政府用于赈灾的财政负担与政治压力，筹措特殊事件与灾害的巨额赔偿金；对灾害进行财务管理，将巨灾风险分散至全球资本市场，开发设计灾害风险相关的金融衍生产品，构筑全球范围内灾害管理的有效模式，实现国际间灾害与保险的协作等等。总之，保险业可以利用灾害环境的变化推动相关业务的发展，在实现自身增长的同时实现社会稳定，增加国家福利，构建政府、保险业与社会的多方共赢。

(二) 国际间保险业参与灾害管理的多种模式

国际上保险业参与灾害管理有多种模式，大体而言，可以分为纯商业保险模式、强制性保险模式和联合保险模式。纯商业保险模式是指完全依靠市场机制的调节，通过商业保险公司提供相关保险产品和服务帮助投保人实现有效灾害管理。纯商业保险模式是保险业参与灾害管理的最基本模式，也是保险业本身的核心业务之一，因为保险本身就是承保人类社会由于突发性事故和灾害所造成的物质损失（财产保险产品）和人身安全损失（人身保险）。对于比如火灾、交通事故、暴风雨等普发性灾害（难）而言，纯商业保险模式是极为有效的风险管理工具。不过，由于纯商业保险模式完全依赖市场机制，面对大灾巨灾往往出现保险有效需求不足、费率厘定过高、偿付能力不足等情况，所以纯商业保险模式在灾害管理过程中有着一定的局限性。

强制性保险模式类似于社会保险的管理方式，即国家通过立法对义务投保人、承保风险、被保险人和保险人的权利与义务等予以明晰，从而实现灾害风险由社会向保险公司的强制性转移。瑞士的地震保险是强制性保险模式的范例之一。瑞士政府于 2008 年将地震保险确认为该国的强制性保险，该险种的运营主体主要是瑞士各州的建筑物保险公司。瑞士地震保险要求该国的建筑物都必须强制性投保，价值 50 万瑞士法郎的建筑物应该缴纳的年保险费大约为 50 瑞士法郎，保险费率仅仅为保险价值的 0.01%。强制性保险的好处在于保险费率的厘定并不与各个地区的实际风险相挂钩，使得灾害风险高的人群免于承受高额保险费的负担，而风险低的人群也在可以承担的范围内转移自身风险，增加了社会的公平性和稳定性。强制性商业保险主要是用于对大灾难、大范围和小概率风险的有效管理。

联合保险模式是当前全球范围内灾害管理的主流模式，它是指政府与保险公司以互补形式联合对灾害进行管理，运用保险功能和采用保险公司管理模式实现有效灾害管理。不过由于各个国家的政治体制、社会环境和人文历史不同，联合保险模式在各个国家之间也存在很大区别。比较典型的联合保险模式，包括土耳其的政府运营模式、捷克和美国等国家的政府救济模式、墨西哥的政府投保模式等等。

土耳其巨灾保险联合体是政府运营模式的例子之一。2000 年土耳其政府在世界银行的帮助下，由土耳其政府、保险公司和世界银行所共同建立了土耳其巨灾保险联合体（TCIP）。该联合体作为直接保险人专门承保地震造成的损失，政府不仅制定法律将地震保险确立为强制性保险，而且负责巨灾保险基金运作机制的设计、运行和监管等事宜，主导开发强制性地震保险条款。此外，土耳其政府还作为巨灾保险联合体的再保险人，以政府信用为地震保险实行担保。

另一种联合保险模式依旧以保险公司为灾害管理主体，依赖保险公司承担主要灾害损失和灾后重建的主要资金来源，同时政府在重大灾害中积极分摊保险公司的赔付压力，实现政府与保险公司的互补关系。捷克共和国在 2002 年洪水所造成的经济损失中，50％的经济损失通过保险公司的赔付对受灾地区民众进行补偿，50％的经济损失则由政府承担进行受灾补助；美国 2005 年因为飓风所造成的经济损失高达 2 000 亿美金，其中保险公司的赔付为 600 亿美金，剩下的经济损失则通过政府补助等方式予以承担。

墨西哥的联合保险模式则是由政府承担投保人的角色。墨西哥政府运用本国的国家财政向瑞士再保险购买保险产品，通过自然灾害基金（FONDEN）保障财政稳定性，同时确保救援资金，将保险赔付主要用于为无保险保障的基础设施修复提供灾害救济金和为那些无力投保而在地震中受灾穷人的灾后重建之中。根据墨西哥政府购买的保险协议，当墨西哥境内发生里氏 6.5 级以上地震时，保险公司将根据保险合同向墨西哥政府赔付 4.5 亿美元的保险赔偿款，这些理赔款项将用于地震后的紧急救助，从而为墨西哥政府在本国发生大地震时提供了可靠的救援资金。

（三）保险业灾害管理作用的中外比较

由于国际上不同受灾国家保险体系发达程度存在较大差异，所以保险业在发挥灾害管理作用，应对自然灾害和人为灾害所造成的财务损失以及承担灾后救济资金来源的角色在各个国家之间各不相同。比如2010年智利和新西兰地震、西欧冰雪灾害所造成的各种巨灾事件中，由于这些地区保险业发展程度较高，保险覆盖面较大，所以保险业所承担的灾后赔付的主力军作用相对较大；而像该年度海地地震和亚洲洪灾这些灾难中，由于所在国保险业相对不发达，保险覆盖面较低，保险业在巨灾赔付中的社会责任发挥相对较为微薄。

我国保险业尽管在过去的几十年间得到了迅速的发展，但是保险业在巨灾风险管理和灾后救济与赔付体系中发挥的作用却仍然微乎其微。如前文所述，2008年初我国南方低温冰雪灾害造成了直接经济损失1 516.5亿元人民币，其中保险公司的保险赔付仅为60.39亿元，救灾比率仅为3.98%；2008年的汶川地震中，相对于8 451亿元的巨大直接经济损失，保险公司的赔付额度仅为7.13亿元，救灾比率仅为0.08%；截至2010年8月12日，舟曲特大泥石流灾害的理赔案件仅仅为76件，所能评估的可赔付损失仅仅为900余万元，保险赔付占舟曲泥石流灾害直接经济损失的比率少于0.001%；2010年上海“11·15”特大火灾事故中经济损失逾5亿元人民币，而上海市保监局11月17日所通报的关于“11·15”特别重大火灾事故相关保险排查理赔情况显示保险公司的赔付额度约为1 023万元，保险损失与直接经济损失的比例将小于2%。

由此可见，我国目前灾害管理体系中保险业的作用十分有限。以2008年度为例，我国商业保险赔付在灾害直接损失的分摊比例仅仅为0.59%，远远低于国际上的平均水平36%。目前，我国灾害救济体系中除了依靠国家财政和社会捐助的资金对灾区损失进行补偿外，实际上灾区人民承担了绝大部分由灾害所造成的经济损失。保险业在我国灾害管理体系中的作为，任重而道远。

三、政府灾害管理中保险工具的运用

(一) 背景分析

在汶川地震中，根据国家审计署(2008)的信息披露，截至当年11月底，中央和地方各级财政安排抗震救灾资金 1 287.36 亿元，国内外捐赠款物 640.91 亿元。而根据中国保监会(2009)的统计，汶川地震中保险业的赔付为 16.6 亿元，仅占汶川地震直接损失的 0.2%左右。由于捐助有非常大的不确定性[1]，在保险缺位的情况下，政府财政支出就成了我国灾害救助的主要资金来源。我国当前采用的财政救助具有效率高、反应快的特点，在灾害救助与灾后重建中能迅速到位发挥作用，体现了我国社会主义制度能够集中力量办大事的优越性。然而由于地震灾害的不可预见性，在编制年度财政预算中并不能预计当年救灾支出的数额，因此在发生严重灾害时往往需要压缩其他方面的财政支出用于救灾，地震灾害救灾支出的波动风险会干扰财政预算的实施和国民经济的正常运行，超大灾害甚至会影响及时的灾害救援与重建。

国发[2014]29 号文《国务院关于加快发展现代保险服务业的若干意见》(也称为“保险业新国十条”)明确指出“将保险纳入灾害事故防范救助体系”，政府未来将利用保险手段发挥市场在灾害救助资源配置中的作用，政府购买保险成为其中一项手段。

(二) 文献回顾

政府是公共服务的提供者，因此财政支出成为了救灾的主要手段之一，在我国尤为如此。冯俏彬等(2011)分析了自然灾害中我国财政应急资金管理存在的问题，并设计了中央与地方财政救灾的制度框架。然而，单纯依靠财政救灾存在着一定的弊端。达尔汉姆等人(Dahlhamer et al., 1998)通过分析 1994 年发生在美国洛杉矶的北桥地震的经济影响，指出救灾与灾后重建造成的大量债务将造成持续性的负担；诺伊等人(Noy et al., 2011)通过分析不同国家受灾前后财政季度收支状况的面板数据，指出在发展中国家灾害发生后会出现其他方面财政支出的紧缩，证实了依靠财政救灾会扰乱原有的财政计划。除了财政救灾以外，社会捐助也是救灾资金的重要来源：史密斯(Smith, 2010)在分析了 2010 年海地地震的国际捐赠情况后，指出互联网社交媒体极大地促进了灾害消息的传播和影响，由此所推动的国际捐赠是海地灾后重建的重要资金来源。然而，慈善捐赠受人们主观意愿影响较大，经常“远水解不了近渴”。波连斯坦等人(Borensztein et al., 2009)分析了伯利兹受严重飓风灾害后国际双边和多边捐赠数据,指出国际捐赠并没有因为受灾而显著增加。因此,保险作为灾害救助中传统的专业方法,可以有效分摊救灾负担。2012年全球地震灾害所造成的204亿美元损失中,保险赔付覆盖了21亿美元的损失,约占总损失的10.3%(Munich Re, 2013)。昆鲁斯(Kunreuther, 1978)指出巨灾保险可以有效地在地理上和行业上分散灾害损失与救灾负担,具有非常大的公共效用。

保险能否承保地震灾害风险和在灾害救助中发挥重大作用是学界争论的焦点。地震是一种发生概率小、造成损失大的自然灾害(张培震,2008),并且近年来呈现多发趋势(Munich Re, 2012)。存疑的观点认为保险公司可能无法承担地震所带来的重大赔付,严重可能会导致保险公司的破产(周卫东,2008)。此外,地震灾害历史数据的不足可能使得无法对风险进行评估和产品的费率厘定,导致地震保险产品开发难度较大(许闲,2011)。不过随着现代技术的发展,学者们采用不同的方法评估地震风险和灾害损失,使得地震保险产品的开发成为可能;而当保险公司可以设计出合理的产品时,保险公司因为地震而破产的风险也就大大减少了。众多的地震灾害评估方法,包括基尔舍等人(Kircher et al., 1997)通过对不同等级建筑抗震情况进行分类,并结合地理信息系统的方法获得了一个地区的建筑信息,构建了地震灾害建筑损失方程以评估某一地区可能的地震损失,这一方法也被美国联邦紧急情况管理署(Federal Emergency Management Agency, FEMA)所采纳;阿亚拉等人(D'Ayala et al., 1997)提出了通过地理信息系统与建筑分类构建一个地区地震损失模型的方法,以葡萄牙里斯本的阿尔法玛区为例评估了欧洲古城的地震损失风险;许闲和张涵博(2013)在前人研究的基础上运用中国1990—2011年地震损失数据,使用超概率曲线方法通过计算机模拟构建了中国年度地震损失超概率曲线,从而得到了中国年度地震灾害损失的分布,该研究也成为了本节研究的前期基础。

随着重大自然灾害的频繁发生,近年来出现了政府运用保险的进行灾害救助的方式,即巨灾保险中的公共部门与私人企业合作模式(Public

Private Partnership, PPP)(Kunreuther, 2008)。许闲(2011)分析了国际上保险业参与灾害管理的三种模式:纯商业保险模式、强制性保险模式和联合保险模式,并分析了政府在强制性保险模式与联合保险模式中的作用。有一种理论认为,政府进行灾害的财政救济类似于政府对外的一种负债,这个债务可以通过保险的方式进行分担(Borensztein et al., 2005)。在国际上已经有了许多政府通过保险机制分担巨灾风险的实践。墨西哥于1996年设立了自然灾害基金(FONDEN),该基金由国家财政定期注入资金,在灾害发生时代替国家财政进行救灾支出(Martinez, 2005)。2006年,在世界银行的领导下,加勒比海各国成立了加勒比地区巨灾风险保险机制(Caribbean Catastrophe Risk Insurance Facility, CCRIF),在一国受到自然灾害时,该机制可以快速向该国政府提供流动性支持用于救灾(Ghesquiere et al., 2006)。

尽管理论上政府可以通过购买保险来锁定自己的财政波动风险,保证对自然灾害的赔付,但是有研究发现政府缺乏购买保险的动机,因为政治周期使得购买灾害保险往往自己在任期间不能受益,而继任者受益(Cummins, 2006)。另外,政府购买保险虽然可以减少救灾支出财政波动性的影响,但是对于自然灾害较少的年份,保费支出可能就是政府的财政支出,从而使波动性的减少并不明显。过多和过少购买保险会出现赔付不足或者超额支付保费的情况,因此,建立合理的保险分摊机制,适度的购买保险对稳定自然灾害救济的财政波动性风险显得非常重要,这也是本章重点探讨和试图解决的关键问题。

(三) 理论模型

保险机制如何解决财政波动风险需要厘清几个问题。首先,如何刻画财政波动风险。契合本节的研究需要回答的是因地震灾害造成的财政救灾负担的积累情况以及其所引致的救灾负担积累波动性。其次,假设在保险机制存在情况下保险如何平滑财政波动风险。保险机制的设立核心问题在于纯风险费率的厘定,风险费率是基于期望损失和概率的乘积,这是本部分模型的核心,也是第四部分的理论基础。

1. 构建地震巨灾保险与救灾负担积累模型

地震灾害巨灾保险与救灾负担积累模型的构建目标是能够清晰、直观、量化地衡量地震灾害巨灾保险引入后救灾支出负担波动性的变化情况。模型的假设如下：

(1) 本模型仅考虑地震灾害带来的救灾负担，不包括其他灾害和其他因素造成的救灾支出变化。

(2) 为了便于衡量，假设每次地震灾害发生后，财政救灾与灾后重建将根据灾害损失的固定比例进行投入，同时灾害保险也将按照这一比例对灾害损失进行赔付，即商业保险赔付可以替代政府用于救灾的财政支出。根据第三部分中所列我国近年来财政救灾投入的救助比例，在本模型中假设救灾投入与灾害保险赔付均为灾害损失的10%。[2]

(3) 在政府购买巨灾保险以后，原来政府承担的救灾支出将转由保险公司进行赔付。也就是说在本模型中，如果巨灾保险赔付可以达到地震损失的10%，那么政府将不需要对这次地震灾害进行财政救灾。虽然这并不一定完全符合实际情况，但为了简化模型故采用这一假设。

(4) 为了更明晰的体现引入地震灾害巨灾保险后救灾负担波动性的变化情况，本模型将在考虑到货币时间价值因素后，衡量在是否引入巨灾保险的情况下多年救灾支出的积累值，而不仅仅是某一年中的救灾支出情况。

(5) 参考学术界通用的衡量一国债务负担的方法(积累债务总额/GDP)，本节提出了积累救灾支出的概念，即一段时间内(例如数年内)救灾支出的累积总额。同时考虑到财政收入相较于GDP受外部因素影响更大(如税法调整、政策变化等)，因此本模型中采用积累救灾支出/GDP的指标衡量救灾负担的积累和变化情况。

在以上假设下[3]，当没有巨灾保险时，地震灾害救灾负担的积累模型如下：

$$d_t = \left(\frac{1+r_t}{1+y_t}\right) d_{t-1} + L_t \tag{9.1}$$

其中，d_t 是从某一年开始，第 t 年的积累地震救灾支出占 GDP 的比例，r_t 为当年的一年期定期存款基准利率用于计算货币的时间价值[4]，y_t 为当年的 GDP 增长率，L_t 为当年的地震救灾支出（在本模型中假设为当年地震损失的 10%）占 GDP 的比例。本模型的基本思路是，本年度的积累救灾负担占比，相当于上一年度的积累救灾负担占比，经过时间价值与 GDP 调整，再加上本年度的损失占比。在引入巨灾保险之后，地震灾害救灾负担的积累模型变为：

$$d_t=\left(\frac{1+r_t}{1+y_t}\right)d_{t-1}+L_t+P(A)-I_t(L_t, A) \tag{9.2}$$

由于 d_t 衡量政府地震灾害救助负担，此部分负担在引入巨灾保险制度以后还包括政府自己购买地震灾害巨灾保险的保费 $P(A)$，$I_t(L_t, A)$ 是当年该保险的赔付金额，两者都是保险赔付限额 A 的函数。

2. 年度地震灾害损失分布

在以上模型中，若要得出 d_t 的值，需要选定某一年作为起始年进行递推，并根据诸参数的分布生成随机变量，以估计救灾负担的变动范围。其中，r_t 与 y_t 的分布可以通过检验历史数据得到，而 L_t、$P(A)$ 与 $I_t(L_t, A)$ 的分布则与年底地震灾害损失分布密切相关。

许闲和张涵博(2013)采用“三步走”的方法通过超概率曲线生成中国年度地震灾害损失分布，并根据历史数据进行了测算。本节仍借鉴以上方法，根据 1990—2013 年中国大陆地区发生的 272 起地震灾害损失数据，首先生成单次地震灾害损失的分布，其次根据描述统计和 Jarque-Bera 检验验证年度成灾地震发生次数属于正态分布，最后使用蒙特卡洛方法模拟根据单次分布和次数分布，生成 10 000 年的中国年度地震灾害损失数据，从而得到年度地震灾害损失分布。关于此方法的详细步骤、前提假设、数据处理和局限性，本节中将不再详述，敬请参阅原文。不同的是，前文研究中将汶川地震作为特殊值去除，本次我们将保留汶川地震，以更好地衡量巨灾保险对消除这种巨额损失事件波动性的作用。

3. 地震巨灾保险定价

在掌握了年度地震灾害损失分布后，可以确定某一年度损失规模的发生概率，并得到在一定赔付限额下的损失期望。在假设巨灾保险市场供应充足，并忽略手续费、管理费等额外费用，可以通过损失期望得到保险的净保费，为地震灾害巨灾保险定价提供依据。

上一部分中通过蒙特卡洛方法得到了 m 个模拟的年度地震灾害损失总额数据，根据独立同分布的假设，可以认为每一模拟年度损失的出现概率都是 $\frac{1}{m}$，则年度地震灾害损失的期望 E，其为：

$$E=\sum_{i=1}^{m}\frac{K_i}{m} \tag{9.3}$$

这也是在没有赔付限额的地震损失巨灾保险净保费的表达式。

由于保险公司的承保能力受到其注册资本的影响，加之保险定价和承保程度呈正比关系。保险公司一方面为了控制自身的风险，另一方面为了使得产品定价能够被市场所接受，通常将在保险合同中设置赔付限额。如果保险中存在赔付限额 A，将 K_1，K_2，…，K_i…，K_{m-1}，K_m 从小到大重新排列后，若 $K_x \leqslant A \leqslant K_{x+1}(1 \leqslant x < m)$，则存在赔付限额时净保费的表达式如下：

$$E_A=\sum_{i=1}^{x}\frac{K_i}{m}+\frac{A(m-x)}{m} \tag{9.4}$$

4. 数据处理与实证分析

本部分在上文建模的基础上，测算是否购买巨灾保险对积累救灾负担波动性的影响。首先，我们将通过数学检验，确定模型的参数所服从的数学分布；其次，我们将根据 1990—2013 年中国大陆地区地震损失数据，通过蒙特卡洛模拟生成中国年度地震灾害损失的分布，并以此测算出在不同赔付限额下地震巨灾保险的净保费；最后，根据参数分布与保费测算情况，推演 2014—2020 年间积累救灾负担的变动情况，并使用 98%置信区间时积累救灾负担的上下界来衡量其波动情况。

1. 确定 y_t 和 r_t 的分布

基于上文，我们使用历年 GDP 增长率与当年底一年期定期存款基准利率作为救灾负担积累模型中的 y_t 和 r_t。考虑到我国在 20 世纪 90 年代经历了市场经济、分税制等一系列改革，经济增长率与利率都经历了一段异常波动的时期，因此在研究中我们使用 1998 年以后的数据来研究 y_t 和 r_t 的分布情况。相关数据来源于 2013 年《中国统计年鉴》。

表 9.1　1998—2013 年我国 GDP 增速与当年底一年期定期存款基准利率

年　份	GDP 增速(%)	当年底一年期定期存款基准利率(%)
1998	7.8	3.78
1999	7.6	2.25
2000	8.4	2.25
2001	8.3	2.25
2002	9.1	1.98
2003	10.0	1.98
2004	10.1	2.25
2005	11.3	2.25
2006	12.7	2.52
2007	14.2	4.14
2008	9.6	2.25
2009	9.2	2.25
2010	10.4	2.5
2011	9.3	3.5
2012	7.7	3
2013	7.7	3

资料来源:《中国统计年鉴》(2013),《国家统计局 2013 年国民经济和社会发展统计公报》。

根据以上数据，1998—2013 中国 GDP 增速与一年期定期存款基准利率的描述性统计如下：

表 9.2 1998—2013 中国 GDP 增速与一年期定期存款基准利率的描述性统计

	平均	中位数	标准差	峰度	偏度	最小值	最大值	Jarque-Bera 统计量	Probability
GDP 增速(%)	9.587 5	9.250 0	1.876 1	3.510 6	1.074 2	7.600 0	14.200 0	3.251 1	0.196 8
一年期定期存款基准利率(%)	2.634 4	2.250 0	0.659 2	3.005 0	1.130 1	1.980 0	4.140 0	3.405 7	0.182 2

我国 1998—2013 年 GDP 增速的平均值为 9.587 5%，标准差为 1.876 1，说明年度 GDP 增速分布的波动性比较稳定。样本的偏度为 1.074 2，说明样本数据有一定的右偏。样本的峰度为 3.510 6，略微高于标准正态分布，说明样本数据并不呈现“尖峰厚尾”的特征。从直方图及方差、峰度、偏度这些特征值来看，1998—2013 年间中国 GDP 增速的分布比较近似于正态分布。进一步应用 Jarque-Bera 检验其正态性，设立原假设 H_0：样本数据服从正态分布。对样本数据计算后，得到 Jarque-Bera 值为 3.251 2，对应的 P 值为 0.196 8 > 0.05，因此接受原假设。考虑到过去十几年间的高增速难以一直维持，今后数年中国经济增长率应当会略低于先前，因此可以预计偏度会逐步向 0 修正。综上所述，可以近似的认为我国 GDP 年增长率服从期望为 9.587 5%，标准差为 1.876 1 的正态分布。

我国 1998—2013 年当年底一年期定期存款基准利率平均值为 2.634 4%，标准差为 0.659 2，说明利率分布的波动性比较稳定。样本的偏度为 1.130 1，说明样本数据有一定的右偏。样本的峰度为 3.005 0，基本等同于标准正态分布。从直方图及方差、峰度、偏度这些特征值来看，1998—2013 年间中国当年底一年期定期存款基准利率的分布比较近似于正态分布。进一步应用 Jarque-Bera 检验其正态性，对样本数据计算后，得到 Jarque-Bera 值为 3.405 7，对应的 P 值为 0.182 2 > 0.05，因此接受原假设。由此可以近似地认为我国一年期定期存款基准利率服从期望为 2.634 4%，标准差为 0.659 2 的正态分布。

2. 生成中国年度地震灾害损失分布

在本部分中，我们将使用前文中所述方法生成中国年度地震灾害损失分布。本节中所使用的地震数据样本为1990—2013年间中国大陆地区发生的所有造成损失的地震灾害事件(其中绝大部分是里氏5级以上的地震；有些轻微地震虽然震级不大但也造成了损失，因此也被列入数据样本中)，包括每次地震造成的直接经济损失和每年总发生的成灾地震次数。其中，1990—2007年的相关数据来自《中国地震年鉴》[5]，2008—2011年的数据来自这期间每年中国地震台网中心发布的《中国大陆地震灾害损失述评》。2012年和2013年的数据来自中国地震局网站。这些资料对地震灾害的损失情况有较详细的统计，包括地震等级、发生时间和地点、震源深度、灾区面积、受损房屋面积、人员伤亡情况和直接经济损失等。以上数据的统计方为中国国家地震局及各级地方地震局，来源可靠。参考许闲和张涵博(2013)的方法，并将地震损失数据更新至2013年，同时根据固定资产投资价格指数消除了通货膨胀的影响[6]，将损失数据调整到2013年的价格水平。

第一，构建中国单起地震损失分布。根据前文所述数学方法，使用1990—2013年间经通货膨胀调整后的272个地震灾害损失数据构成累积频率曲线$F_n(x)$，并用$1-F_n(x)$得出地震损失的超概率曲线，确定某一级别地震损失事件的发生概率。

第二，确定年度中国地震灾害发生次数分布。许闲和张涵博(2013)的研究表明，我国地震灾害的次数分布通过Jarque-Bera检验验证，中国年度成灾地震次数服从期望为12.090 91，方差为4.034 493的正态分布。

第三，使用蒙特卡洛方法，根据第四部分中的算法，由计算机随机循环抽样生成了10 000年共121 085次模拟地震损失事件，构成了中国年度地震灾害损失分布。

272个中国单起地震灾害损失事件样本与10 000个模拟中国年度地震灾害损失样本的描述性统计如下：

表 9.3 中国单起地震损失分布与年度地震损失分布描述性统计

	平均	中位数	标准差	峰度	偏度	最小值	最大值	观测数
单起地震灾害损失	425 767	5 383	5 886 079	268.685	16.347	68.820	96 851 345	272
模拟年度地震损失	1 738 226	141 093	10 913 842	71.835	8.539	0	103 836 527	10 000

从以上描述性统计中可以看出，中国单起地震灾害损失样本和模拟中国年度地震灾害损失样本均是非正态分布序列，一方面具有非常明显的右偏分布，体现了地震损失“小震多大震少，轻微损失多严重损失少”的特点；另一方面具有很大的方差，表明每起地震和不同年份的地震灾害损失分布的差异性都非常大。

3. 中国地震灾害巨灾保险定价

在确定了中国年度地震灾害损失分布后，根据第四部分中的方法，可以计算出在一定赔付限额下中国地震巨灾保险的损失期望，得到纯保费。

在上文假设下，根据中国年度地震灾害损失分布，以 2013 年的物价测算，中国年度地震损失规模的超概率，即年度损失超过这一规模的概率，以及以该损失规模为赔付限额的巨灾保险纯保费计算如表 9.4 所示。

表 9.4 不同赔偿限额下中国地震灾害巨灾保险净保费

赔付限额(万元)	超概率(%)	期望损失/净保费(万元)
无限额	0	173 823
10 000 000	<1	173 823
1 000 000	1.31	62 797
500 000	4.03	51 079

由表 9.4 可知，随着赔付限额的增长，净保费也会随之增加，但两者并没有直接的线性关系。这是地震损失分布中轻微损失多严重损失少的特点造成的。此外，需要说明的是，在前文假设中，巨灾保险的赔付为年度地震灾害损失的 10%，因此赔付限额为 1 000 亿元的巨灾保险，其对应的年度地震损失已经为 10 000 亿元。目前只有 2008 年的地震损失接近

过这一规模(其中汶川地震损失超过 8 000 亿元),因此这一损失级别的发生概率非常难以确定,通过蒙特卡洛方法也很难得到准确的结果;基于历史数据,1 000 亿元的赔付限额实质上等同于没有赔付限额。表格中与 1 000 亿元赔付限额对应的<1%的超概率仅仅是估计值,净保费也不一定准确。

4. 地震财政救助负担与保险平滑效果实证分析

本部分假设中国自 2008 年起参照本节模型设立了相应的地震巨灾保险制度,并从这一年开始积累救灾负担。根据 2008—2013 年间历史数据,以及上文所计算出的各参数分布情况,可以对 2014—2020 年间中国地震灾害救灾负担的积累情况进行预测。2008—2013 年间模型相关参数的历史数据如表 9.5 所示。

表 9.5　2008—2013 年间模型相关参数历史数据情况

年　度	GDP(亿元)	GDP 增长率(%)	地震损失(万元)	当年底一年期定期存款基准利率(%)	救灾负担 d_t
2008	316 030.3	9.6	85 949 595	2.25	0.272 0%
2009	340 320.0	9.2	273 782.1	2.25	0.255 4%
2010	399 759.5	10.4	2 356 738	2.5	0.242 4%
2011	468 562.4	9.3	601 090	3.5	0.228 6%
2012	516 282.1	7.7	828 757	3	0.221 4%
2013	568 845	7.7	9 953 631	3	0.229 2%

资料来源:《中国统计年鉴》(2013 年)、《中国大陆地震灾害损失述评》(2008—2011 年)、中国地震局网站、笔者计算。

接下来,我们选取无巨灾保险、赔付限额为 100 亿元的巨灾保险与赔付限额为 1 000 亿元的巨灾保险三种情形,来模拟 2014—2020 年的救灾负担积累情况。1 000 亿元赔付限额对应的年度地震损失为 10 000 亿元,在先前的 Monte Carlo 模拟中只有万分之二的概率超过了这一限额,因此可以认为 1 000 亿元的赔付限额包括了所有的地震损失事件;100 亿元对应的年度地震损失为 1 000 亿元,在历史损失数据中只有 2008 年的损失(8 595 亿元)超过了这一数值,而 2013 年的损失(995 亿元)接近这一数值,因此可以认为 100 亿元的赔付限额包括了除汶川地震外所有地震灾害事件的救灾支出。

在模拟中,根据上文的数据分析,我们假定 y_t 服从期望为 9.587 5%,标准差为 1.876 1 的正态分布,r_t 服从期望为 2.634 4%,标准差为 0.659 2 的正态分布。依据这些分布,每一年度我们都用计算机随机生成了 1 000 个 y_t 与 r_t,根据上一年的 d_{t-1} 得到了 1 000 个 d_t。在扣除上界与下界各 1%的极端值后,使用 98%的置信区间,得到没有巨灾保险、有 100 亿限额的巨灾保险与有 1 000 亿元限额的巨灾保险三种情形下 2014—2020 年积累救灾负担(d_t)的上界和下界如表 9.6 所示。

表 9.6 不同保险限额下 2014—2020 年积累救灾负担波动情况预测

年度	无巨灾保险(d_t)		100 亿元巨灾保险(d_t)		1 000 亿元巨灾保险(d_t)	
	上界	下界	上界	下界	上界	下界
2014	0.237 6%	0.206 1%	0.229 2%	0.206 5%	0.227 8%	0.208 0%
2015	0.349 8%	0.190 1%	0.347 2%	0.191 1%	0.226 0%	0.207 6%
2016	0.331 7%	0.176 1%	0.328 6%	0.177 3%	0.225 9%	0.208 0%
2017	0.312 1%	0.163 8%	0.308 4%	0.165 2%	0.225 3%	0.208 1%
2018	0.295 4%	0.151 0%	0.291 4%	0.154 7%	0.225 4%	0.207 7%
2019	0.281 6%	0.140 8%	0.278 7%	0.143 6%	0.225 2%	0.207 8%
2020	0.269 1%	0.132 2%	0.266 0%	0.134 1%	0.224 6%	0.207 2%

根据表 9.6 中的数据,三种情形下 2014—2020 年积累救灾负担的变化情况如图 9.1 所示。

图 9.1 的纵轴表示从 2008 年开始,积累救灾支出占 GDP 的比例。从图 9.1 可知,当存在 100 亿元赔付限额的巨灾保险的情况下,财政积累救灾负担的波动性会比没有巨灾保险时有轻微的减少;而当存在赔付限额为 1 000 亿元的巨灾保险时,财政累积救灾负担的波动性已经基本上完全消除,变成几乎水平的直线。需要说明的是,由于汶川地震的损失规模特别巨大(2013 年芦山地震是 1990—2013 年间损失第二大的地震,其

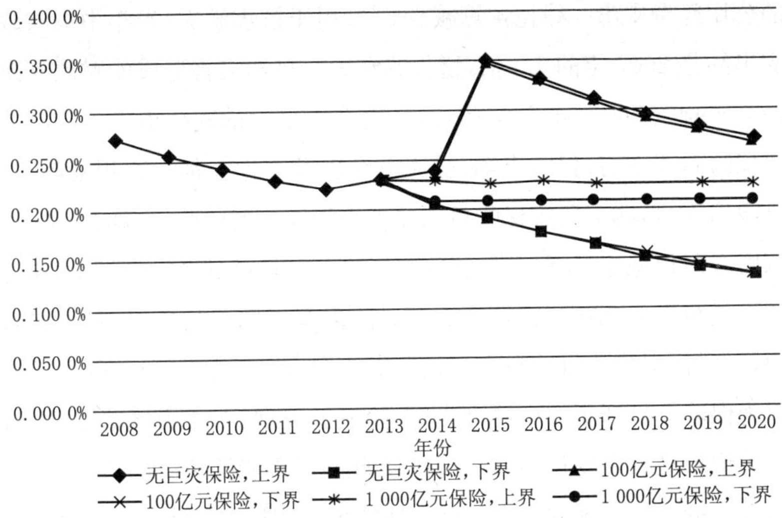

图 9.1　2008—2020 年间不同保险限额下财政救灾负担波动情况

损失规模不到汶川的 10%；2013 年作为历史第二大损失年份，损失规模不到 2008 年的 1/8)，因此在模拟中抽取到汶川地震规模损失事件的年份，损失规模会远大于其他年份，在图 9.1 中就表现为 2015 年累积救灾负担显著升高。总体而言，由于我国 GDP 的增长速度远高于无风险利率水平，因此在本节中假设的情况下，财政累积救灾负担的上界和下界会呈现逐年下降的趋势。此外，相对于保险公司对地震灾害 100 亿元的赔付，政府财政的购买巨灾保险的纯保费价格为 6.279 7 亿元；而对于地震灾害 1 000 亿元的保险赔付，财政购买的保险的纯保费价格为 17.382 3 亿元。由此可见，保险机制在灾害救助体系的引入不仅有助于减少政府财政救助所可能带来的波动性，平滑财政波动风险，同时也有助于减轻财政压力，进一步发挥市场的作用。

四、小　　结

以上研究表明，政府通过购买巨灾保险，将部分灾害救助职能转移给市场，具有重要的意义。2008 年汶川地震发生后，为了在短时期内筹集巨额的救灾资金，我国不得不从其他领域调集财政资金，当年中央国家机关的公用经费支出一律比预算减少5%,用于抗震救灾;当年中央财政救灾支出约是2007年的7.5倍,增长非常大。自然灾害造成的财政支出的波动会干扰宏观经济的稳定运行,从而造成更大的间接损失。政府购买巨灾保险对于政府、保险市场、受灾群众以及全社会都有着积极的意义。对于政府而言,购买巨灾保险可以显著平滑灾害对财政造成的波动,使得国家财政可以稳定运行,并能将灾害风险分散转移到金融市场中,通过市场的力量可以避免在灾害发生后短时间内筹款困难的情况;对于保险市场而言,我国保险业目前在灾害救助中的作用比较微弱,巨灾保险的推行可以为保险业打开新的市场,促进保险业的发展;对于灾区群众而言,通过巨灾保险这种市场化的方法可以使救灾资金能够短时间内迅速到位,从而有力的支持灾区的灾后救助与恢复重建;对于全社会而言,巨灾保险机制为灾害风险提供了进一步的保障,可以显著减少灾害对宏观经济的冲击,从而促进社会的繁荣稳定。

突发、无法预料的财政支出造成的波动性风险是影响财政和国民经济平稳运行的重要因素,而保险作为风险管理的主要手段,通过其转移和分散风险,可以有效平滑财政支出的波动性。本章以此为出发点,以地震灾害为例,研究了我国当前以财政救助为主的救灾方式可能对政府财政带来的波动性风险,以及引入保险机制后的平滑效果。本章的研究表明,保险分摊机制对于减少地震财政救灾支出的波动性风险作用非常显著。巨灾保险的赔付额度越高,由于救灾支出造成的财政波动性风险越低,1 000亿保额的巨灾保险基本上可以完全平滑波动风险。因此,保险可以显著平滑地震灾害造成的财政波动风险,促进经济的平稳运行。

本章的研究具有一定的现实意义。我国的救灾资金以政府财政支出为主,因此自然灾害对财政稳定性的影响尤为显著。保险机制的引入可以有效应对巨灾对国家财政的冲击,避免出现类似于2008年汶川地震发生后中央国家机关的公用经费支出一律比预算减少5%,增收节支部分用于抗震救灾的情况,保证财政运营的稳健,也保障人民的生命财产安全与社会稳定。本章的模拟结果也清晰地表明了这一点。值得注意的是,在模拟结果中，政府财政积累救灾负担的上界和下界随着时间的推移会呈现逐年下降的趋势。虽然 1 000 亿元巨灾保险几乎完全消除了救灾负担的波动性，但是在长期下降的趋势中却呈现出水平线，说明在较高的保险额度下，较高的保费支出的长期积累也会形成显著的负担。因此政府在运用保险机制平滑政府救灾对财政波动性风险的时候应该寻求适度的保障规模，避免政府购买地震巨灾保险可能带来的财政负担。

根据本章的研究成果，我们提出以下政策建议：

第一，尽快建立健全巨灾保险制度，通过市场机制提高灾害管理的效率。我国传统的由政府主导的救灾模式可以在短期内调动大量资源用于救灾，体现了社会主义制度可以集中力量办大事的优越性，但也存在着救灾款发放环节不透明、对宏观经济干扰较大等弊端。通过将巨灾保险等市场化的机制应用到灾害管理中，将"市场救灾"与"政府救灾"相结合看，可以有效发挥市场在资源配置中的作用。首先，巨灾保险能够转移和分散巨灾风险，可以显著平滑自然灾害给国家财政带来的波动性，从而保障国民经济的繁荣稳定。其次，与完全依靠财政资金救助相比，保险赔付可以到位更快，使救灾效率更高。最后，巨灾保险可以成为灾害的"防火墙"，在灾害发生后通过及时赔付可以避免灾害造成的混乱向全社会扩散，从而减少可能的间接损失。

第二，在巨灾保险制度建立初期由国家提供一定的优惠政策与财政补贴，以吸引保险公司的进入。根据本章的测算，巨灾保险的赔付额度越高，其对财政支出波动性的平滑效果越明显，越能显著体现保险"社会稳定器"的作用。但是，由于出现极端地震损失的概率并不高，因此巨灾保险每年的缴费规模相对于赔付额度而言并不多。100 亿元赔额度对应的年缴费规模为 6.2 亿元，如果单纯依靠缴费可能需要十余年的时间才能满足该额度；而 1 000 亿元的赔付额度对应的缴费规模为 17.8 亿元，单纯依靠缴费积累到该赔付额度，可能需要超过 50 年的时间。因此，在开展巨灾保险的初期，保险公司必须首先筹集初始资金以满足赔偿额度的要求，这也会给保险公司的经营造成负担，有可能会影响保险公司开展巨灾保险的积极性。由于巨灾保险有很强的公共性和外部性，因此国家应在开展初期对其提供支持，以促使保险公司积极参与。

第三，将巨灾保险机制对接其他灾害风险转移方式，以进一步分散巨灾风险。巨灾保险为救灾资金的来源提供了保障，然而在遇到极端严重灾害损失，或短时间内连续发生多起严重灾害损失事件时，提供巨灾保险的保险公司有可能会因为短时间内赔付过多而出现偿付能力不足的情况。因此，有必要将巨灾保险机制对接其他风险转移方式，以在极端情况下为其提供资金支持，并分散巨灾风险。可行的方案是国际再保险公司合作，在遇到极端情况时由再保险提供资金赔付等，并将巨灾风险从国内市场进一步分散和转移到国际市场。

2014 年 8 月份国务院发布的《国务院关于加快发展现代保险服务业的若干意见》明确指出“将保险纳入灾害事故防范救助体系”和建立“巨灾保险体系”。《意见》提出，“以商业保险为平台，以多层次风险分担为保障，建立巨灾保险制度”，并“逐步形成财政支持下的多层次巨灾风险分散机制”。本章的研究表明，引入保险机制可以进一步分担和分散灾害损失风险和救灾支出，平滑地震灾害救助的财政波动性风险，从而提高政府的运行效率，促进社会稳定，减少自然灾害的负面影响。建立健全巨灾保险制度，对于我国加快发展现代保险服务业，改进政府公共服务、加强社会管理、促进社会繁荣稳定有着非常重要的意义。

注 释

[1] 规模较小的自然灾害往往受到社会重视较少，因此捐助也会相对较少。

[2] 由于模型假设救灾支出与巨灾保险赔付均采用了同样的固定比例，因此这一比例是 1%、10%还是 100%都不会影响后续的巨灾保险与救灾负担的波动性分析。2012 年全球地震灾害中保险覆盖约占地震损失的 10%(Munich Re, 2013)，为了计算方便，同时考虑了实际情况，此处取 10%。

[3] 本模型剔除通胀因素影响，地震损失数据经过价格指数调整。

[4] 考虑到中国政府的信用度，其融资成本可以等同于无风险利率。由于中国利率尚未完全市场化，目前研究中常把央行公布的一年期定期存款基准利率视为中国无风险利率。因此模型中用它来衡量救灾支出的时间价值。

[5] 由地震出版社出版的《中国地震年鉴》最后一版的内容只涵盖至2007年的数据，汶川地震以后《中国地震年鉴》没有再版。

[6] 地震所造成的损失主要是建筑、设备等固定资产损毁，故本节使用固定资产投资价格指数作为衡量通货膨胀程度的指标，相关数据来自《2013年中国统计年鉴》。

第十章
有效自然灾害防灾减灾体系构建

以上通过对自然灾害与经济、政治和社会影响的经济学分析，目的在于如何有效地预防自然灾害（灾前）、及时救助（灾中）和减少灾害损失及消除自然灾害对经济、政治和社会带来的负面影响（灾后），建立有效的自然灾害管理体系。国际经验表明，自然灾害的有效管理是一个综合工程，涉及政府、社会、企业、个人等多方主体。在讨论如何有效构建自然灾害防灾减灾体系之前，首先对现有相关文献进行梳理，进而为下文的政策建议提供学术参考和理论依据。

一、政府防灾与救灾

政府的灾害政策可以分为灾前防御和灾后救助两部分。从灾前防御的角度来看，基弗等人（Keefer et al.，2011）在对1962—2005年各国发生的地震进行研究后发现，之所以有的国家不愿意通过有利于降低死亡率的抗震建筑法案，是因为灾前投入的机会成本过高，这在低收入国家中尤其明显；而那些地震频发的国家由于死亡率低也不愿意通过该法案；同时，灾前防御还与政府制度有关，那些公共品提供意愿较低的国家（比如独裁国家、组织程度低的国家等）对于灾前防御投入的热情也较低。

而灾后救助投入也受到多方面因素的影响：一般来说，国家越富裕，政府对公共福利越为重视，则越注重灾害救助（Cohen and Werker，

2008)。对美国的研究发现,灾害救助显著地受到政治的影响:如果一些州具有更大的政治影响力,总统为了能够得到该地区选民的支持,更倾向于对这些州宣布来自联邦应急管理署(FEMA)的灾害救助资金支持(Reeves, 2011);加内特和索泊尔(Garrett and Sobel, 2003)通过对从1991—1999年联邦应急管理署的灾害支出的研究同样发现,在联邦应急管理署(FEMA)有执行委员的州更能够争取到总统和该机构的灾害救助资金。现有的对灾害救助支出影响因素的研究还衍生到了媒体报道领域:贝斯利和伯格斯(Besley and Burgess, 2002)对印度1958—1992年暴雨灾害的面板回归发现,在报纸流通量和灾害报道更多的地区,政府对暴雨造成的灾害承担了更多的救助责任。

政府的灾害救助具有什么样的影响?许和莫(Xu and Mo, 2013)认为自然灾害发生后政府直接转移支付会对消费有较强的替代作用,降低了灾后的劳动供给意愿。由于缺乏相应的劳动供给,资本的预期回报下降,进一步使得企业投资意愿下降,最终将使得灾害对经济增长产生负面影响。查普尔等人(Chappell et al., 2007)对卡特尼娜飓风后政府援助的经济影响研究发现,政府救灾能够在短期内(1—2个月)减缓经济波动和长期经济重建,但对经济长期波动的减缓帮助作用不大。可见,政府参与灾害救助的作用与效率值得研究,方法也值得探讨。因此,如何构建我国灾害管理体系,提高政府灾后救助效率,重要的前提就是厘清自然灾害造成的经济、政治与社会影响。

二、社会捐赠与国际援助

社会慈善捐赠在灾害管理中主要发挥着召集和组织灾害救助、提供融资、提供支持风险市场基础设施发展的公共物品和为创新的巨灾保险提供技术支持的作用(Cummins and Mahul, 2009, p.92)。社会慈善捐赠是灾后重建的重要资金来源之一,中国社会慈善捐赠对我国自然灾害救助的比率平均为3.01%,2008年我国受汶川地震影响社会慈善捐赠激增,救灾慈善捐赠占慈善捐赠总量的71.92%,对灾害的救助比率高达

6.55%(许闲,2012)。企业对自然灾害的慈善捐赠存在提高声誉以获取广告效用的经济动机和价值提升的理性动机,而且公司捐赠行为是由自身能够承担社会责任的经济能力所决定的,业绩好的公司捐赠总数和现金捐赠数量更多(山立威等,2008;方军雄,2011)。因此,关于我国灾害管理的相关政策建议应该重视利用市场规律和经济动机,合理引导社会慈善捐赠参与到我国的灾害管理。

除了社会捐赠以外,来自国际的灾害救援成为了一些特别是落后国家的主要救灾资金来源。斯托姆伯格(Strömberg, 2007)的研究发现,灾害严重程度越大、死亡人数越多、与救援国关系越为密切,文化距离和地理距离越为接近的国家,得到来自国际的救灾援助也就越多。值得一提的是,如果在灾害时没有其他例如奥运会等重大新闻的同时出现,被美国媒体报道越多的外国自然灾害,越能够得到来自美国政府的灾害救助(Eisensee and Strömberg, 2007)。社会捐赠或国际救灾援助和政府的防灾救灾也存在着一定的此消彼长的关系,比如国际救援将增大政府减少灾前预防投资的几率(Cohen and Werker, 2008),因此在构建我国有效的灾害管理体系中,应该寻找政府防灾救灾与社会慈善捐赠或国际援助之间的均衡点,发挥社会福利的最大化。

三、巨灾保险

保险是救灾减灾体系中重要的工具,它为个人、企业和政府提供资金,以在资源匮乏的情况下应对灾害并从中恢复。如果没有灾害保险,社会发展可能停滞并落后数年(Swiss Re, 2010, p.13)。在国际自然灾害损失中,保险公司一般承担着重要的赔付角色,分担30%左右的灾害损失(许闲,2014)。多尔蒂和里克特(Doherty and Richter, 2002)认为,私营或者商业保险公司可以利用各种新型风险管理工具和管理策略,通过再保险或者其他金融创新的方法对巨灾风险进行有效转移。昆鲁士等人(Kunreuther et al., 2005)从风险管理的角度探讨了巨灾的理论与实务、灾害模型的构建、从原保险人和再保险人角度的风险量化,并且用实证方法检验了巨灾保险的市场供给和需求。卡明斯等人(Cummins et al., 2002)、他们从保险资金充足性和承保额度的角度分析了保险业开发巨灾保险的可行性,并且提出了通过对风险的有价证券化(securitization)可以帮助保险公司开发巨灾保险产品并且有效地转移保险风险。国际经验证明,巨灾保险作为新兴险种,是未来保险行业发展的一个新增长点(Kunreuther and Roth, 1998),也是中国灾害管理体系中不可或缺的部分。

四、个 人 防 御

灾害管理和灾后重建中,除了政府的财政救灾、社会慈善救灾捐赠和保险公司的灾害赔付以外,受灾民众也分摊了部分灾害的损失(许闲, 2012)。个人可以依赖政府的财政救助(Perrow, 2007),也可以选择将风险转移给保险公司(Doherty and Richter, 2002),或者自己承担着一部分风险(Baeza and Packard, 2006)。如何将个人防御纳入到有效的减灾防灾中,是灾害管理体系中的难题,因为个人往往存在对风险和概率的系统性误解,即高估小概率事件和低估大概率事件(Kahneman and Kversky, 1979)。而对风险的认知又影响到个人对灾害预防的选择和行为上,比如凯仑伯格和莫巴克(Kellenberg and Mobarak, 2008)发现个人收入的增长不断改变着人们的行为,例如越来越多的人追求高收入而搬迁到经济相对发达的沿海地区和洪水泛滥区。由此可见,在有效的减灾防灾体系中,必须充分考虑到个人对自然灾害的风险认知以及背后所采用的行为,而这种认知和行为植根于社会影响之中。

五、政府与巨灾保险建设

有效的救灾减灾体系离不开政府、保险公司、个人、社会的多方参与。实际上政府防灾救灾和巨灾保险各自都存在着局限性,政府对自然灾害的预防与救助加剧了政府财政的波动性(Borensztein et al., 2009),而单独由保险公司提供巨灾保险产品又存在市场失灵的现象(Gollier, 2005)。亚历山大(Alexander, 2000)认为巨灾风险面临一系列的社会选择,当涉及多个经济利益主体并且与整体社会福利相关时,巨灾风险的最终损失需要在社会各个群体或者利益集团之间进行分摊。在这种情况下市场是缺乏效率的,为实现社会的公平和兼顾社会集体利益,政府干预是必然的选择,政府对巨灾保险市场的规制以及对巨灾市场失灵的矫正都是基于对公共利益保护的需要。这一观点再次说明了本书所探讨自然灾害对经济、政治和社会影响的必要性,防灾救灾减灾是一个综合工程。

有效的办法就是推进政府和保险公司的合作。艾米克(Eimicke, 2002)的研究表明,政府干预巨灾保险市场是矫正市场失灵的最优方式。这些方式包括通过执照许可、组织形式设立、所有权限制等手段来解决巨灾保险市场中的垄断现象,通过政策控制、法律法规限制与申述权控制来干预巨灾保险市场中的信息不对称性问题;通过发放补贴、税收优惠等方式来处理外部性和公共属性问题等等。麦克讷布和皮尔逊(Mcnabb and Pearson, 2010)认为,商业保险公司可以在灾害发生后有效地对灾害损失进行赔付,但是如果保险公司需要继续改善风险和风险管理并且提高资本的回报率,还需要政府的相关扶持,具体包括通过发展和完善基础设施和服务来鼓励和支持保险公司承保巨灾保险,通过教育等途径增强人们的风险防范意识,进一步刺激巨灾保险需求等等方式和渠道。昆鲁士(Kunreuther, 2008)主张建立市场和政府之间的合作伙伴关系(Public-Private Partnership, PPP),政府以管理者和最后投保人的身份参与PPP,而保险公司以参与者和实施者的角色在PPP中发挥作用,政府与保险公司各自承担自己范围内的有限风险责任,通过政府与市场两方优势的合作与互补保证市场效率和社会公平。

参考文献

Abney F.G. and Hill L.B., 1966, "Natural Disasters as a Political Variable: The Effect of a Hurricane on an Urban Election", *The American Political Science Review*, 60(4), 974—981.

Aghion P., Howitt P. and García-Peñalosa C., 1998, *Endogenous Growth Theory*, MIT Press.

Albala-Bertrand J., 1993, *Political Economy of Large Natural Disasters: With Special Reference to Developing Countries*, OUP Catalogue, Oxford University Press.

Alexander D.E., 2000, *Confronting Catastrophe: New Perspectives on Natural Disasters*, Terra and Oxford University Press.

Altay N. and Ramirez A., 2010, "Impact of Disasters on Firms in Different Sectors: Implications for Supply Chains", *Journal of Supply Chain Management*, 46(4), 59—80.

Anbarci N., Escaleras M. and Register C.A., 2005, "Earthquake Fatalities: The Interaction of Nature and Political Economy", *Journal of Public Economics*, 89(9), 1907—1933.

Arellano M. and Bond S., 1991, "Some Tests of Specification for Panel Data: Monte Carlo Evidence and an Application to Employment Equations", *The Review of Economic Studies*, 58(2), 277.

Arellano M. and Bover O., 1995, "Another Look at the Instrumental Variable Estimation of Error-components Models", *Journal of Econometrics*, 68(1), 29—51.

Armenian H.K., Melkonian A.K. and Hovanesian A.P., 1998, "Long Term Mortality and Morbidity Related to Degree of Damage Following the 1988 Earthquake in Armenia", *American Journal of Epidemiology*, 148(11), 1077—1084.

Baeza C., Packard T. and Torres F.M., 2006, "Beyond Survival: Protecting Households From Health Shocks in Latin America", Stanford University Press.

Barnichon R., 2008, *International Reserves and Self-Insurance against External Shocks*, International Monetary Fund.

Barro R.J. and Sala-I-Martin, X., 2004, *Economic Growth*, McGraw-Hill.

Barry F., 2000, "Government Consumption and Private Investment in Closed and Open Economies", Journal of Macroeconomics, 21(1), 93—106.

Benson C., 2003, *The Economy-Wide Impact of Natural Disasters in Developing Countries*, University of London.

Benson Charlotte, "The Economic Impact of Natural Disasters in Fiji", Working paper, 97(710):471—478.

Besley T. and Burgess R., 2002, "The Political Economy of Government Responsiveness: Theory and Evidence From India", *The Quarterly Journal of Economics*, 117(4), 1415—1451.

Blundell R. and Bond S., 1998, "Initial Conditions and Moment Restrictions in Dynamic Panel Data Models", *Journal of Econometrics*, 87(1), 115—143.

Bo Z., 1996, "Economic Performance and Political Mobility: Chinese Provincial Leaders", *Journal of Contemporary China*, 12(5), 135.

Bodie Z., 2009, *Investments*, Tata McGraw-Hill Education.

Borensztein E., Cavallo E., Valenzuela P., 2009, "Debt sustainability under catastrophic risk: The case for government budget insurance", *Risk Management and Insurance Review*, 12(2), 273—294.

Borensztein E., Chamon M., Jeanne O., et al., 2004, *Sovereign Debt Structure for Crisis Prevention*, International Monetary Fund.

Borensztein E., Cavallo E. and Valenzuela P., 2009, "Debt Sustainability under Catastrophic Risk: The Case for Government Budget Insurance", *Risk Management and Insurance Review*, 12(2), 273—294.

Borst D., Mechler R. and Werner U., 2008, "Economic Assessment of Indirect

Earthquake Losses on the Macro and Micro Scale", Erdik, M., J. Zschau Eds Megacity Istanbul Project Reports, 89—93.

Bradshaw S., 2003, *Handbook for Estimating the Socio-Economic and Environmental Effects of Disasters*, United Nations Economic Commission for Latin American and the Caribbean.

Brancati D., 2007, "Political Aftershocks: The Impact of Earthquakes on Intrastate Conflict", *Journal of Conflict Resolution*, 51(5), 715—743.

Breault K.D. and A.J.Kposowa, 1987, "Explaining divorce in the United States: a study of 3111 counties, 1980", *Journal of Marriage and the Family*, 49(3), 549—558.

Cavallo E., Powell A. and Becerra O., 2010, *Estimating the Direct Economic Damages of the Earthquake in Haiti*, The Economic Journal, 120(546), F298—F312.

Ch Achen, L. B., 2004, "Blind Retrospection. Electoral Responses to Drought, Flu, and Shark Attacks", Working Paper, Princeton University.

Chan C., Lin Y., Chen H., Chang T., Cheng T. and Chen L., 2003, "A Population-Based Study on the Immediate and Prolonged Effects of the 1999 Taiwan Earthquake On Mortality", Annals of Epidemiology, 13(7), 502—508.

Chang K., 2010, "Community Cohesion after a Natural Disaster: Insights from a Carlisle Flood", *Disaster*, 34(2), 289—302.

Chang-Chuan Chan, et al., 2003, "A Population-based Study on the Immediate and Prolonged Effects of the 1999 Taiwan Earthquake on Mortality", *Ann Epidemiol*, 13(7), 502—508.

Chappell W.F., Forgette R.G., Swanson D.A. and Van Boening M.V., 2007, "Determinants of Government Aid to Katrina Survivors: Evidence From Survey Data", *Southern Economic Journal*, 74(2), 344—362.

Charvériat C., 2000, "Natural Disasters in Latin America and the Caribbean: An Overview of Risk", Working Paper, Inter-American Development Bank, Research Department.

Chen Q., 2010, *Advanced Econometrics and STATA*, Beijing: Higher Education Press.

Cochrane H.C. and Harold C., 1984, *Knowledge of Private Loss and the Efficiency of Protection*, Conference on the Economies of Natural Hazards and Their Mitigation.

Cochrane H.C., 1974, *Predicting the Economic Impact of Earthquakes*, Social Science Perspectives on the Coming San Francisco Earthquake, Natural Hazards Research Paper, 25.

Coffman M. and Noy I., 2012, "Hurricane Iniki: Measuring the Long-Term Economic Impact of a Natural Disaster Using Synthetic Control", *Environment and Development Economics*, 17(2), 187—205.

Cohan, Catherine L., Cole, Steve W., 2002, "Life Course Transitions and Natural Disaster: Marriage, Birth, and Divorce Following Hurricane Hugo", *Journal of Family Psychology*, 16(1), 4—25.

Cohen C. and Werker E. D., 2008, "The Political Economy of Natural Disasters", *Journal of Conflict Resolution*, 52(6), 795—819.

Cohen S., Eimicke W. and Horan J., 2002, "Catastrophe and the Public Service: A Case Study of the Government Response to the Destruction of the World Trade Center", *Public Administration Review*, 62(s1), 24—32.

Cole S., Healy A. and Werker E., 2012, "Do Voters Demand Responsive Governments? Evidence from Indian Disaster Relief", *Journal of Development Economics*, 97(2), 167—181.

Cole S., Pantoja Lozano E. and Razak V., 1993, *Social Accounting for Disaster Preparedness and Recovery Planning Technical report NCEER*, US National Center for Earthquake Engineering Research.

Cole S., Healy A. and Werker E., 2012, "Do Voters Demand Responsive Governments? Evidence from Indian Disaster Relief", *Journal of Development Economics*, 97(2), 167—181.

Crespo Cuaresma J., Hlouskova J. and Obersteiner M., 2008, "Natural Disasters as Creative Destruction? Evidence from Developing Countries", *Economic Inquiry*, 46(2), 214—226.

Cuaresma J.C., 2010, "Natural Disasters and Human Capital Accumulation", *The World Bank Economic Review*, 24(2), 280—302.

Cummins J.D., 2006, "Should the Government Provide Insurance for Catastrophes?", *Federal Reserve Bank of St. Louis Review*, 88(Jul), 337—380.

Cummins J.D. and Mahul O., 2009, *Catastrophe Risk Financing in Developing Countries: Principles for Public Intervention*, World Bank Publications.

Cummins J.D., Doherty N. and Lo A., 2002, "Can Insurers Pay for the 'Big One'? Measuring the Capacity of the Insurance Market to Respond to Catastrophic Losses", *Journal of Banking & Finance*, 26(2), 557—583.

Cummins J.D., Lalonde D. and Phillips R.D., 2004, "The Basis Risk of Catastrophic-Loss Index Securities", *Journal of Financial Economics*, 71(1), 77—111.

Dahlhamer J.M., Tierney K.J., 1998, "Rebounding from Disruptive Events: Business Recovery following the Northridge Earthquake", *Sociological Spectrum*, 18(2), 121—141.

Davis M. and Seitz S.T., 1982, "Disasters and Governments", *Journal of Conflict Resolution*, 26(3), 547—568.

De Janvry A., Finan F., Sadoulet E. and Vakis R., 2006, "Can Conditional Cash Transfer Programs Serve as Safety Nets in Keeping Children at School and from Working When Exposed to Shocks?", Journal of Development Economics, 79(2), 349—373.

Doherty N. A. and Richter A., 2002, "Moral Hazard, Basis Risk, and Gap Insurance", *Journal of Risk and Insurance*, 69(1), 9—24.

Eimicke W., 2002, "Catastrophe and the Public Service: A Case Study of the Response to the Destruction of the World Trade Center", *Public Administration Review*, 62(1), 24—32.

Eisensee T. and Strömberg D., 2007, "News Droughts, News Floods, and US Disaster Relief", *The Quarterly Journal of Economics*, 122(2), 693—728.

Escaleras M., Anbarci N. and Register C.A., 2007, "Public Sector Corruption and Major Earthquakes: A Potentially Deadly Interaction", *Public Choice*, 132(1—2), 209—230.

Eun-Hee Chae, R.N., Tong Won Kim, Seon-Ja Rhee, Terrence David Henderson, 2005, "The Impact of Flooding on the Mental Health of Affected People in South Korea", *Community Mental Health Journal*, 41(6), 633—645.

Felbermayr G. and Gröschl J., 2014, "Naturally Negative: The Growth Effects of Natural Disasters", *Journal of Development Economics*, 111, 92—106.

Fengler W., Ihsan A. and Kaiser K., 2008, *Managing Post-Disaster Reconstruction Finance*, World Bank Publications.

Fiala N., 2009, More May be Too Much: Rethinking the Effect of Rainfall Shocks on Economic Growth and Civil Conflict.

Flores A. Q. and Smith A., 2014, "Leader Survival and Natural Disasters", *British Journal of Political Science*, 21, 199—222.

Fukuda M., Fukuda K., Shimizu T. and Møller H., 1998, "Decline in Sex Ratio at Birth After Kobe Earthquake", *Human Reproduction*, 13(8), 2321—2322.

Fukuda M., Fukuda K., Shimizu T., Yomura W. and Shimizu S., 1996, "Kobe Earthquake and Reduced Sperm Motility", *Human Reproduction*, 11(6), 1244—1246.

Gamage D., 2010, "Preventing State Budget Crises: Managing the Fiscal Volatility Problem", *California Law Review*, 98(3), 749—812.

Garrett T.A. and Sobel R.S., 2003, "The Political Economy of FEMA Disaster Payments", *Economic Inquiry*, 41(3), 496—509.

Gasper J. T. and Reeves A., 2011, "Make It Rain? Retrospection and the Attentive Electorate in the Context of Natural Disasters", *American Journal of Political Science*, 55(2), 340—355.

Ghesquiere F., Mahul O., Forni M., et al., 2006, "Caribbean Catastrophe Risk Insurance Facility: A Solution to the Short-term Liquidity Needs of Small Island States in the Aftermath of Natural Disasters", World Bank, Washington, DC, site resources: worldbank. org/PROJECTS/Resources/Catastrophicriskinsurance facility. pdf.

Glick P. et al., 1986, "Recent Changes in Divorce and Remarriage", *Journal of Marriage and the Family*, 48, 737—747.

Gollier C., 2005, "Some Aspects of the Economics of Catastrophe Risk Insurance", *Catastrophic Risks and Insurance*, (8), 13.

Golnaraghi M., 2012, *Institutional Partnerships in Multi-Hazard Early Warning Systems*, Springer Berlin Heidelberg.

Guocai Z., and H.Wang, 2003, "Evaluating the Benifits of Meteorological Services in China", *WMO Bulletin*, 52(4), 383—7.

Hallegatte S. and Dumas P., 2009, "Can Natural Disasters Have Positive Consequences? Investigating the Role of Embodied Technical Change", *Ecological Economics*, 68(3), 777—786.

Hallegatte S., Hourcade J.C. and Dumas P., 2007, "Why Economic Dynamics matter in Assessing Climate Change Damages: Illustration on Extreme Events", *Ecological Economics*, 62(2), 330—340.

Hana L., Lib D., Moshirianb F. and Tiana Y., 2010, "Insurance Development and Economic Growth", The Geneva Papers on Risk and Insurance-Issues and Practice, 35(2), 183—199.

Haroutune K. Armenia, et al., 1998, "Long Term Mortality and Morbidity Related to Degree of Damage Following the 1988 Earthquake in Armenia", *American Journal of Epidemiology*, 148(11), 1077—1084.

Hausman J., 2001, "Mismeasured Variables in Econometric Analysis: Problems from the Right and Problems from the Left", *Journal of Economic Perspectives*, 15(4), 57—67.

Healy A. and Malhotra N., 2009, "Myopic Voters and Natural Disaster Policy", *American Political Science Review*, 103(03), 387—406.

Healy A.J., 2008, "Do Voters Blame Politicians for Bad Luck", Mimeo, Loyola Marymount University.

Healy, A. and Malhotra, N., 2009, "Myopic Voters and Natural Disaster Policy", *The American Political Science Review*, 103(3), 387—406.

Hendrix C.S. and Glaser S.M., 2007, "Trends and Triggers: Climate, Climate Change and Civil Conflict in Sub-Saharan Africa", *Political Geography*, 26(6), 695—715.

Herzer D., Strulik H. and Vollmer S., 2012, "The Long-run Determinants of Fertility: One Century of Demographic Change 1900—1999", *Journal of Economic Growth*, 17(4), 357—385.

Hirshleifer J., 1966, "Disaster and Recovery: The Black Death in Western Europe", RAND Corporation Memorandum, RM-4700-TAB, pp.1—31.

Hofman D., 2006, "Insuring Public Finances Against Natural Disasters—A Survey of Options and Recent Initiatives". IMF Working Paper, WP/06/199.

Homer-Dixon T. F., 2010, *Environment, Scarcity, and Violence*, Princeton University Press.

Islam N., 1995, "Growth Empirics: a Panel Data Approach", *The Quarterly Journal of Economics*, 110(4), 1127.

Jackson E.L., 1981, "Response to Earthquake Hazard the West Coast of North America", *Environment and Behavior*, 13(4), 387—416.

Jensen R., 2000, "Agricultural Volatility and Investments in Children", *American Economic Review*, 90(2), 399—404.

Jia R., Kudamatsu M. and Seim D., 2013, "Complementary Roles of Connections and Performance in Political Selection in China", *Social* Science Electronic Publishing.

Kahn M. E., 2005, "The Death Toll From Natural Disasters: The Role of Income, Geography, and Institutions", *Review of Economics and Statistics*, 87(2), 271—284.

Kai-Ineman D. and Tversky A., 1979, "Prospect Theory: An Analysis of Decision under Risk", *Econometrica*, 47, 263—291.

Katherine T. et al., 1989, "Structural Determinants of the Divorce Rate: Across—Societal Analysis", *Journal of Marriage and the Family*, 51, 391—404.

Keefer P.E.N.T., 2009, *Putting Off Till Tomorrow: The Politics of Disaster Risk Reduction*.

Keefer P., Neumayer E. and Plümper T., 2011, "Earthquake Propensity and the Politics of Mortality Prevention", *World Development*, 39(9), 1530—1541.

Kellenberg D.K. and Mobarak A.M., 2008, "Does Rising Income Increase Or Decrease Damage Risk From Natural Disasters?", *Journal of Urban Economics*, 63(3), 788—802.

Kunreuther H. and Roth Sr R.J., 1998, *Paying the Price: The Status and Role of Insurance against Natural Disasters in the United States*, Joseph Henry Press.

Kunreuther H., 1978, *Disaster insurance protection: Public Policy Lessons*, John Wiley & Sons.

Kunreuther H., 2006, "Disaster mitigation and insurance: Learning from Katrina", The Annals of the American Academy of Political and Social Science, 604(1), 208—227.

Kunreuther H., and Pauly M., 2006, "Rules rather than Discretion: Lessons from Hurricane Katrina", *Journal of Risk and Uncertainty*, 33(1—2), 101—116.

Kunreuther H., 2008, "Disaster Mitigation and Insurance: Learning from Katrina", Annals of the American Academy of Political and Social Science, 604(1), 208—227.

Lay J.C., 2009, "Race, Retrospective Voting, and Disasters the Re-Election of C.Ray Nagin after Hurricane Katrina", *Urban Affairs Review*, 44(5), 645—662.

Leiter A. M., Oberhofer H. and Raschky P. A., 2009, "Creative Disasters? Flooding Effects on Capital, Labour and Productivity within European Firms", *Environmental and Resource Economics*, 43(3), 333—350.

Lester, David, 1999, "Regional Differences in Divorce Rates: a Preliminary Study", *Journal of divorce and Remarriage*, 30(3/4), 121—124.

Li C. and Bachman D., 1989, "Localism, Elitism, and Immobilism: Elite Formation and Social Change in post-Mao China", *World Politics*, 42(01), 64—94.

Li H. and Zhou L., 2005, "Political Turnover and Economic Performance: The Incentive Role of Personnel Control in China", *Journal of Public Economics*, 89(9—10), 1743—1762.

Mani M., Keen M. and Freeman P.K., 2003, *Dealing with Increased Risk of Natural Disasters: Challenges and Options*, International Monetary Fund.

McDermott T., Barry F. and Tol R., 2011, "Disasters and Development: Natural Disasters, Credit Constraints and Economic Growth", ESRI Working Paper No.411.

Mcnabb, M., Pearson K., 2010, Can Poor Countries Afford to Prepare for Low—probability Risks. In: Learning from catastrophes: Strategies for Reaction and Response, Howard Kunreuther and Michal Useem, in collaboration with the world economic forum. Global Agenda Council on the Mitigation of Nature Disasters.

Mendonça H. F., Pessanha K.M., "Fiscal Insurance and Public Debt Management: Evidence for a Large Emerging Economy", *Economia*, 2014, 15(2), 162—173.

Miguel E., Satyanath S. and Sergenti E., 2004, "Economic Shocks and Civil Conflict: An Instrumental Variables Approach", *Journal of Political Economy*, 112(4), 725—753.

Mike Ahern R., Sari Kovats, Paul Wilkinson, Roger Few and Franziska Matthies, 2005, "Global Health Impacts of Floods: Epidemiologic Evidence", *Epidemiologic Reviews*, 27(1), 36—46.

Misao Fukuda, et al., 1996, "Kobe Earthquake and Reduced Sperm Motility", Human Reproduction, 11(6), 1244—1246.

Munich R.E., Kron W., Schuck A., 2014, *Topics Geo: Natural Catastrophes 2013: Analyses, Assessments, Positions*, Munchener Ruckversicherungs-Gesellschaft.

Munich Re, 2015, *Natural Catastrophe*. Topic 2015.

Munich Re, 2014, *Topics Geo. Natural Catastrophes 2013: Analyses, Assessments, Positions*, Munich Reinsurance Company, Munich.

Nakonezny, et al., 1995, "The Effect of No-fault Divorce Law on the Divorce Rate across the 50 States and Its Relation to Income, Education, and Religiosity", *Journal of Marriage and the Family*, 57, 477—488.

National Bureau of Statistics of China, 2012, *China Statistical Yearbook 2012*, Beijing: China Statistics Press.

Nations U., 2010, "Natural Hazards, Unnatural Disasters: The Economics of Effective Prevention", The World Bank.

Noy I., Nualsri A., 2011, "Fiscal Storms: Public Spending and Revenues in the Aftermath of Natural Disasters", *Environment and Development Economics*, 16(1), 113—128.

Noy I. and Nualsri A., 2007, "What Do Exogenous Shocks Tell Us About Growth Theories?", Working Papers, Santa Cruz Center for International Economics.

Noy I. and Nualsri A., 2011, "Fiscal Storms: Public Spending and Revenues in the Aftermath of Natural Disasters", *Environment and Development Economics*, 16(1), 113—128.

Noy I. and Vu T.B., 2010, "The Economics of Natural Disasters in a Developing Country: The Case of Vietnam", *Journal of Asian Economics*, 21(4), 345—354.

Noy I., 2009, "The Macroeconomic Consequences of Disasters", *Journal of*

Development Economics, 88(2), 221—231.

Noy I. and Vu T. B., 2010, "The Economics of Natural Disasters in a Developing Country: The Case of Vietnam", *Journal of Asian Economics* 21(4), 345—354.

Noy I. and Vu T.B., 2010, "The Economics of Natural Disasters in a Developing Country: The Case of Vietnam", *Journal of Asian Economics*, 21(4), 345—354.

Noy I., 2009, "The Macroeconomic Consequences of Disasters", *Journal of Development Economics*, 88(2), 221—231.

Okuyama Y. and Lim H., 2002, *Linking Economic Model and Engineering Model: Application of Sequential Interindustry Model (SIM)*, 49th North American Meeting of the Regional Science Association International, San Juan, Puerto Rico. Citeseer, 14—16.

Okuyama Y., 2004, "Modeling Spatial Economic Impacts of an Earthquake: Input-Output Approaches", *Disaster Prevention and Management*, 13 (4), 297—306.

Olson R.S. and Gawronski V.T., 2010, "From Disaster Event to Political Crisis: A '5C+ a' Framework for Analysis", *International Studies Perspectives*, 11(3), 205—221.

Omelicheva M.Y., 2011, "Natural Disasters: Triggers of Political Instability?", *International Interactions*, 37(4), 441—465.

Opper S. and Brehm S., 2007, "Networks Versus Performanc-Political Leadership Promotion in China", Working Paper, Lund University.

Parker D.J., Green C.H. and Thompson P.M., 1987, *Urban Flood Protection Benefits: A Project Appraisal Guide*, Gower technical Press Aldershot.

Patel C.C., Grossi P. and Kunreuther H., 2005, *Catastrophe Modeling: A New Approach to Managing Risk*, Springer Press.

Pelling M., Özerdem A. and Barakat S., 2002, "The Macro-Economic Impact of Disasters", *Progress in Development Studies*, 2(4), 283—305.

Perrow C., 2011, *The Next Catastrophe: Reducing Our Vulnerabilities to Natural, Industrial*, and Terrorist Disasters, Princeton University Press.

Peskin H.M., 1965, *Protecting Industrial Resources against Nuclear Attack: Interim Report of an Economic Analysis*, DTIC Document.

Piotroski J. D. and Zhang T., 2014, "Politicians and the IPO Decision: The Impact of Impending Political Promotions on IPO Activity in China", *Journal of Financial Economics*, 111(1), 111—136.

Plümper T. and Neumayer E., 2009, "Famine Mortality, Rational Political Inactivity, and International Food Aid", *World Development*, 37(1), 50—61.

Priest G. L., 1996, "The Government, the Market, and the Problem of Catastrophic Loss", *Journal of Risk and Uncertainty*, 12, 219—237.

Quiroz Flores A. and Smith A., 2012, "Leader Survival and Natural Disasters", *British Journal of Political Science*, 1(1), 1—23.

Raddatz C., 2007, "Are External Shocks Responsible for the Instability of Output in Low-Income Countries?", *Journal of Development Economics*, 84(1), 155—187.

Raddatz C., 2009, *The Wrath of God: Macroeconomic Costs of Natural Disasters*, the World Bank.

Raddatz C., 2007, "Are External Shocks Responsible for the Instability of Output in Low-income Countries?", *Journal of Development Economics*, 84(1), 155—187.

Raschky P. A., 2008, "Institutions and the Losses from Natural Disasters", *Natural Hazards & Earth System Sciences*, 8(4), 627—634.

Rasmussen T., 2004, "Macroeconomic Implications of Natural Disasters in the Caribbean", IMF Working Paper No.04/224.

Reeves A., 2011, "Political Disaster: Unilateral Powers, Electoral Incentives, and Presidential Disaster Declarations", *Journal of Politics*, 73(4), 1142—1151.

Rose A. and Liao S.Y., 2005, "Modeling Regional Economic Resilience to Disasters: A Computable General Equilibrium Analysis of Water Service Disruptions", *Journal of Regional Science*, 45(1), 75—112.

Rose A., Benavides J., Chang S. E., Szczesniak P. and Lim D., 1997, "The Regional Economic Impact of an Earthquake: Direct and Indirect Effects of Electricity Lifeline Disruptions", *Journal of Regional Science*, 37(3), 437—458.

Santos I., 2007, "Disentangling the Effects of Natural Disasters on Children: 2001 Earthquakes in El Salvador", Universidad De Harvard, Kennedy School of Government, Doctoral Thesis.

Scanlon J., 1988, "Winners and Losers: Some Thoughts about the Political Economy of Disaster", *International Journal of Mass Emergencies and Disasters*, 6(1), 47—63.

Sen A., 1982, *Poverty and Famines: An Essay on Entitlement and Deprivation*, Oxford University Press.

Shih V., Adolph C. and Liu M., 2012, "Getting Ahead in the Communist Party: Explaining the Advancement of Central Committee Members in China", *The American Political Science Review*, 106(1), 166—187.

Sijmen A., Reijneveld, Mathild R., Crone, Frank C., Verhulst S., Pauline Verloove-Vanhorick, 2003, "The Effect of a Severe Disaster on the Mental Health of Adolescents: a Controlled Study", *The Lancet*, 362(9385), 691—6.

Skidmore M. and Toya H., 2002, "Do Natural Disasters Promote Lon-Run Growth?", *Economic Inquiry*, 40(4), 664—687.

Solow R.M., 1956, "A Contribution to the Theory of Economic Growth", *The Quarterly Journal of Economics*, 70(1), 65—94.

South R. et al., 1985, "Economic Conditions and the Divorce Rate", *Journal of Marriage and the Family*, 47, 53—65.

Strobl E., 2011, "The Economic Growth Impact of Hurricanes: Evidence From US Coastal Counties", *Review of Economics and Statistics*, 93(2), 575—589.

Strobl, Eric, 2012, "The Economic Growth Impact of Natural Disasters in Developing Countries: Evidence from Hurricane Strikes in the Central American and Caribbean Regions", *Journal of Development Economics*, 97(1):130—141.

Strömberg D., 2007, "Natural Disasters, Economic Development, and Humanitarian Aid", *The Journal of Economic Perspectives*, 21(3), 199—222.

Swiss Re(ed)., 2010, *Natural Catastrophes and Man-Made Disasters in 2009*, Sigma. Zurich.

Swiss Re(ed.)., *Natural catastrophes and man-made disasters in 2008*, Zurich: Swiss Re Press, 2009.

Swiss Re(ed.)., *Natural catastrophes and man-made disasters in 2009*, Zurich: Swiss Re Press, 2010.

Swiss Re(ed.)., *Natural catastrophes and man-made disasters in 2010*, Zurich: Swiss Re Press, 2011.

Swiss Re(ed.)., *Natural catastrophes and man-made disasters in 2010*, Zurich: Swiss Re Press, 2012.

Swiss Re(ed.)., *Natural catastrophes and man-made disasters in 2010*, Zurich: Swiss Re Press, 2013.

Tirasirichai C. and Enke D., 2007, "Case Study: Applying a Regional CGE Model for Estimation of Indirect Economic Losses Due to Damaged Highway Bridges", *The Engineering Economist*, 52(4), 367—401.

The United Nations Offices Office of Disaster Risk Reduction. *Technical Collection of Concept Notes on Indicators for the Seven Global Targets of the Sendai Framework for Disaster Risk Reduction*[EB/OL]. http://www.preventionweb.net/documents/oiewg/Technical%20Collection%20of%20Concept%20Notes%20on%20Indicators.pdf, 2016-06-10.

The Asian Ministerial Conference for Disaster Risk Reduction. *Asia Regional Plan for Implementation of the Sendai Framework for Disaster Risk Reduction 2015—2030*[EB/OL]. http://www.ndmindia.nic.in/AsiaRegionalPlan.pdf. 2016-11-05.

Toya H. and Skidmore M., 2007, "Economic Development and the Impacts of Natural Disasters", *Economics Letters*, 94(1), 20—25.

UN-ECLAC. *Handbook for Disaster Assessment*. Third Edition. Santiago, Chile: United Nations, 2014.

Wang Y., Chen M. and Wang X., 2008, "The Impact of Natural Disasters on Long-Term Economic Growth", *Economics and Management*, (19), 144—150.

Wetzler E., 1970, "The Structure of the IDA Civil Defense Economic Model", DTIC Document.

Wisner B., 2004, *At Risk: Natural Hazards, People's Vulnerability and Disasters*, Psychology Press.

Xian Xu, 2005, *Entwicklungsperspektiven der Rückversicherung*, Göttingen University Master thesis.

Xu X. and Mo J., 2013, "The Impact of Disaster Relief on Economic Growth:

Evidence From China", *The Geneva Papers On Risk and Insurance-Issues and Practice*, 38(3), 495—520.

Y. Nerial, A.Nandi and S.Galea, 2008, "Post-traumatic Stress Disorder Following Disasters: a Systematic Review", *Psychological Medicine*, 38, 467—480.

Yang D., 2008, "Coping with Disaster: The Impact of Hurricanes on International Financial Flows, 1970—2002", *The Journal of Economic Analysis & Policy*, 8(1), 1—43.

保监会:《四川汶川特大地震保险理赔工作基本完成》[EB/OL]. http://www.gov.cn/gzdt/2009-05/11/content_1311131.htm, 2009 年 5 月 11 日。

鲍文:《灾害保险的国际比较与借鉴》,《探索与争鸣》2010 年第 6 期。

财政部:《关于做好增收节支有关工作的通知》,财预[2008]89 号[EB/OL], http:// www. mof. gov. cn/preview/yusuansi/zhengwuxinxi/gongzuotongzhi/200807/t20080723_58534.html, 2008 年 7 月 23 日。

蔡昉:《人口转变、人口红利与刘易斯转折点》,《经济研究》2010 年第 4 期。

陈国进、晁江锋、武晓利、赵向琴:《罕见灾难风险和中国宏观经济波动》,《经济研究》2014 年第 8 期。

陈少平:《基于供需分析的洪灾保险研究》,中国言实出版社 2010 年版。

陈雯:《离婚:一项社会学视角的思考》,《内蒙古社会科学(汉文版)》2009 年第 4 期。

杜兴强、曾泉、吴洁雯:《官员历练、经济增长与政治擢升——基于 1978～2008 年中国省级官员的经验证据》,《金融研究》2012 年第 2 期。

范子英、李欣:《部长的政治关联效应与财政转移支付分配》,《经济研究》2014 年第 6 期。

方军雄:《公司捐赠与经济理性——汶川地震后中国上市公司捐赠行为的再检验》,《上海立信会计学院学报》2011 年第 1 期。

冯俏彬、刘敏、侯东哲:《我国应急财政资金管理的制度框架设计——基于重大自然灾害的视角》,《财政研究》2011 年第 9 期。

傅红梅、李湘妹:《当代中国的离婚态势分析和婚姻展望》,《西北人口》2008 年第 2 期。

高梦滔:《农村离婚率与外出就业:基于中国 2003—2009 年村庄面板数据的研究》,《世界经济》2011 年第 10 期。

郭玉清:《中国财政周期性波动的经济稳定效应分析》,《中央财经大学学报》2007年第1期。

国家减灾委:《2013年全国自然灾害基本情况》,2014年。

国务院:《关于加快发展现代保险服务业的若干意见》,国发〔2014〕29号[EB/OL],http://www.gov.cn/zhengce/content/2014-08/13/content_8977.htm,2014年8月13日。

何小伟:《巨灾保险应该强制参保吗?——基于强制保险的发展逻辑》,《保险研究》2011年第6期。

侯秀丽、冯百侠:《积极发展我国保险业,提升灾害应急管理能力》,《价值工程》2008年第12期。

胡卫:《离婚率计算探讨》,《中国统计》2006年第10期。

贾美芹:《略论我国自然灾害对宏观经济增长的影响——基于内生经济增长理论视角》,《经济问题》2013年第8期。

李维安、钱先航:《地方官员治理与城市商业银行的信贷投放》,《经济学(季刊)》2012年第4期。

李旭峰:《我国巨灾风险管理模式研究》,《时代金融(下旬)》2013年第3期。

李永友:《我国经济波动与财政政策波动的关联性分析——兼论我国财政政策的相机抉择与自动稳定机制》,《财贸经济》2006年第4期。

李雨潼、杨竹:《东北地区离婚率特征分析及原因思考》,《人口学刊》2011年第3期。

联合国(a):《2015—2030年仙台减少灾害风险框架》(第1版),瑞士日内瓦:联合国减灾署出版社,2015年。

联合国(b):《减轻灾害风险全球评估报告2015》(第1版),法国贝莱,2015年。

林挺进:《中国地级市市长职位升迁的经济逻辑分析》,《公共管理研究》2007年第00期。

刘嘉股:《中国离婚问题的回归分析》,《北京机械工业学院学报》2000年第4期。

刘建琼:《灾害经济学对中国经济发展的启示》,《湖南行政学院学报》2009年第1期。

刘钧:《我国农业剩余劳动力供给的"刘易斯拐点"争议综述》,《经济学动态》2011年第7期。

刘耀荣、许世远、王军、谢翠娜、胡蓓蓓、赵庆良:《国内外灾害数据信息共享现状研究》,《灾害学》2008 年第 3 期。

刘志铭、郭惠武:《创造性破坏,经济增长与经济结构:新古典熊彼特主义增长理论的发展》,《经济评论》2007 年第 2 期。

卢晶亮、冯帅章、艾春荣:《自然灾害及政府救助对农户收入与消费的影响:来自汶川大地震的经验》,《经济学(季刊)》2014 年第 1 期。

陆铭、张爽、佐藤宏:《市场化进程中社会资本还能够充当保险机制吗?——中国农村家庭灾后消费的经验研究》,《世界经济文汇》2010 年第 1 期。

罗萍:《当代中国婚姻状况结构变迁》,《武汉大学学报(哲学社会科学版)》1999 年第 3 期。

梅广清、沈荣芳、张显东:《自然灾害对区域产出的影响研究》,《管理科学学报》1999 年第 1 期。

孟秋丽:《中国的离婚率与社会结构变化分析》,《人口学刊》2000 年第 4 期。

民政部:《邹铭副部长赴印度新德里出席亚洲实施〈仙台减灾框架〉部长级会议》[DB/OL], http://www.mca.gov.cn/article/zwgk/mzyw/201511/20151100877278.shtml. 2015-11-18。

钱先航、曹廷求、李维安:《晋升压力、官员任期与城市商业银行的贷款行为》,《经济研究》2011 年第 12 期。

山立威:《心理还是实质:汶川地震对中国资本市场的影响》,《经济研究》2011 年第 4 期。

山立威、甘犁、郑涛:《公司捐款与经济动机——汶川地震后中国上市公司捐款的实证研究》,《经济研究》2008 年第 11 期。

审计署:《关于汶川地震抗震救灾资金物资审计情况公告(第 4 号)》[EB/OL], http://www.audit.gov.cn/n1057/n1072/n1282/1727814.html. 2008 年 12 月 31 日。

史培军:《仙台框架:未来 15 年世界减灾指导性文件》,《中国减灾》2015 年第 4 期。

石兴:《我国建立巨灾保险之路径选择》,《中国保险》2011 年第 7 期。

四川省统计局:《地震快速灾情统计体系研究》课题组:《基于因子模型的快速灾情统计指标体系研究》,《统计研究》2009 年第 6 期。

苏玫瑰、张必春:《转型加速期门当户对婚姻的错位与危机——阶层封闭视角下离婚率上升的新解释》,《西北人口》2008, 29(5):36—40。

孙祁祥、郑伟、孙立明、李海涛、锁凌燕:《中国巨灾风险管理:再保险的角色》,《财贸经济》2004 年第 9 期。

陶然、苏福兵、陆曦、朱昱铭:《经济增长能够带来晋升吗? ——对晋升锦标竞赛理论的逻辑挑战与省级实证重估》,《管理世界》2010 年第 12 期。

王杰秀:《完善灾害救助体系需要发展巨灾保险》,《中国减灾》2008 年第 5 期。

王伟光、郑国光:《应对气候变化报告》社会科学文献出版社 2016 年版。

王贤彬、张莉、徐现祥:《辖区经济增长绩效与省长省委书记晋升》,《经济社会体制比较》2011 年第 1 期。

吴小平:《保险业在灾害管理中的作用》,中国民主同盟,灾害与社会管理专家论坛, 2008 年 5 月 26 日。

夏吟兰:《对离婚率上升的社会成本分析》,《甘肃社会科学》2008 年第 1 期。

向月波:《当代中国家庭离婚的成本分析》,《前沿》2011 年第 14 期。

徐安琪、叶文振:《中国离婚率的地区差异分析》,《人口研究》2002 年第 7 期。

徐怀礼:《灾害经济学研究》,吉林大学, 2007 年。

徐现祥、王贤彬、舒元:《地方官员与经济增长——来自中国省长、省委书记交流的证据》,《经济研究》2007 年第 9 期。

许闲、张涵博:《中国地震灾害损失评估:超概率曲线方法与经验数据》,《保险研究》2013 年第 9 期。

许闲:《地震风险可保性局限和对策》,《中国保险》2008 年第 5 期。

许闲:《瑞士地震保险对我国的启示》,《上海保险》2008 年第 7 期。

许闲:《我国灾害救济体系的反思与重构》,2011 年全国减灾救灾政策理论研讨会优秀论文汇编, 2012 年。

许闲:《灾害经济学, 越来越热的负经济学》,《文汇报》2014 年 1 月 16 日。

许闲:《自然灾害对经济增长的影响研究——基于新古典增长理论的视角》,《南京审计学院学报》2013 年第 10 期。

薛昭顺:《财政危机正向我们袭来》,《金融经济》2010 年第 6 期。

闫绪娴:《灾害损失与经济增长:基于中国 2002—2011 年的省际面板数据分析》,《宏观经济研究》2014 年第 5 期。

晏艳阳、宋美结:《我国财政支出波动对居民消费波动的影响研究》,《经济与管理》2013 年第 2 期。

杨其静、郑楠:《地方领导晋升竞争是标尺赛, 锦标赛还是资格赛》,《世界经济》2013 年第 12 期。

姚洋、张牧扬:《官员绩效与晋升锦标赛——来自城市数据的证据》,《经济研究》2013 年第 1 期。

叶文振、林擎国:《当代中国离婚态势和原因分析》,《人口与经济》1998 年第 3 期。

叶文振:《当代中国婚姻问题的经济学思考》,《人口研究》1997 年第 6 期。

袁艺:《自然灾害灾情评估研究与实践》,《地球科学进展》2010 年第 1 期。

张军、高远:《官员任期、异地交流与经济增长——来自省级经验的证据》,《经济研究》2007 年第 11 期。

张俊岭、王浩:《建立国家综合灾害风险管理机制》,《中国减灾》2013 年第 2 期。

张莉、高元骅、徐现祥:《政企合谋下的土地出让》,《管理世界》2013 年第 12 期。

张敏杰:《中国当前的离婚态势》,《人口研究》1997 年第 6 期。

张培震:《中国地震灾害与防震减灾》,《地震地质》2008 年第 3 期。

张卫星、史培军、周洪建:《巨灾定义与划分标准研究》,《灾害学》2013 年第 1 期。

张学见:《走出传统——当代中国离婚率高的社会历史背景分析》,《西安石油大学学报(社会科学版)》2007 年第 4 期。

张翼:《中国当前的婚姻态势及变化趋势》,《河北学刊》2008 年第 3 期。

赵静梅、申宇、吴风云:《天灾、人祸与股价:基于地震、群体骚乱事件的研究》,《管理科学学报》2014 年第 4 期。

赵苑达:《巨灾保险制度模式分析与我国巨灾保险制度的架构》,《财贸经济》2009 年第 9 期。

郑功成:《我国综合减灾防灾的现实挑战与战略任务》,《中国减灾》2013 年第 11 期。

郑功成:《灾害经济学》,商务出版社 2010 年版。

郑通彦、李洋、侯建盛等:《2009 年中国大陆地震灾害损失述评》,《灾害学》2010 年第 4 期。

郑通彦、赵萍、刘在涛:《2010 年中国大陆地震灾害损失述评》,《自然灾害学报》2011 年第 4 期。

郑通彦、郑毅:《2011 年中国大陆地震灾害损失述评》,《自然灾害学报》2012 年第 5 期。

中共中央组织部:《党政领导干部选拔任用工作条例》,2002 年。

中共中央组织部:《体现科学发展观要求的地方党政领导班子和领导干部综合考

核评价试行办法》,Http://Ks.Xjkunlun.Cn/Zzgz/Gbjd/2011/2255109.Htm,2006 年。

中共中央组织部:《体现科学发展观要求的地方党政领导班子和领导干部综合考核评价试行办法》[EB/OL],http://Ks. Xjkunlun. Cn/Zzgz/Gbjd/2011/2255109. Htm,2006 年。

中国地震局:《2012 年全球和中国地震活动及灾害》[EB/OL],http://www.cea.gov.cn/publish/dizhenj/pdf/20130104.pdf. 2013 年 1 月 4 日。

中国地震局:《2013 年国内地震活动》[EB/OL],http://www.cea.gov.cn/publish/dizhenj/464/756/100680/100684/20140115161409365823290/index.html. 2014 年 1 月 15 日。

中国地震局:《中国地震年鉴》,中国地震出版社 1990—2007 年。

中国灾害防御协会:《中国灾害大事记》,地震出版社 2004 年版。

中华人民共和国保险监督委员会:《中国保险年鉴》,中国保险年鉴出版社 2011 年版。

中华人民共和国国家统计局:《中国统计年鉴》,中国统计出版社 2013 年版。

中华人民共和国国家统计局:《中国社会统计年鉴》,中国统计出版社 2011 年版。

中华人民共和国国家统计局:《中国统计年鉴》,中国统计出版社 2012 年版。

中华人民共和国国务院:《自然灾害救助条例》,2010 年 7 月 8 日。

中华人民共和国民政部:《中国慈善捐助报告》,中国社会出版社 2008 年版至 2010 年版(3 本)。

中华人民共和国民政部:《中国民政统计年鉴》,中国统计出版社 2001 年版至 2012 年版(12 本)。

周黎安:《晋升博弈中政府官员的激励与合作——兼论我国地方保护主义和重复建设问题长期存在的原因》,《经济研究》2004 年第 6 期。

周黎安:《中国地方官员的晋升锦标赛模式研究》,《经济研究》2007 年第 7 期。

周黎安、李宏彬、陈烨:《相对绩效考核:关于中国地方官员晋升的一项经验研究》,《经济学报》2005 年第 1 期。

周延礼:《构建中国巨灾保险制度的若干思考》,《中国金融》2009 年第 18 期。

卓志、段胜:《防减灾投资支出、灾害控制与经济增长——经济学解析与中国实证》,《管理世界》2012 年第 4 期。

后　记

灾害经济学在中国的研究尚属少数派，这并非因为该研究本身并不重要，而是因为该领域的研究跨学科特征比较明显。宏微观经济学理论、发展经济学、劳动经济学、保险学、社会保障学等学者均有涉猎，但较少有学者长期深入追踪和研究这一问题。得益于我在复旦大学开设灾害经济学研究生课程，以及每年坚持举办的灾害经济学研究生论坛（已连续举办六届），使得我对该领域的关注与积累逐渐深入，更体会到灾害经济学研究自身的乐趣和研究的重要价值与使命。

本书的完成得到了许多学生的支持和帮助，他们抑或参与了研究问题的讨论或者数据的搜集、抑或参与了某些具体问题的合作研究。这些学生中包括作为研究助理参与我课题的本科生，也包括灾害经济学研究生课程上的学生或者是灾害经济学研究生论坛上的报告人。欣喜的是，许多学生受我的影响都加入了灾害经济学研究的队伍中，他们之间有的人已经是我的同事，成为灾害经济学理论的传播者，有的人正在攻读博士学位，有的人已经在工作岗位上从事相关工作的研究。这些学生包括但不限于莫家伟、冯净冰、李世彦、袁松、张涵博、陈卓苗、刘洋、肖尧、张彧等等。当然，本人承担了本书大部分内容的写作和编撰。谨此对所有对本书的出版作过贡献的同学们表示衷心的感谢。

希望本书的出版能引起更多有识之士对灾害经济学问题研究的重

视，引发更多灾害经济学问题的讨论与思考，引导更多有志于研究的学生与学者们进行更加深入的探讨。

许　闲

2018 年 5 月 1 日

图书在版编目(CIP)数据

中国自然灾害经济学研究/许闲著.—上海:上海人民出版社,2018
ISBN 978-7-208-15435-3

Ⅰ.①中… Ⅱ.①许… Ⅲ.①自然灾害-灾害经济学-研究-中国 Ⅳ.①F062.2

中国版本图书馆CIP数据核字(2018)第212920号

责任编辑 刘林心

中国自然灾害经济学研究
许 闲 著

出　　版 上海人民出版社
(200001 上海福建中路193号)
发　　行 上海人民出版社发行中心
印　　刷 常熟市新骅印刷有限公司
开　　本 635×965 1/16
印　　张 16.75
插　　页 5
字　　数 234,000
版　　次 2018年8月第1版
印　　次 2018年8月第1次印刷
ISBN 978-7-208-15435-3/F·2551
定　　价 55.00元

马克思主义研究　哲学社会科学研究　第三十辑　（2018年8月）

针锋未必相对：战略思维与中美互动的对弈逻辑　潘忠岐 著
事实与建构：转型加速期中国区域环境风险的社会学研究　王芳 著
整合及制度化——唐前期道教研究　白照杰 著
20 世纪法国科学史和科学哲学研究　郭明哲 著
领导理论研究的中国化：CPM 理论的探索　李明　凌文辁 著
“枪炮”或“玫瑰”——公共外交中的音乐　曾琳智 著
扩大消费需求的长期政策与长效机制研究　汪伟 著
现代汉语事件名词研究　韩蕾 著
中国自然灾害经济学研究　许闲 著

博士文库　第二十辑　（2018年8月）

中国古代类书史视域下的隋唐类书研究　王燕华 著
狄尔泰的生命释义学　高桦 著
户籍制度下农村居民非农劳动供给研究　赵海涛 著
美国图书馆学教育思想研究（1887—1955）　周亚 著